MUNIZIONI

Collana diretta da Roberto Saviano

DIANA LIGORIO
OCCHI DI LUPO, CUORE DI CANE
La vita invisibile di un agente della DIA

ROMANZO
BOMPIANI

www.giunti.it
www.bompiani.it

Via Bolognese 165 – 50139 Firenze – Italia
Via G.B. Pirelli 30 – 20124 Milano – Italia

ISBN 978-88-301-0992-6

Prima edizione: febbraio 2023

A mio padre

Questo romanzo racconta la storia, vera, di un'inchiesta. Un'inchiesta di uomini che, operando sotto copertura all'indomani della strage di Capaci del 1992, hanno dedicato se stessi a catturare gli assassini di Giovanni Falcone. Per scriverlo mi sono ispirata a testimonianze e interviste che ho raccolto personalmente dagli agenti della Direzione investigativa antimafia.

I personaggi, però, e le loro vicende personali sono frutto della mia immaginazione. Solo con gli strumenti della narrativa, infatti, attraverso identità fittizie e la drammatizzazione dei vissuti privati, era possibile dare corpo a delle ombre. Non avrei potuto raccontare altrimenti la vita di chi, per lottare contro la mafia e servire lo Stato, è costretto a rimanere senza volto, a non apparire mai.

Questo libro è per loro.

Mi manca l'aria ma non riesco a uscire da qua dentro.

Hotel Universal, stanza 42. La stessa di trent'anni fa.

Ho un blocco al centro del petto, una serratura che non si apre. Come quando dovevamo entrare in un appartamento senza lasciare tracce e torcevamo il ferro nella toppa – gira gira finché non senti *clic* e la porta si schiude, capito come? Ecco, quel rumore, quello scatto, non lo sento più da allora e adesso che è sera il blocco al petto è ancora più saldato – gira gira finché non senti *clic*. Sulla serratura il lavoro non si vedeva, non si doveva vedere, un lavoro invisibile. E invisibili eravamo pure noi.

Ma ora i segni si vedono tutti. O, meglio, si sentono, perché da fuori sono un uomo normale, sessant'anni – ne dimostro dieci di più, sai? All'apparenza sono un uomo normale, nessuno sa quello che ho fatto e così deve essere. Ma tu invece devi sapere.

Non ti sto chiedendo di perdonarmi, ma di capire tutto quanto è stato.

È tanto tempo che non ci parliamo, troppo. Io non sono buono con le parole e neanche tu sei proprio un campione, ma non voglio fare polemica. Non so se devo iniziare dall'inizio o dalla fine – il mio cervello va avanti e indietro. È tutto mischiato.

Vedi, per me i ricordi non esistono, tutto è presente, sta qua davanti ai miei occhi ed è terribile. È sempre tutto davanti a me ma è tutto finito. Devo tornare alla mia vita, mi dicono, ma la mia vita non esiste: io ho sempre e solo lavorato. Ma questo tu lo sai – eccome se lo sai. Ne è valsa la pena, sia chiaro. L'ho scelto, è stato tutto voluto. Il lavoro mi ha negato la vita privata, gli affetti, ma se mi chiamassero, io ripartirei adesso. Subito. Rifarei tutto. E, ti dico la verità, mi aspetto che mi chiamino ancora.

A casa ho una valigia sotto al letto perché io mi devo sentire pronto anche se so che è tutto finito. Non mi vergogno a dirti che qualche volta la tiro fuori, la sistemo sul materasso e la riempio. I calzini, i jeans, due magliette, una felpa. E la chiudo. Quel rumore della zip mi passa lungo la colonna vertebrale e mi sento meglio. Poi la svuoto e la rimetto sotto al letto.

Ti scrivo dalla stanza 42, la stessa di quegli anni – la stessa moquette polverosa, gli stessi mobili. Sposto il comodino. La moquette è impregnata di macchie, ce ne stanno tante ma io vedo le nostre. Dopo trent'anni stanno ancora qua. Solo noi le possiamo riconoscere. Sono le più tenui e sai perché? Sono di camomilla. Noi tornavamo la notte e all'alba dovevamo essere di nuovo fuori. Saltavamo la cena e andavamo a letto tutti vestiti. Con una tazza di camomilla, a volte un Tegolino.

Mi manca l'aria ma non riesco a uscire da qua dentro, perché se apro la porta mi ritrovo all'inizio di tutto: le strade deserte, la notte, quell'odore e i miei trent'anni. In quel periodo dopo una certa ora a nessuno veniva in mente di uscire e andavamo in giro solo noi, come ombre.

Ma andiamo con ordine. Devo dirti perché sto qui. Perché sono tornato dopo tutto questo tempo. Mi hanno chiamato e sono partito, ma non per lavoro – quello è finito, oramai è chiaro, è finito. Ho ricevuto una di quelle telefonate che non vuoi mai ricevere.

Ma pure per capire questo, perché adesso sto qui, devo spiegarti tutto dall'inizio. Devo raccontarti quello che detesti, altrimenti non ne usciamo. Pensalo come un viaggio. Abbiamo mai fatto un viaggio, tu e io? Non ricordo. Allora lasciati portare, solo per questa volta. Permettimi di raccontarti ciò che abbiamo fatto. Bada bene, dico *noi* non perché mi nascondo dietro al gruppo – io mi prendo tutte le responsabilità –, ma perché, questo è importante, io non ero solo. C'era un progetto a cui i miei colleghi e io abbiamo lavorato e creduto in un preciso momento storico e in un luogo preciso che è la città dove mi trovo adesso. Palermo. L'anno era il 1992.

12 agosto 1992. Mi chiama un capo con cui lavoravo ai tempi del terrorismo politico – uno che se oggi mi chiedesse di tagliarmi un braccio lo farei subito senza pensarci. Insomma, mi chiama. Una famiglia normale dovrebbe essere in vacanza, io invece sto in servizio. Sono un investigatore della sezione criminalità organizzata, Polizia di Stato. Tu e mamma siete a casa, a Roma. Vi ho promesso che saremmo andati al mare per Ferragosto ma arriva quella chiamata, e così nessuna vacanza per voi. Solo i palazzoni di Torre Angela – dai, non erano poi così brutti.

In quel momento sto lavorando sui sequestri di persona – nessuno sa cosa faccio, nemmeno mamma lo sa. Sto di base a casa. A casa per modo di dire. Ho sempre la testa altrove, la notte esco e le trasferte si sono intensificate, vengono decise all'ultimo: si parte da un momento all'altro. E quando sto fuori si tratta di settimane, a volte mesi. Tu hai quattro anni e mi faccio l'idea che tu sia troppo piccolo per capire e che la mamma ti basti – mi conviene pensarla così, è vero. Mi dico: questo tempo lo recupererò. Me lo riprometto ogni volta. Ma ogni volta arriva una telefonata.

Allora: il 12 agosto 1992 mi chiama un capo con cui ho lavorato. Telefona all'ufficio della Polizia – sono lì in appoggio per una brutta storia di rapimento che si è appena conclusa.

"Lomuto, ascoltami bene" – sento il fumo uscire dalla sua bocca – "il momento lo conosci, non è che te lo devo spiegare. Lo Stato ha subìto un duro colpo: prima Scopelliti, poi Falcone e il mese scorso il giudice Borsellino."

Arriccio il filo della cornetta con il dito: "Continui, capo."

"Mai sentito parlare della DIA, la Direzione investigativa antimafia?"

"La struttura voluta da Falcone più o meno un anno fa?"

"Esatto, ma non ha mai funzionato. Adesso lo Stato la vuole rendere operativa. Dare una risposta forte, capito?"

"Va bene, la ascolto. Mi dica che c'entro io."

"Bravo, Lomuto, qui ti voglio! Il dipartimento vuole chiamare a raccolta i migliori investigatori del Paese."

Mi alzo in piedi.

Il capo continua: "Mettono insieme poliziotti, carabinieri e finanzieri. Una cosa folle."

"Una cosa geniale" – accendo la sigaretta e do una boccata di fumo – "Falcone era un pazzo visionario."

"Hai voglia, se lo era! Sennò non l'ammazzavano..."

Aspiro. La cartina brucia velocemente: "Che cosa bisogna fare? Mi dica tutto, capo."

"Semplice. Prendere chi ha ucciso Falcone."

"Eh, semplice..." – schiaccio la sigaretta nel posacenere.

"La città è Palermo. Io sarò alla direzione del gruppo. Tu, Lomuto, sarai l'ispettore capo."

"Faccia conto che già sto là."

Lascio la cornetta a penzolare. Prendo le chiavi della macchina e faccio per uscire dall'ufficio. Dal ricevitore mi arriva la voce del capo che ride e urla il mio nome: "Fraaancooo!"

Tu probabilmente non sai nemmeno che cos'è, questa Direzione investigativa antimafia, perché nessuno te l'ha mai spiegato, io per primo. Era la figlia di Falcone, la figlia che non ha visto crescere. Lo so che stai pensando: che non possono essere figlie le stanze di un ufficio e che non si va a fare i padri delle idee degli altri. Invece è così.

Non è per giustificarmi, ma tutto questo aveva un senso. Il prezzo per te è stato altissimo – ma io pensavo che ti avrei lasciato un mondo più pulito, risolto, capito come? E sai che cosa adesso non mi va giù? Che noi in quegli anni abbiamo fatto la guerra alla mafia, eccome se l'abbiamo fatta, ma poi qualcuno ha deciso che quello che avevamo fatto bastava. Che andava bene così.

È sempre il 12 agosto 1992. Dopo la chiamata del capo salgo in macchina per rientrare a Roma. Scendo dalle pendici di un monte, in Umbria, dove si era svolta la missione per la Polizia. Guardo i miei occhi nello specchietto retrovisore. Tondi e grigi come la volata di una pistola. Spingo il piede sull'acceleratore.

Durante il viaggio, ti dico la verità, non penso a voi, a te o alla mamma, a cosa dire, a come prepararvi. No. Penso a come farò a lavorare con un carabiniere o un finanziere, forze dell'ordine che ragionano in modo diverso dal mio. Penso a quello che so di Palermo e della mafia. Tu devi pensare che all'epoca non era come adesso, che della mafia conosciamo tanto: noi allora sapevamo da poco che esisteva Cosa nostra.

Capisci come parto per questa avventura? Io e gli altri come partiamo? Quattro ragazzi contro un mostro più grande di noi.

Mentre sono immerso in questi pensieri, inchiodo sui freni e sbatto col petto sullo sterzo.

Al centro della strada, davanti a me, un lupo: fermo in mezzo alla via deserta che passa attraverso i boschi, mi guarda con gli occhi gialli. Resta a fissarmi come se volesse dirmi qualcosa che non riesco a capire. Punta il muso tra le zampe, sull'asfalto, poi lo alza in direzione del fitto degli alberi e se ne va.

Riprendo a guidare, mi lascio il monte alle spalle e mentre entro in autostrada ripenso all'incontro con quell'animale come se mi avesse passato un insegnamento sull'istinto. Qualcosa che da lì in poi mi servirà. In quel momento la sento così e penso a come raccontarti del lupo quando torno casa. Senza spaventarti voglio parlarti di una creatura solitaria, aggressiva, che però sa essere fedele come nessun altro verso il branco.

Mi fermo a un autogrill. Alcuni poliziotti in divisa prendono un caffè. Al bancone siamo fianco a fianco. Io la divisa ce l'ho nell'armadio, mai messa per lavorare. Non sanno che sono uno di loro. Ho la pistola nascosta nella cinta dei pantaloni. Il sentirmi invisibile a tutto e a tutti mi fa salire l'adrenalina in modo incredibile, mi dà la voglia di spaccare, di farcela, di prendere quei bastardi criminali che hanno ucciso Falcone. Non per la gloria ma solo per il sentimento della giustizia. Tu l'hai mai provata una sensazione del genere? Quella spinta dentro che ti accende e a cui non puoi rinunciare? Oggi hai più o meno la stessa età che ho io quando sto per partire per questa avventura: trent'anni. Se non hai mai sentito una motivazione del genere, figlio mio, ti auguro che prima o poi questo accada. Ti auguro di trovare dentro di te qualcosa di più grande di te stesso per la quale vivere.

Per me non può esistere un lavoro diverso da questo, una vita diversa dalla mia – questo mi dico lasciando la tazzina sul piattino. Pago il caffè e dal bordo della cassa mi fissano alcuni peluche. Uno in particolare, un orsacchiotto con la scritta *Papà* sulla maglietta. In lontananza le voci e le risa di una famiglia al tavolo con un bambino che si arrampica sulle spalle del padre. Prendo l'orsacchiotto, lascio le monete sul vassoio. Infilo la zampa del pupazzo nella cintola, dalla parte opposta alla pistola.

Mentre sono alla guida, l'orsacchiotto continua a fissarmi dal cruscotto. Penso alla sfida che mi aspetta e quello mi fissa con gli occhi di plastica e la scritta *Papà*.

L'ho portato con me a Palermo, l'orsacchiotto. Non nel 1992 ma adesso. L'ho messo in valigia d'istinto. Perché questo viaggio lo avrei voluto fare con te. Nella stanza d'albergo dove sono ora il pupazzo sta sul letto e mi guarda. Gli occhi sono opachi, il pelo è tutto infeltrito e della scritta è rimasta solo una *P*. Il resto lo hai staccato tu quando non mi hai visto tornare.

Devo prendere coraggio e uscire da questa stanza d'albergo. L'ascensore meglio di no. Devo fare le scale e andare fuori, per strada. Sono completamente bloccato. Tengo la mano sulla maniglia della porta ma non riesco a girare e ad aprire. Quella là fuori non è solo una città. È il passato con cui faccio i conti ogni giorno. Perché a trent'anni le cose le vivi in un modo, cioè, ti spingi oltre, ti assumi la responsabilità di un progetto enorme. Ora, a trent'anni di distanza, ho una mappa davanti che mi mostra quanto ho rischiato in un preciso momento storico, contro chi ho combattuto. In questa mappa io sono un puntino, o forse nemmeno quello. Oggi non sono più niente, non servo più a nulla. Sono la scritta che si è cancellata sulla maglietta del peluche.

La mappa la giro e rigiro nella mia testa e la città non la riconosco. Non è la Palermo che ho vissuto io e che ho rivoltato vicolo per vicolo, di cui ho annusato ogni angolo. Se esco in queste strade, mi sentirò perseguitato. Dovrò guardarmi le spalle, sobbalzare a ogni rumore e a ogni passo – fuori da questo hotel c'è la mia ossessione.

Sento un rumore dietro di me, adesso. Lascio la maniglia e vado a spalancare le ante dell'armadio: c'è qualcuno qua dentro? Metto mano alla pistola. Guardo sotto il letto. Niente.

Il rumore sembra un cigolio. Mi muovo verso il bagno. Estraggo l'arma. Scorro con la schiena sulle piastrelle e punto la pistola nella doccia. Nessuno.

Il rumore adesso viene dal fondo della stanza. Copro con un cuscino l'arma. Avanzo piegato sulle gambe. La tenda si muove. Si allarga un'ombra tra le pieghe. Qualcuno di sicuro è entrato dalla finestra e sta nascosto lì dietro. Metto il colpo in canna. Arriva un suono come di una voce metallica – deve avere una maschera, il bastardo. Sento lo sferragliare di una punta – ha un coltello o qualcosa del genere. La tenda si muove a onde: sta avanzando verso di me.

Sparo un colpo in direzione dei suoi piedi e apro la tenda.

Non c'è nessuno, cazzo! Nessuno.

È la finestra. La finestra che si è aperta. Sputo fuori aria e una specie di bava. Do un pugno. Pezzi di vetro per terra e le nocche insanguinate. Ho l'affanno – la maglietta completamente sudata mi si appiccica addosso. Me la sfilo e la lego attorno alle ferite della mano. Metto il busto fuori dalla finestra, gli occhi chiusi. I motori delle macchine. I clacson. Le voci. Il traffico. Il fumo della città. Tutto mi avvolge come se mi volesse risucchiare.

Apro la bocca e sento l'odore del 1992: è lo stesso, non è cambiato. Mi ritiro. Non riesco a respirare. Ho freddo fino alle ossa. Corro ad aprire la valigia ma la zip si è inceppata. Vado nel panico: apriti! Apriti! Mi butto sotto la doccia con ancora i jeans addosso. Faccio scorrere l'acqua bollente. Bollente in piena estate, Cristo.

Ecco, io vivo così. Fantasmi mi inseguono. Si alzano mostri davanti a me. E sto sempre a combattere. Contro il nulla. Contro me stesso.

Quando tua madre mi vede entrare in casa con lo sguardo basso e l'orsacchiotto in mano, ha già capito tutto. Ti prende in braccio e si chiude a chiave in camera – quello scatto della serratura, ti giuro, mi gira ancora in testa.

"Marta, posso parlare?" – dico alla porta.

"Tu pensi che noi possiamo vivere così ancora a lungo?" – risponde lei.

"Marta… Io però te l'avevo detto" – penso a prima del matrimonio, a quando lei mi guardava con occhi scintillanti e tutto sembrava possibile. "Tu lo sapevi… Marta, ti prego, apri. Non litighiamo davanti ad Alessandro, ho qui un regalo per lui…"

Il punto è che lei pensa a una missione come quelle fatte fino a quel momento. E adesso come glielo spiego?

Poggio la schiena sulla porta e ci provo: "Ascolta, è successa una cosa importante, molto importante. Lo Stato è sotto attacco. Stanno facendo la guerra allo Stato" – sento la schiena di tua madre che si poggia contro la mia al di là della porta. "E vogliono me e pochi altri per dare una risposta."

"E ovviamente non mi puoi dire niente di più" – la sua voce vibra attraverso il legno sulla mia schiena.

Chiudo gli occhi.

"Dimmi almeno la città."
"Non posso."
"Per quanto tempo?"
"Non si sa."
"Non si sa" – ripete lei.
"Non è come le altre volte. È un'operazione che non si è mai vista. Qualcosa che rimarrà nella storia, capisci?"
"Sì" – la sua voce si spezza. "Ma tu capisci me?"
"Certo" – e invece capisco veramente solo adesso.
"Aprimi, Marta."
La porta cigola come il lamento di una bestia quando viene sparata.
Tu sei a terra, giochi con una macchinina.
Mi piego sulle ginocchia. Sto vicino a te. A tua madre le lacrime scendono senza fare rumore. Ti do l'orsacchiotto e non riesco a dire niente. Ti tiro un pizzicotto sulla guancia. Sono un imbranato totale.
Poi tua madre si asciuga la faccia, si lega i capelli e prende la macchinina dalle tue mani: "Guarda, tesoro, questa cammina anche se non c'è nessuno alla guida. Tu come fai? La carichi tirandola indietro e poi quella va da sola" – te la lascia e tu fai il movimento. Guardo lei, guardo te e non capisco. Ma lei continua: "Papà fa un lavoro come te quando giochi con questa. Tu non lo vedi ma lui sta guidando. Lui è la carica, il motore. Capito cosa ti sto dicendo, amore?"
Tu carichi la macchinina e questa passa attraverso i miei piedi. Ti intrufoli per prenderla attraverso le mie gambe. Io resto sulle ginocchia, mi faccio avanti con la testa e cadiamo: ci rotoliamo per terra. Ridiamo. Ti abbraccio a modo mio, un po' come se fosse capitato per caso – lo so, ho sempre fatto così. Tua madre è in piedi, ci guarda con la bocca tirata che non riesce a diventare un sorriso. Nei suoi occhi però sembrano tornate alcune scintille. Mantiene lo sguardo nel mio. Stringe le labbra,

deglutisce. Leggo nel suo labiale: “Sono fiera di te.” So che è sincera. Ma anche che le costa moltissimo.

Poi si gira per mettere a posto i vestiti nell’armadio. Apre le ante e si infila dentro con tutto il corpo. Abbraccia le mie giacche e scivola giù.

Mi affaccio dalla finestra dell'hotel, adesso. Vedo l'insegna tremolante di un bar con alcune lettere spente, fulminate. Sai a chi sto pensando, vero? So che è molto che non lo vedi. Oramai ha i suoi anni, ma con la schiena sempre dritta. Gino... Non avere figli e fare da padre a mezzo quartiere lo ha fatto invecchiare bene. Quanti ceffoni ha dato a me e ai miei compagni quando eravamo ragazzini e facevamo danni!

Ci passo le giornate, nel suo bar, da quando sono in pensione. Da lì si vedono tutti i palazzoni di Torre Angela. Sei schiacciato dai casermoni bianchi e ti senti come protetto. Ogni volta Gino mi versa un bicchiere di Campari, ma io nemmeno lo tocco. Lui lo sa, ma ci prova sempre.

"Ma come cazzo fai a non bere con la vita di merda che hai fatto?"

È il suo modo per dirmi: se vuoi parlare, io ci sono.

Nel 1992, il giorno che dovevo partire per Palermo, sono passato da Gino a salutarlo – ho fatto il vago, ma lui mi conosce da quando sono nato, sa che non deve fare domande. Ha abbassato gli occhi, mentre asciugava un bicchiere. L'ha tirato su. Mi ha guardato attraverso il vetro: "Il bambino lo guardo io. Ora vedi di andartene."

Qualche volta, se puoi, vallo a trovare. Gino ti vuole bene, come a me.

La mia prima notte a Palermo è stata forse più angosciosa di quella che sto passando ora.

È la fine dell'agosto 1992. Monto sul Gattopardo, il treno espresso Roma Termini-Palermo Centrale – espresso per modo di dire: si parte da Roma alle otto di sera e alle otto del mattino si arriva a Palermo. Mi sfilano davanti i passeggeri. Con la luce obliqua della carrozza i loro volti sembrano ombrosi. Lavoratori che rientrano in Sicilia? Soggetti loschi che viaggiano per i loro traffici criminali? Entro nella cuccetta. Sistemo il cuscino. Disteso, il cuore mi rotola in gola come una pietra. Il letto del passeggero sopra di me lo sento troppo vicino al petto, come fossi in una bara. Le lenzuola di carta hanno un tessuto che si accartoccia a ogni movimento. La pistola mi preme dietro la schiena. Decido di uscire dallo scompartimento.

Passerò tutto il viaggio in corridoio. Un po' seduto per terra. Un po' appoggiato al finestrino, con il paesaggio fuori che prende le forme della notte e la galleria ogni volta arriva come una ghigliottina e taglia via la vista delle campagne scure.

Tiro fuori un walkman dalla valigia. Infilo le cuffie. Premo play. Dentro c'è una cassetta speciale che ho preparato per questa missione. Una voce che voglio mi accompagni quando vedo tutto nero.

Quando arrivo in città, sono passate poche settimane dalle stragi di Capaci e via D'Amelio – Falcone e Borsellino sono morti. Palermo, io non la conosco, non ci sono mai stato prima di quel momento. L'estate sta finendo e sembra che la città sia bruciata – ha un colore rosso ma non è calda, accogliente, proprio per niente. Una cappa preme sui palazzi. C'è un odore strano, di qualcosa andato a male, di marcio, che comincia a entrarmi dentro. Per strada incrocio persone con lo sguardo basso, sfuggente. Molti negozi hanno la serranda abbassata. Il teatro Politeama visto da fuori sembra infestato da fantasmi. Continuo a camminare per le strade, per i vicoli e mi sembra che la mia stessa ombra mi segua in maniera più insistente. Arrivo al quartiere Ballarò – voglio comprare qualcosa da mangiare e mi sento osservato come se ci fossero occhi ovunque. Al mercato un pescivendolo mi osserva anche se non mi punta mai gli occhi addosso – lo capisco da come taglia le teste ai pesci e le butta nel secchio. Un polpo muove i tentacoli. È ancora vivo. Chiedo un cartoccio di fritto alzando il mento e indicando con la mano. Faccio in modo di non parlare – non posso parlare. Se sentono che ho l'accento romano posso destare sospetti.

Lo stomaco mi si chiude. Esco dal quartiere. Non ho più fame, butto il cartoccio in un secchione ed entro in hotel, un due stelle. Lo stesso in cui mi trovo adesso.

"Salve, ho una stanza a mio nome" – porgo il documento. Inizio a guardarmi intorno ma mi freno per non passare per quello che sono: uno sbirro.

"Ecco, voi dovete essere l'impiegato dell'ENEL, giusto?" – l'albergatore tiene la mia carta d'identità tra le dita.

"Sì, esatto. Arriveranno altri colleghi domani" – l'impiegato dell'ENEL è la copertura per chi farà domande.

"Mi sapete già dire quanto durerà il corso d'aggiornamento di cui mi parlaste? Per capire quanto vi tratterrete."

"Ve lo dirò di settimana in settimana, se non è un problema."

"Basta che pagate" – ride con una voce grassa che si trasforma in una tosse inquietante. "In stanza non si fuma, mi raccomando" – aggiunge mentre afferro le chiavi e le stringo forse troppo forte.

Entro nella stanza 42. Guardo in bagno, nell'armadio, sotto il letto. Ispeziono ogni angolo della stanza fatiscente.

Apro la valigia sul letto. Ho poche cose con me – ma come ho fatto a non pensare che sarei rimasto qui per anni? Mi accendo una sigaretta.

La sera, dopo l'accettazione, esco a fare due passi.

Il solo pensiero di quella prima sera mi mette i brividi e mi paralizza ancora di più: per le strade di Palermo nel 1992 c'è una sorta di coprifuoco. Non si vedono persone in giro, nemmeno ragazzi. I cinema sono chiusi, i ristoranti vuoti. Non a mezzanotte ma alle nove di sera. Il 1992 è il risultato non solo delle stragi ma di anni e anni di delitti, detonazioni, omicidi. L'odore disgustoso che sento per strada è proprio l'odore della morte, che a Palermo cammina sempre con te come un'instancabile compagna.

Nemmeno dopo la passeggiata riesco a mangiare. Fumo una sigaretta dopo l'altra e a un angolo mi fermo a pensare se le cicche che ho seminato possono essere un indizio per qualcuno. Nessuno mi conosce, nessuno sa chi sono, mi dico. Non devo farmi paranoie. Compro un paio di pacchetti di patatine da un ambulante e ritorno in camera. Se mi verrà fame avrò qualcosa da mettere tra i denti.

La mia prima notte a Palermo mi giro continuamente nel letto. Sogno che un polpo mi afferra con i tentacoli i polsi e le caviglie e mi spara l'inchiostro in faccia. Mi sveglio di soprassalto. La stanza cade a pezzi per quanto è modesta. La porta si può buttare giù con una spallata. Prendo la pistola e la poggio sul comodino. Non è sufficiente. Se entra qualcuno, mi dico, non ho il tempo di impugnare l'arma. In quel momento mi viene un'idea, diciamo, artigianale. Sistemo i pacchi di patatine davanti alla porta: se qualcuno entra in piena notte nella mia stanza, metterà i piedi sui sacchetti. Il rumore mi sveglierà.

Ecco, noi della DIA eravamo così: abbiamo fatto la guerra alla mafia senza mezzi. Ci siamo inventati come fare ogni giorno. Abbiamo inventato un metodo. Ma questa te la racconto fra un attimo. Prima mi devo calmare. Butto giù dieci gocce di benzodiazepine. Il ricordo di quella notte ha alzato il mio livello d'ansia e il cuore non si ferma.

Le torri dove ha sede la DIA mi sembrano subito familiari – sono come i palazzi di Torre Angela, per capirci. Ma quando entro in ufficio il primo giorno per la riunione del gruppo non credo ai miei occhi. Ci sono due sedie di numero, una scrivania buttata in un angolo. Siamo una decina di investigatori e stiamo addossati ai muri. Anche il capo sta in piedi, tanto è nervoso. Va dritto al punto: "Che è una cosa nuova lo sapete. Che è la cosa più importante che farete nella vostra cazzo di vita, questo ve lo dovete mettere bene in testa. Che fino a adesso siate stati i migliori nei vostri dipartimenti, non me ne frega un cazzo. Il momento per essere i numeri uno è ora!" – lui è fatto così: quando ti deve dire ti voglio bene, ti lancia un telecomando addosso.

"Non voglio sentire una lamentela. Mettiamo le cose in chiaro. Non ci stanno mezzi. Ma non come vi hanno sempre detto, che poi le cose saltavano fuori. No! Qua mancano proprio i fogli per scrivere, le sedie. Avete portato la carta da Roma come vi ho chiesto? Le macchine sono poche e scassate. Già ve lo dico: i cellulari ce li hanno gli uomini di Cosa nostra, voi per fare le vostre telefonate dovete andare alle cabine telefoniche. Tutto chiaro?"

Nessuno fiata. Quasi non respiriamo, anche perché tutti non fanno altro che spegnere e riaccendere sigarette.

Guardo gli altri del gruppo. Non c'entriamo niente uno con l'altro, non ci conosciamo, ma c'è qualcosa che ci accomuna. Non è solo il fatto di essere giovani. Sembriamo scappati di casa. Randagi. Animali che possono stare giorni senza bere e mangiare, che vivono per strada.

Il capo prosegue: "Lo Stato è sotto attacco. Voi non vi dovete sentire in guerra: voi *siete* in guerra. Una guerra senza avere i mezzi, direte voi. Sbagliato! Voi avete questo" – batte il dito sulla testa. Continua a parlare passando davanti a ognuno di noi e guardandoci bene negli occhi: "Venite da forze diverse e da esperienze diverse. Adesso però dovete lavorare insieme. Come? Non lo so, non ci sta nessuna ricetta scritta. Una cosa è sicura: non possiamo sbagliare."

Arriva davanti a me, mi batte la mano sulla spalla così forte che per poco non me la sloga. Mi introduce e mi presenta come ispettore capo.

Mi schiarisco la voce. Le parole mi vengono in quel momento: "Allora, per lavorare insieme, è chiaro che il metodo ce lo dobbiamo inventare. Questa è la prima cosa. E richiede tempo. Ognuno di noi – poliziotto, carabiniere, finanziere – ha fatto i pedinamenti, ascoltato le intercettazioni. Il punto adesso è fare queste cose tutti alla stessa maniera."

"Santa Rosalia! Ma non è questa la prima cosa che dobbiamo fare. Si vede proprio che sei uno sbirro..." – a parlare è Rosario, detto Sario. Due spalle enormi, un armadio di uomo. Il naso storto da ex pugile e una faccia da schiaffi. Mi viene da sbatterlo al muro e in quel momento lo faccio. Gli afferro la maglietta e premo il mio petto sul suo – lui mi ringhia contro.

"Mo' vi prendo a tutti e due e vi sbatto fuori da qui! Manco avete cominciato, stronzi!" – seguono una serie di imprecazioni che sembrano arabo. Il capo quando è arrabbiato parla una lingua tutta sua. Ci rimette al nostro posto – eravamo tutti molto tesi.

Respiro. Mi accendo una sigaretta e riprendo il discorso: "Il carabiniere qui ha ragione, la prima cosa che dobbiamo fare è conoscerci. Non posso uscire a fare un pedinamento con uno che non conosco. Ci dobbiamo fidare della persona che ci guarda le spalle."

"Questo volevo dire. È che io ho sempre fatto l'ariete. Sempre a sfondare le situazioni mi hanno messo. Vedi adesso" – Sario si tocca le punta delle dita. "Con tutto il rispetto, capo, noi di Palermo siamo la memoria storica della mafia in città: come possiamo farci coordinare da uno che viene da Roma?"

Il capo non sembra turbato: "Sario, è molto semplice. Franco ha esperienza nelle inchieste, doti di comando e un intuito incredibile" – si tira il bavero della giacca. "Sono qualità fondamentali per creare un metodo insieme a voi, che invece ci metterete la vostra conoscenza diretta della mafia e del territorio."

"Ringrazio il capo" – passo una mano tra i capelli. "Poi volevo dire che ho mamma siciliana e papà napoletano. Capisco il dialetto dell'isola anche se non lo parlo. E ho vissuto fin da piccolo in contesti dove il crimine l'ha fatta da padrone. Ma non credo di dovermi mettere a raccontare tutto il mio curriculum!"

Sario alza il pollice come a dire: per oggi siamo a posto così.

"Volevo dire una cosa" – si inserisce uno con la voce flebile e il fisico di una statua. "Secondo me chi è di Palermo e ha famiglia qui non si può esporre più di tanto. Non scherziamo. Ci dobbiamo esporre noi che veniamo da fuori. Per preservarli, insomma. Ne va di tutto il gruppo" – questo è Pietro, mai incontrata in vita mia una persona con un senso del branco come ce l'ha lui.

"Preservare ci preserviamo da soli" – il finanziere punta i suoi occhi di ghiaccio su Pietro e poi sul resto della squadra. "Diciamo però che per chi ha moglie e figli in città è meglio lavorare soprattutto di notte. Non è il mio caso. Io ho un cane che è peggio di una moglie ma questa è un'altra storia..." – Totò, questo il nome del finanziere, si presenta subito come l'agente dalle risate amare. Arriccia i baffi rossicci e si schiarisce la voce: "Una cosa però noi siciliani ve la possiamo insegnare da subito: qua bisogna parlare poco e non apparire mai."

Totò traccia così il nostro destino di invisibili.

Parlare poco, apparire mai. Le stesse regole dei mafiosi, se ci pensi. Dovevamo fare la stessa vita dei criminali che volevamo catturare. Perché se non vivi come loro, non li prenderai mai.

Sario, Totò e Pietro diventeranno i miei fratelli, la mia famiglia – ti chiedo scusa, ma questa è la verità.

Pietro adesso sta qui in hotel, nella stanza al piano di sopra. Totò da Palermo non è mai partito. Sario è il motivo per cui sono tornato a Palermo. Domani è il suo funerale.

Vibra il cellulare e si sposta sul comodino. Lo prendo, la luce blu in mano. Pietro mi sta chiamando. Vorrà chiedermi di uscire, di andare a casa di Sario e poi a mangiare qualcosa. Non riesco a mettere il naso fuori da qui, figuriamoci a vedere la bara ancora aperta con un fratello dentro. E di morti in vita mia ne ho visti, eccome se ne ho visti.

Abbasso la suoneria, mi metto schiena sul letto e passo la torcia del telefono intorno a illuminare non so nemmeno io cosa. La punto sul soffitto. Il calcinaccio sta venendo giù. Tengo a bada i pensieri. Per me un pezzo di intonaco caduto può essere una briciola o un meteorite. Lo fisso insistentemente. Il frammento bianco si stacca e volteggia in basso verso di me. È piccolo ma scendendo diventa sempre più grande. E quando sta per arrivarmi addosso, chiudo gli occhi.

La mente mi riporta al 1992, sulla scrivania dell'ufficio DIA di Palermo, la mia mano che traccia uno schema e l'altra che scaccia particelle di intonaco appena cadute.

Sono i primi giorni di insediamento, quando dobbiamo capire cosa conosciamo della mafia per elaborare una strategia di intervento. E noi sappiamo poco e niente, molti di noi venivano dalla camorra che è tutta un'altra storia, un altro modo di ragionare.

Così ci siamo messi a studiare. E a litigare, perché siamo tre forze dell'ordine diverse che per la prima volta fanno delle indagini insieme: io il pedinamento lo faccio così e io invece sono abituato in un altro modo e tu perché ti comporti così e vedi che lì in quel posto bisogna andarci in questa maniera ma io un pedinamento non l'ho mai fatto ma io cosa le ascolto a fare le intercettazioni se non capisco il siciliano ma la macchina stamattina non partiva e questo manca e quest'altro non ce l'abbiamo.

Soprattutto, all'inizio devo occuparmi di una cosa molto difficile, mai tentata prima: tre mentalità totalmente diverse devono diventare un'unica mentalità. E questo cambiamento, non lo posso fare da solo. Lo devo fare insieme agli altri.

Di quei primi tempi ho soltanto un ricordo indistinto di me che sto al centro, in tutta quella confusione: le voci mi attraversano ma non se ne vanno, rimangono dentro, la notte mi girano in testa e il mattino dopo in ufficio di nuovo la stessa storia. Per giorni e giorni i ragazzi con le loro parole e i loro dubbi creano come una nebbia che impedisce di vedere oltre.

Una notte prendo la Peugeot bianca, l'auto di servizio che sarà la mia compagna di strada – una macchina vissuta, che proprio per questo, per la sua esperienza sull'asfalto, mi dava sicurezza. Con i freni morbidi, la ripresa del motore scattante, il paraurti schiacciato, i fari di posizione piegati in giù come le ciglia di una donna. Insomma, una notte monto sulla Peugeot ed esco da Palermo. Prendo l'autostrada verso l'aeroporto. Accelero – anche il cuore va veloce. Mi allontano dalla città e i lampioni iniziano a diradarsi fino a scomparire del tutto. Nel buio ci sono solo io. Penso a tua madre sulla sua metà di materasso, con gli occhi aperti a guardare il lato vuoto del letto, che lei non occuperà mai nemmeno negli anni a venire – come se di notte il suo corpo conservasse la memoria di quel limite, della mia presenza. Penso a te con la lucina accesa sul comodino, l'orsacchiotto con la scritta *Papà* tra le braccia, la macchinina a frizione in mano. Ognuno di noi da solo con la sua notte. Sento uno squarcio nel petto come una ferita aperta che fino a quel momento non mi ero accorto di avere.

Arrivo all'altezza di Capaci. Alzo i fari – il mio respiro è ansimante. L'asfalto sembra sbriciolarsi e, più avanti, aprirsi e sventrarsi in un buco di cui non riesco a vedere la fine. Sotto i pneumatici lo scricchiolare delle pietre e dei detriti. Inchiodo con i freni. Ritraggo le mani dal volante – non posso passare su questi resti. Spengo il motore ma non i fari. Esco dalla macchina. Qualche passo incerto, poi scivolo con le mani tra le ginocchia chiuse. Il cratere della strage si apre, spaventoso, davanti ai miei piedi. La ferita si infiamma – porto una mano al petto per accertarmi che non è niente, è solo nella mia testa. Guardo sotto la maglietta: bene, lo squarcio non c'è, non si vede – forse per questo brucia di più, penso, come le cose che vanno in profondità e poi aprono falle. Ma, aspetta, sta uscendo ancora del fumo da dentro il cratere? È impossibile, sono i miei pensieri, mi dico. O forse è il calore sputato fuori di notte dall'asfalto.

Intorno, un silenzio asfissiante. Mi manca l'aria.

Cerco nelle tasche. Tiro fuori il walkman. Metto le cuffie. Premo play:

Lo Stato può subire qualche sconfitta ma non può essere ridicolizzato. Lo Stato è lo Stato.

È la voce di Falcone nella mia compilation speciale – entra in circolo dalle mie orecchie, la lascio risuonare ancora un po' nella testa. *Lo Stato è lo Stato.* È come se Giovanni Falcone mi avesse poggiato una mano sulla nuca e poi mi avesse dato un buffetto, quasi a dire: *Vai, ragazzo. Ora tocca a te, a voi.* Le sue parole, quelle reali e quelle immaginate, riempiono la notte tutta. Vorrei arrivassero fino a Torre Angela, da te e mamma.

Sfilo le cuffie. Torno piano a respirare ma adesso la ferita so dove sta. Mi avvicino alla Peugeot. Poggio la schiena sulla portiera e lascio andare la testa all'indietro. Stelle, non ce ne sono. In quel momento sulla mia testa passa come un soffio: è un rapace notturno. Lo seguo con lo sguardo. Vola alto sopra la strada, con il suo piumaggio luminoso e silenziosissimo. Un barbagianni.

Il giorno dopo questa visione, con il gruppo che non è ancora un gruppo, faccio una cosa che con voi a casa non ho mai saputo fare: dare sicurezza. Essere un capofamiglia.

"Noi siamo questo" – mostro loro un foglio bianco. "La nostra storia comincia da adesso. Va scritta da zero. E dobbiamo scriverla noi, non è che può farlo qualcun altro. Noi, insieme."

"Sì, ma ci vuole troppo tempo e noi tempo non ne abbiamo" – Sario si muove sui piedi come su un ring. "Nemmeno ci conosciamo. Dobbiamo ancora capire cosa sappiamo fare. E io a fare alcune cose non sono buono" – incrocia le braccia e si poggia al muro.

"Senti, Sario, dobbiamo iniziare a capirci, perché i problemi stanno là fuori. Chiaro? Là fuori! Ognuno farà quello che più gli riesce meglio, ma tutti dobbiamo saper fare tutto. Mi sono spiegato?"

Questa frase che ti può sembrare una cazzata in realtà non era male, perché i ragazzi si sono sentiti valorizzati ma anche uniti gli uni agli altri. Poi tieni presente che avevamo tutti lo stesso obiettivo, la voglia di fargli la guerra, a quelli che avevano ucciso Falcone. Il resto sarebbe venuto.

Arrotolo il foglio a tubo e lo punto su di loro che sembrano cani randagi legati alla catena: "Ve lo dico subito. Chi non è idoneo al servizio viene mandato via e sostituito. Rimane solo chi dimostra senso del dovere, spirito di sacrificio, abnegazione."

In quel momento nuvole coprono il sole e gettano un'ombra nella stanza e su di noi – come un'investitura nera.

"Meno ci facciamo vedere, più possiamo lavorare."

Vedo le zampe dei randagi animarsi. Iniziano a scalpitare.

"Prima di venire qui a Palermo" – racconto agli altri quel giorno – "sono stato nell'ufficio di Roma. Arriva il colonnello e mi dice: visto che dobbiamo fare le indagini bancarie, c'è da andare spesso in banca. E io gli rispondo: non so se ha visto il mio curriculum, io in banca ci posso entrare col passamontagna, non so manco come si fa un bollettino!"

Tutti scoppiano a ridere, ma con quella battuta sto dicendo una cosa importante che loro capiscono al volo: nel gruppo, la lacuna mia viene compensata dalla capacità di un altro. Se io, poliziotto, sono forte su strada nei pedinamenti ma devo fare una verifica su una società, su un bar, su un noleggio, allora il collega della Guardia di finanza è il top, capito come? Così guadagniamo anche tempo: in queste indagini avere in squadra uno che può darti subito supporto senza doverti rivolgere ad altri uffici, è fondamentale. È così che abbiamo costruito una professionalità unica.

E noi che siamo sempre stati dei randagi, presto diventeremo dei lupi che sanno andare da soli perché hanno un branco che li protegge – adesso, invece, la solitudine è devastante.

Passano i primi giorni di settembre e l'ufficio di Palermo si comincia a riempire di quel poco che abbiamo. Quando non hai niente, tutto assume valore. Le capacità, gli uomini, il metodo. Il modo di operare diventa strategia investigativa. E io l'ho cresciuto, quel modo di fare. Non ho cresciuto te, lo so. Però andiamo avanti nel discorso, ti prego.

È a metà degli anni ottanta che cominciano a collaborare i pentiti più famosi.

Immagino che starai rovesciando gli occhi all'indietro per la noia. Ora vedrai se questa storia ti farà sbadigliare anche solo per un secondo.

Ascoltami bene. Noi investigatori in quegli anni facciamo una cosa: tocchiamo il male. E lo facciamo nella maniera più affascinante che possa esistere: entriamo nella mente di chi dobbiamo catturare. E il primo a entrare nella testa di un mafioso, sai chi è stato? Giovanni Falcone. Proprio lui. Tu lo vedi come un santino, come un poster da parete, una sagoma di cartone in vetrina. E invece Falcone si muove, eccome se si muove: è un uomo d'azione, fa avanti e indietro dagli Stati Uniti. Negli anni ottanta lavora con l'FBI e comincia a riflettere sull'idea di creare una struttura del genere in Italia. Per lui la DIA è proprio questo: l'FBI italiana. Poi noi non avevamo manco le macchine per spostarci ma l'idea, sì, era straordinaria.

Ma torniamo a noi. Nel 1983 a San Paolo arrestano Tommaso Buscetta. Qualche tempo dopo Falcone prende un aereo per andare in Brasile e incontrarlo. Calcola che poco prima i brasiliani, per far parlare Buscetta, lo mettono su un aereo e minacciano di buttarlo giù e quello niente, nemmeno una parola. Quand'è che inizia a parlare? Quando incontra Falcone. Perché il giudice fa una cosa nuova: parlare la lingua dei mafiosi. E quindi Buscetta si fida di lui. Perché ti dico questo? Perché noi quando iniziamo portiamo avanti questo metodo: ragionare come loro, entrare nella mente dei mafiosi. Solo così li puoi fottere.

E sai all'inizio quanti pentiti ci aiutano nell'inchiesta? Zero. Facciamo investigazione pura. Solo intercettazioni e pedinamenti. Cioè, alcuni collaboratori di giustizia ci danno dei nomi ma poi l'indagine è tutta roba nostra. Andiamo però con ordine.

Il capo ci riunisce e condivide con il gruppo gli obiettivi: al centro dell'indagine ci sono i Corleonesi, perché la convinzione è che le stragi siano opera di Cosa nostra e in particolare di Totò Riina. Ma va dimostrato. In pratica dobbiamo individuare gli autori dell'attentato a Giovanni Falcone. Ma non solo. Il colpo più difficile è catturare l'uomo al comando dell'ala militare di Cosa nostra: Leoluca Bagarella. Latitante.

"Sapete chi è questo, no?" – il capo ci mostra la foto segnaletica di Bagarella.

"Fooofiiifuuu!" – il fischio di Totò si inserisce tra le parole del capo.

"Il suo curriculum dovreste conoscerlo. 1977, il primo omicidio eccellente: uccide il colonnello dei Carabinieri Giuseppe Russo. 1979, crivella con sei colpi di pistola il giornalista Mario Francese, davanti casa sua: stava indagando sugli affari dei Corleonesi. Sempre 1979, entra nel bar Lux qui a Palermo e fredda Boris Giuliano: due colpi alla nuca e, in piedi sul suo corpo, cinque proiettili alla schiena. E sapete che arma usa?"

"Una calibro 7,65" – interviene Sario che è l'unico del gruppo ad aver visto Bagarella dal vivo a un processo.

"Esatto. E perché secondo voi usa un'arma così atipica per un omicidio eccellente?" – ci sprona il capo.

Totò risponde sicuro: "Perché Giuliano aveva trovato la sua

P38. Quindi Bagarella ha voluto dire: ti uccido comunque e con un'arma qualsiasi."

"Proprio così!" – incalza il capo. "Nel linguaggio di Cosa nostra ogni dettaglio è un messaggio. Ma c'è di più. Giuliano viene ucciso anche perché scopre il covo di via Pecori Giraldi dove vengono rinvenute armi, quattro chili di eroina e una patente contraffatta con la foto di don Luchino. Questa."

Il capo tiene con due mani la foto di Bagarella stampata su un foglio: la testa del latitante monta sul corpo del capo – mi sembra per un momento di avercelo davanti, il boss di Cosa nostra. Gli occhi leggermente divergenti come se riuscisse a guardarsi da tutte le parti. Segni di espressione che sembrano tagli di arma bianca.

Ma tu, figlio mio, sai chi è Boris Giuliano? Se non lo sai, è un po' un problema – cioè, è un problema per me che mio figlio non sappia chi è un poliziotto inarrestabile, un investigatore numero uno come Boris. Lo chiamavano "lo sbirro americano" – era il capo della Squadra mobile di Palermo – ma lascia perdere: lui è il primo agente italiano a specializzarsi all'FBI di Quantico, in Virginia. Il primo ad aver fatto la lotta al narcotraffico dalla Sicilia all'America seguendo il flusso di denaro. E Cosa nostra lo ha voluto morto. Persone come lui hanno fatto la storia della lotta contro il crimine.

Torniamo però a quel giorno col capo e la foto di Bagarella.

Pietro alza la mano: "Capo, scusi, ci sono collaboratori che possono aiutarci nell'indagine?"

"Il cognato di Bagarella si chiama Giuseppe Marchese, il fratello di sua moglie" – il capo abbassa il tono della voce quasi a richiederci un ascolto più intenso. "Marchese in carcere diventa collaboratore di giustizia e riferisce che Bagarella viene favorito nella latitanza da Antonino Gioè."

Tu tieni conto che i mafiosi iniziano a collaborare o perché sono spacciati o per vendetta. Tutte le cose che dicono vanno verificate, sempre.

Il capo incolla la foto di Bagarella al muro, sulla mappa di Palermo. Punta il dito dove ci troviamo noi, alle torri dell'ufficio DIA, e lo fa scorrere attraversando tutta Palermo e spingendosi fuori città. "Gioè è a capo della cosca di Altofonte che sta qua" – batte il dito su una piccola frazione. "Buon lavoro a tutti!"

Adesso ho davanti la mappa di Palermo. È sulla scrivania della mia stanza d'hotel. Ci sono le fotine della cattedrale, del teatro, della chiesa di San Domenico e le frecce che le collegano ai luoghi. Oggi Palermo è diventata una città in cui venirsi a fare una vacanza, dove prendere il sole in spiaggia, godersi la vita notturna. Non per me ovviamente. Dovrebbe essere una cosa per cui gioire e io invece sto intrappolato. Guardo questa mappa turistica ma vedo la nostra mappa – quella di quegli anni, dove al posto delle foto dei monumenti ci sono appunti, pezzetti di carta con numeri di targhe segnati sopra, scontrini, ritagli di foto e linee che congiungono quegli indizi ai vicoli, alle stradine, ai palazzi.

Sulla cartina turistica Altofonte non ci sta, non esiste. A nessuno mai verrebbe in mente di farsi un giro in mezzo a quelle quattro case, con un'unica piazza e i monti intorno. Oggi. Tu pensa nel 1992.

Prima di vederlo fisicamente Antonino Gioè, me lo immagino. A settembre del 1992 da Roma arriva l'informativa sul suo conto. È un uomo di quarantaquattro anni con precedenti penali. Un primo arresto nel luglio 1979 per traffico di droga e detenzione d'armi – finisce in carcere con Antonino Marchese, fratello di Giuseppe. Ti ho parlato del covo di via Pecori Giraldi. Ecco, queste cose vengono trovate lì. Sempre in quell'anno arriva a Gioè una denuncia per sequestro di persona, duplice omicidio, occultamento di cadavere, tutte azioni svolte in compagnia di Antonino Marchese e Bagarella. Nell'81 un mandato di cattura per l'omicidio di Boris Giuliano.

Mentre mi leggono l'informativa, il fumo di sigaretta in ufficio prende forme mostruose, come se davanti avessi un fantasma. Gioè viene rilasciato alla fine degli anni ottanta. Ha saldato il suo conto con la giustizia. Diventa capo della cosca di Altofonte e in quel momento per noi potrebbe essere l'uomo che svolge azioni di collegamento per favorire la latitanza di Leoluca Bagarella e di Giovanni Brusca. Ecco, su Brusca avrei molto da dirti ma preferisco non raccontarti nulla – se penso a dove sta adesso, mi ribolle il sangue.

Torniamo all'ufficio. Chi tra di noi conosce bene la mafia, ha però sempre lavorato solo su Palermo. "Santa Rosalia! Mica possiamo andare ad Altofonte" – Sario alza le mani al cielo. "Non è un posto dove puoi andare a fare domande. Lì si conoscono tutti: o sei uno di loro o ti sgamano."

Totò arriccia i baffi con due dita e si mette al computer con la sua tastiera anni novanta rumorosissima – ogni volta che scriveva sembrava che stesse venendo giù una grandinata. Comincia a fare indagini sul conto di Gioè. Totò viene dalla Guardia di finanza, e questo te l'ho già detto, ma non ti ho detto che più o meno nell'86, insomma in quegli anni lì, lui lavora a stretto contatto con Falcone. Ne impara il metodo, il modo di procedere e di stabilire collegamenti. Falcone gli insegna una cosa fondamentale per le indagini: seguire il flusso dei soldi, da dove vengono e dove vanno. Quindi se tu a Totò dai un nome, lui riesce a costruire una mappa intorno a quella persona. Segue le transazioni, gli scambi di denaro, le attività finanziarie e ne ricava relazioni, persone, interessi. Pensa che una volta Totò – siamo alla fine degli anni ottanta – inizia a seguire insieme al giudice Falcone il flusso dei soldi, 700 milioni di rimesse tra Stati Uniti e Torretta, un centro minuscolo sulle montagne di Punta Raisi. E che cosa scoprono? Che le casalinghe viaggiavano in aereo verso gli Stati Uniti con l'eroina sotto i vestiti e che sul paesino siciliano piovevano miliardi di vecchie lire. Capito il meccanismo? Totò è un mastino – sarà anche in azione in uno dei nostri pedinamenti più spettacolari, ma prima di arrivarci devo raccontarti un altro pezzo di storia.

Quindi, dicevo, io nella squadra ho un uomo così, e sono fortunato, perché in poche ore Totò tira giù il profilo del nostro uomo. Antonino Gioè gestisce la pompa di benzina IP all'ingresso di Altofonte. L'impresa è intestata a sua sorella perché lui è un pregiudicato. Abbiamo un'attività, ma soprattutto abbiamo un luogo. Nella mia mente prende forma la figura di quest'uomo e nelle narici sento già l'odore di carburante. Da lì a poco a Gioè assocerò anche una voce.

Io ti parlerò sempre di noi quattro, io e i miei fratelli, ma in quegli anni nel gruppo ci sono anche altri colleghi che lavorano all'indagine. Alcuni, devo dire, li ho mandati via per incapacità o perché caratterialmente non eravamo compatibili. Ti sembrerà strano, invece deve essere così. Chi non è idoneo a fare l'investigatore mette a rischio l'inchiesta, la sua vita e quella degli altri. Questo non vuol dire che con gli investigatori di prima linea, cioè quelli che diventeranno i miei fratelli, non ci siano stati problemi. Cristo, se ce ne sono stati. Ci siamo mandati a fanculo non sai quante volte, ma io li ho sempre protetti e mi sono sentito tutelato. Noi ci siamo divisi il sonno, capito come? Per sopravvivere, abbiamo fatto un patto di sangue. Anzi, non per sopravvivere: per vincere una guerra.

Insomma, nel gruppo ci sono anche altri colleghi, meno di punta se vuoi, ma comunque fondamentali nella riuscita delle indagini. Tra questi c'è Peppino, un ragazzo che ha sempre un cacciavite in mano o qualche cavo elettrico che gli esce dalla tasca: una sera ci porta in una stanza dell'ufficio, buia come quella in cui sto adesso. Preme un pulsante che illumina un registratore. La cassetta inizia a girare. Un cavo collega il registratore a un pannello di acciaio, di quelli con i regolatori dei livelli. Lì sono allacciate un paio di cuffie. Il ragazzo me le porge. Le infilo. Inizio ad ascoltare la voce di Gioè.

I numeri telefonici di Gioè erano stati messi sotto controllo da subito, tramite la SIP. Parliamo del telefono di casa con la cornetta e i tasti. Lui ne usava tre. Quello della residenza, una casa dietro la piazza di Altofonte. Quello del distributore di benzina. Quello intestato alla moglie in una contrada in cima al paese, dove c'era una casa disabitata.

Quella sera, stacco il cavo delle cuffie per far ascoltare anche agli altri il contenuto della telefonata: frasi troncate, parole in codice, un linguaggio molto ambiguo, misterioso.

Fin dalle prime intercettazioni capiamo che Gioè è in contatto con diversi personaggi, in particolare con un certo Gino, che riusciamo a identificare come Gioacchino La Barbera, incensurato, titolare di una ditta di movimento terra ad Altofonte.

Pronto, Nino?

Sì.

Gioacchino sono…

Ah… ciao Gioacchino… Come stai?

Bene, e tu?

Ma, insomma.

Lì stai? Posso scìnniri?

Eh…

Oppure non… è pi… sempri… chiddu discursu.

Ah… pi chiddu allora… e che hai…

Eh! Glielo posso dire ora… però… 'u pozzu chiamari, capisti?

Allora fammi stu favuri… picchì… chiddu oggi c'è andato là… e ancora nenti!

L'ascolto telefonico non lo vuole mai fare nessuno: ti rode il culo perché vuoi andare su strada e ti sembra un'attività noiosa. Invece le intercettazioni sono fondamentali. Intanto ti danno la posizione di una persona in un preciso momento. Ti dicono ad esempio che a una certa ora Gioè è nella sua casa di residenza e che a un'altra ora è a casa della moglie o, al contrario, che di sera non è in nessuna delle due. Ma la cosa più importante è che con l'ascolto telefonico tu puoi conoscere *il sentimento* di chi stai seguendo: entri in un mondo. Capito come? Per questo per un po' di tempo l'ascolto telefonico lo facciamo insieme, come gruppo, perché le intercettazioni servono per *entrare nel personaggio*, comprendere il suo modo di ragionare. Poi quando cominci a farci l'orecchio, diventano più importanti i silenzi delle parole, le frasi monche, il cambio di tono, i sospiri. Quello che non dicono diventa una pista investigativa.

Ad esempio, quando deve organizzare incontri con i suoi, Gioè non prende appuntamento al telefono, ma dice al suo interlocutore di chiamarlo sul cellulare. In particolare, quando parla con La Barbera usa parole in codice e frasi spezzate che rendono difficilissimo per noi capire a che ora e dove si vedranno.

Tu adesso immagina me che, dopo settimane che ho nella testa quel parlare spezzato in siciliano, a un certo punto vado alla cabina telefonica e chiamo tua madre.

Da come dice *Pronto* capisco come sta. Comincia a sfogarsi. Si mangia le parole. Mi elenca tutti i problemi, dal primo all'ultimo. Le difficoltà del suo lavoro. La stanchezza nel gestire te. La fatica della casa. E quando stai tutto il giorno dentro le intercettazioni, finisce che poi al telefono parli poco e fai quello che ti riesce meglio: ascoltare. Così lei va a fiume e mi riempie tutta la testa già occupata dalle voci mozzicate di Gioè e La Barbera. E io intanto infilo altri gettoni e lei continua a parlare.

Va bene, è un pezzo di vita che mi perdo ma, cazzo, una volta che ti chiamo non puoi farmi il resoconto con i dettagli di tutte le singole giornate. Ovviamente resto in silenzio. "Non hai detto una parola" – alla fine della telefonata prende fiato. "Di te che si può sapere? Sei in pericolo?"

Da quella telefonata in poi, quando chiamerò a casa andrà sempre peggio. I primi tempi dell'inchiesta faccio una fatica bestiale a ripulirmi la mente da quello che ho sentito in sala di ascolto.

Nella testa, in quel periodo, ho solo la voce di Gioè.

La voce di Gioè non me la ricordo più.

Col passare del tempo l'unica cosa che ti rimane è una sensazione fisica. La tensione sulla nuca. La testa piegata sul tavolo per la concentrazione. In questo momento posso sentirlo sul collo, lo sforzo assurdo di capire quello che si dicono e quello che non si dicono. La puzza di cicche spente che ti entra nelle narici mentre ascolti. La sera, in albergo, mi scioglievo una bustina di nimesulide. La mandavo giù tutta d'un sorso, tanto mi scoppiava la testa. La prendo anche in questo momento. Ho una nevralgia che mi tormenta. Cento milligrammi di antidolorifico in mezzo bicchiere d'acqua. Ma ci sarebbero ben altri dolori da alleviare.

Il mio corpo ricorda: abita di tutto qua dentro. Come una casa infestata dai fantasmi. Ed ecco che ora arriva la voce di Gioè, lo spettro di quel suono. Un ritmo sincopato, contratto. Come quando non ricordi la melodia di una canzone, ma la vibrazione, sì. Adesso nella mia testa vibra ancora quel parlare. Oggi potrei impazzire a risentire tutte quelle intercettazioni, ma al tempo quelle voci mi infiammavano.

Sai cosa devi aspettare come investigatore per tutto il tempo in cui sei in ascolto telefonico? Non le informazioni belle e pronte, ovviamente – i mafiosi mettono sempre in conto di essere intercettati, anche quando, come Gioè e La Barbera, non sono nemmeno ricercati. In tutte le telefonate tu devi aspettare una sola cosa: una debolezza. Un cedimento. Una fragilità. Un inciampo. Che non vuol dire le debolezze dell'uomo. Cioè, quando sei in cuffia, a te investigatore non interessa se chi stai ascoltando ha l'amante. Ti interessa se questa relazione fornisce informazioni utili per l'indagine.

Ora capisci perché dopo trent'anni sono diventato così diffidente, paranoico? Disconnesso proprio perché troppo connesso ai dettagli?

Accendo una sigaretta.

Infilo le cuffie, ma non sono in sala d'ascolto negli anni novanta. Sbircio dalla finestra dell'albergo. Scelgo la musica dal cellulare. Giù in strada la città che vive in una sera d'estate. Urla incomprensibili di gioia. Più in lontananza, passanti che si sfiorano in silenzio. Scaccio la vibrazione della voce di Gioè e faccio partire la mia canzone.

Words like violence. Break the silence.

Enjoy the Silence dei Depeche Mode è il mio 1992. In quell'autunno a Palermo la cerco sempre in radio cambiando di stazione in stazione. Quando sono in macchina. Quando torno in hotel e non ho nemmeno il tempo di farmi una doccia e ho la testa piena di informazioni, di dettagli. Ancora oggi ascoltarla è un viaggio nel tempo. La desolazione di Palermo. Tu e mamma lontani. Quel *parlare poco* insostenibile per qualsiasi essere umano che non sia un mafioso o un agente della DIA.

Mi sono sempre ritrovato in questa canzone. Allora la solitudine mi dava un senso di pienezza, non so se riesco a spiegarmi. C'era qualcosa in quegli anni che mi teneva dritto. Vivo. In piedi. Che non mi faceva dormire. Ed era amore. Amore incondizionato per ciò che stavo facendo.

Ora ho il tuo orsacchiotto davanti. L'imbarazzo nello sguardo perché ho detto amore e non ho nominato te. Lo tocco con un dito. Sulla lettera *P*.

Non ricordo l'anno, ma tu sei adolescente. Io sono a Roma di rientro da qualche missione e un giorno sento arrivare dalla tua stanza *Enjoy the Silence*. Sono a Torre Angela ma la canzone mi porta dritto alle sensazioni di Palermo. E tu continui ad ascoltarla anche il giorno seguente e il giorno dopo ancora. In quel momento mi sento a posto: con quel brano a tutto volume, mi dico, anche mio figlio sta scegliendo il silenzio. Lui è come me – penso: meno parla e meglio sta. È così, continuo a ripetermi. Nella mia mente tutto torna. Infatti molto tempo dopo, quando l'adolescenza finisce e sei non un ragazzo ma un uomo, ci parliamo ed è un conflitto a fuoco. Perché le parole possono fare male, come dice la canzone.

La ascolti ancora?

Accendo un'altra sigaretta.

Mi siedo sul letto e tengo la testa tra le mani. La stessa posizione di quando rientro in hotel le prime settimane del settembre 1992, quando inizio a non dormire più, perché la voce di Gioè non mi lascia in pace.

Tu lì sei... Sì, picchì io mi sono visto cu chiddu, no? Eh... 'U discursu è ddi stari fermi quacche... eh, sì... Sempri ddà...

Una mattina all'alba mi addormento per sfinimento e sogno mio padre con la voce di Gioè. È sempre il settembre del 1992. Mi sveglio, infilo un paio di jeans e gli occhiali da sole ed esco a fare colazione. Nel bar alle mie spalle sento una voce che per me è quella di Gioè. Quel suono mi entra dentro con l'odore del caffè. Sicuro, ho Gioè dietro di me, penso. Mi volto e guardo l'uomo alle mie spalle. Ha un cappello che copre gli occhi. Chiede un cappuccino. Scherza col barista. E ora che lo vedo, la voce è già diversa, non è quella dell'uomo di Altofonte. Ecco, quella mattina all'alba capisco che tu investigatore entri nella vita di queste persone e non vivi più la tua. Non esiste più un caffè al bar senza questi fantasmi.

In quel periodo – ma poi sempre, in generale –, per le intercettazioni si fanno i turni in modo che ci sia sempre qualcuno in ascolto. Pietro ha passato la notte in cuffia e, quando lo raggiungo, non mi dice nemmeno buongiorno: "Le telefonate sono sempre un po' così... ambigue. Però una cosa è chiara" – ha un foglio fitto fitto di trascrizioni. "Questi si incontrano al distributore di benzina. Ad Altofonte" – gli occhi di Pietro restano appesi come due domande. Come facciamo a entrare in un territorio così impenetrabile? E a monitorare questi incontri senza farci scoprire?

L'indagine in quel momento sta per fare un passo in avanti: alle intercettazioni aggiungiamo i pedinamenti. Dobbiamo passare dall'ufficio alla strada – la cosa che accende e rende vivo qualsiasi investigatore. E ora non sono manco in grado di uscire da una fottuta camera d'albergo. Pensa come sono ridotto.

Devi sapere che quando inizia l'avventura della DIA, a Palermo ci troviamo davanti una situazione in cui è tutto un *questo non si può fare, lì non si può andare*, tant'è che, tra la fine degli anni ottanta e l'inizio dei novanta, nessun poliziotto vuole venire in Sicilia a lavorare – anche perché è facile che ti ritrovi con un colpo in testa. Dopo che il più grande procedimento della storia contro la mafia, il Maxiprocesso, si è chiuso con condanne all'ergastolo, il clima è cambiato per i boss: puoi capire perché Falcone è stato ammazzato ma anche, in piccolo, quello che rischiamo noi. Agli uomini di Cosa nostra, nel dubbio, conviene sparare un colpo in testa a chiunque metta il naso nei loro affari, tanto se vengono presi rischiano comunque il carcere a vita. Andare per strada a fare un pedinamento significa rischiare la pelle e, in un posto inespugnabile come Altofonte, il pericolo di compromettere l'indagine è altissimo.

È il tempo di andare su strada e io ho gli occhi dei miei fratelli che mi trafiggono come punte di una lancia. Sono sulle difensive. Lo sento pure dall'odore acre di sudore nella stanza. Soprattutto Sario, che continua a mettersi di traverso a qualsiasi iniziativa proponga. Ho davanti delle montagne di granito come quelle tra cui è stretto Altofonte. Io però non sono stato chiamato a Palermo per rassicurare e lisciare il pelo ai randagi.

"Lì non si può andare?" – punto il dito fuori dalla finestra. "Noi ci andiamo lo stesso. Una volta ci va uno. Un'altra volta ci vanno altri due insieme. Una volta parcheggiamo la macchina e ce ne andiamo, ma qualche cosa ce la dobbiamo inventare." Le mie parole arrivano su di loro come vento tra i monti alberati. Non li sposta, ma qualche fronda la smuove.

Il punto è che in quel momento devo trovare una strategia per consentire un pedinamento come Cristo comanda. Cioè, vedere senza essere visti. In un contesto come quello in cui stiamo operando. Ad Altofonte si conoscono tutti. E in certi quartieri di Palermo i mafiosi si muovono con molta tranquillità, in quelle vie non ci sono turisti e il commerciante sa chi è che comanda – non è che puoi andare a chiedere informazioni al panettiere.

"Dobbiamo conoscere le abitudini del nostro soggetto. Lo dobbiamo studiare ma non lo possiamo fare ogni giorno, altrimenti quello ci sgama e abbiamo bruciato l'indagine."

"Ma così ci mettiamo una vita!" – Sario tocca pugno con pugno.

"Perché, hai altro da fare, in questa cazzo di vita?" – gli altri ridono. Avere persone di Palermo nel gruppo è stato un aiuto prezioso ma a volte, come nel caso di Sario, erano talmente dentro all'indagine, sentivano così tanto la missione, che volevano strafare.

"Un giorno seguiamo la persona per dieci metri" – con gli indici segno una distanza – "e poi ci fermiamo. Il secondo giorno, lo riprendiamo da dove ci siamo fermati e lo osserviamo per altri dieci metri. E così via."

Può sembrarti una cosa lunga e inutile. E invece è proprio questo metodo che ti consente di osservare una persona a lungo nel tempo senza essere visto, senza destare sospetti.

"Ascoltatemi bene" – mi avvicino a loro per la cosa più importante: "Dobbiamo fare solo *servizi mirati*. Mettetevelo in testa: solo servizi mirati. Solo azioni pensate. Condivise. Ne parliamo insieme. Come ci andiamo? Con la macchina, a piedi o con l'autobus? Quanto rimaniamo? Dieci minuti o un giorno intero? Eccetera. Ma poi la decisione la prendo io, mi sono spiegato?"

Ora che te lo racconto capisco che cosa abbiamo fatto veramente. Siamo riusciti a realizzare l'impossibile: diventare invisibili.

Ma prima di diventare invisibili, ci sono state – diciamo – delle incomprensioni.

Un giorno mi chiama il capo e mi informa di un'attività svolta da alcuni del gruppo, di cui non ero a conoscenza. Mi va il sangue al cervello.

"Capo, mi dia dieci minuti."

Riattacco e convoco tutti quanti. "Se pensate che qui ognuno possa fare come gli pare, allora non avete capito proprio un cazzo di questa missione. Qualcuno ha fatto azioni che non erano state concordate con il gruppo e che non sono state approvate da me. Io so già chi è stato, perché vi ho inquadrato dal primo momento, ma fatevi avanti" – erano tutti zitti come pecore.

Prendo il telefono e compongo un numero: "Capo, qui Lomuto. Niente, volevo dirle che qui non c'è più bisogno di me. Ognuno vuole fare come cazzo gli pare. Può richiedere il mio rientro su Roma."

"Aspetta, aspetta..." – si fa avanti Sario. "Non era un'attività non autorizzata, era solo per..."

Nemmeno lo lascio finire di parlare: "Allora una cosa del genere non deve più accadere. Mai più."

Mi rivolgo a un agente che ha accompagnato Sario in questo sopralluogo non concordato: "Tu, ragazzo, non sei idoneo. E non a questa indagine, ma proprio al mestiere di investigatore. Ti osservo dal primo giorno e sei un muro di gomma. Non capisci quello che dico e io non posso lavorare con uno così."

Il ragazzo esce dalla stanza. Non sa nemmeno come camminare talmente è in imbarazzo – ma io sono per la sincerità. Poi è il turno di Sario: “Tu, invece, devi *addomesticarti*. Sei l’unico carabiniere non inquadrato che conosco, Cristo!”

Sario stringe le labbra per non sorridere. Secondo lui gli ho fatto un complimento. Gli punto il dito sulla faccia: “La prossima cazzata e sei fuori!” Gli altri sono mosche sul muro. Immobili. Sario mette il borsone da boxe su una spalla. Avrà bisogno di prendere a pugni il sacco dopo questa giornata.

“La linea la decido io. Si può parlare, ci si confronta, si può discutere. Ci si può mandare a fanculo. Ma decido io. E se non vi va bene, è così lo stesso.”

Esco dall’ufficio sbattendo la porta. Cammino per tutta Palermo – devo scaricare la tensione.

L’aria oleosa, i clacson delle auto, il trambusto del porto.

Si è fatta sera. Vado alla cabina telefonica in una via che fa da confine tra il quartiere dove ci sono le torri e quello di Ballarò – qui inizia il loro territorio. Compongo il numero di casa.

Risponde tua madre. Parte a bomba a raccontarmi di voi e all’improvviso mi trovo in mezzo a una nuova questione. Vuole che ti dica assolutamente qualcosa sul mio lavoro. E io penso che anche se potessi non riuscirei proprio a raccontarle, le mie giornate.

“Il bambino è piccolo ma le domande se le fa. Digli qualche cosa. Inventa!”

“Adesso non mi viene in mente niente, Marta. Non è che sto proprio a giocare” – per poco due stronzi non bruciano l’attività e io devo mettermi a inventare una storia per il bambino? Ma ovviamente tengo tutto dentro.

“Senti, io gli ho iniziato a dire” – sussurra stringendo le mani sul ricevitore – “che papà è un supereroe, diventa invisibile... Una cosa così, capito?”

“Insomma, una cosa da niente.”

Ti passa la cornetta e tu vai dritto al punto.

"Papà, ma tu sei un eroe?"

"No, piccolo, ma quale eroe... Gli eroi non esistono" – volevo solo essere sincero.

Tu sei molto deluso: "Ah..."

Sento un rumore secco – i passi di tua madre che se ne va.

In quel momento ho la sensazione che l'isola su cui mi trovo si stia allontanando alla velocità della luce dal resto del mondo.

"Allora" – tento di recuperare – "non sono un eroe, non ho superpoteri. Diciamo che sono... un animale strano" – improvviso.

"Come, un animale?" – la tua voce sorpresa mi dà il coraggio di andare avanti con quella che mi pare una grande cazzata. Ma oramai ho preso il via.

"Sì sì, proprio un animale con i peli, le zampe e tutto."

"E come sei fatto?"

"Allora, ho gli occhi di un lupo. Posso guardare lontano, ma proprio lontano. E ho il fiuto di un randagio, di quelli coi nasi umidi che vedi per strada. Annuso tutto."

"E poi?"

"Ho le orecchie grandi di un elefante. Pensa che riesco a sentire anche il minimo rumore, capito come?"

"E riesci a sentire anche mamma da dove sei?"

"Certo, adesso mamma sta in cucina e sbatte i piatti e le pentole."

"Sì!"

Ma qui era facile. Anche se la cucina è lontana dal telefono, so che quando Marta è arrabbiata fa così. Che poi, basterebbe urlare: non sarebbe più facile?

"Hai presente il ghepardo? Ecco, se c'è da correre io sono velocissimo."

"E il pelo di che colore è?"

"Dipende."

"Come, dipende?"

"Dipende. Il mio pelo cambia colore. Allora, se sto su un albero, diventa verde. Quando mi apposto dietro un muro, diventa bianco. Di notte, ad esempio, sono tutto nero. Prendo il colore di dove sto. Capito come?"

"Uau! E dove sei? Che cosa fai?"

Ecco, la domanda delle domande. Scelgo come sempre la strada della sincerità.

"Sono in una giungla, piccolo. E devo cacciare."

"Papà... ma tu sei un animale feroce?"

"No, campione. Io ho gli occhi del lupo ma il cuore di un cane. Annuso le piste giuste, sono fedele... e se incontro te, stai sicuro che scodinzolo pure."

"Mamma, corri! Papà è un animale bellissimo!"

Bellissimo non me l'aveva mai detto nessuno.

Il giorno dopo vado ad Altofonte. Con tutti i poteri del lupo, del cane, dell'elefante, del ghepardo, del camaleonte. Mi sento un animale bellissimo.

Ottobre 1992. Cappello e occhiali da sole. Salgo sulla Peugeot. Direzione Altofonte. Sono da solo.

Palermo-Altofonte sono dodici chilometri, ma dodici chilometri per me, che in quel momento ho bisogno di pensare, possono essere un tragitto infinito. Spingo il piede sull'acceleratore, come sempre, ma sento che il viaggio è rallentato. Mi sto lasciando alle spalle la città che con la sua tensione mi schiaccia, ma che in qualche modo mi protegge, perché mi fa restare anonimo. Intorno, non ho più il contatto con i palazzi. Sto andando in un luogo dove sarò esposto – guardo in continuazione dallo specchietto retrovisore per vedere se sono seguito.

La campagna si apre, arida e inquieta. Le tamerici selvatiche e le chiome delle querce si agitano, come se ci fosse qualcuno nascosto dentro. Si alza un vento caldo – poggio il gomito fuori dal finestrino.

Un gregge invade la carreggiata e io inchiodo. Un cane inizia ad abbaiare contro la mia macchina. Cane di merda, penso, levati da qua! Vedo arrivare il pastore che maneggia un bastone – piego il busto sul sedile passeggero, come se avessi perso qualcosa. Meglio non farsi vedere. Aspetto qualche istante. Da lì a poco le pecore strisciano il pelo sulla carrozzeria. La mia macchina è al centro di questo attraversamento. Come ingoiata. Io sempre con la testa bassa a cercare un cazzo di niente. Sento la mia macchina premuta tra i corpi di questi animali, una sensazione di stritolamento con l'odore di merda che mi entra nelle narici e mi opprime subito lo stomaco. Una mano batte sul bagagliaio e il cuore mi salta in gola. Poi un fischio e il trotterellare degli zoccoli sull'asfalto. Mi tiro su e vedo dallo specchietto sinistro il pastore, di spalle, che si allontana con il suo gregge. Sulla strada davanti a me restano le feci delle pecore. Tante palline nere che sembrano un mucchio di pallottole.

Riparto. Un rettilineo, una curva ed ecco, Altofonte in lontananza, rialzata e protetta ai tre lati dalle montagne. Da lassù il paesino guarda Palermo e il suo golfo e in quel momento anche me. Senza che lo controlli, mi arrivano in mente i dialoghi tra Gioè e La Barbera. Le loro voci si mischiano al vento, alla boscaglia, all'odore di sterco, all'imponenza delle montagne sempre più vicine.

Il cartello di ingresso nel paese. Un arco di pietra. Una vecchietta, vestita di nero, che cammina. Si gira indietro, verso di me – faccio in tempo a svoltare. Un signore vende le angurie e le tiene al fresco in una fontana. Sta lì a vedere chi passa. Guardo la scena riflessa in uno specchio tondo messo su strada e che deforma le persone, le macchine e i muri. Tutto sembra sciogliersi. Tutto dura pochi istanti.

L'animale bellissimo ha visto, ha annusato ed è corso via.

Prendo la strada che scende dal paese. Un paio di tornanti e spunta l'insegna IP della pompa di benzina. Tiro su gli occhiali sul naso. Abbasso il cappello. Con la Peugeot fluisco sull'asfalto. Rallento un attimo, giro la testa verso il distributore: la pompa, il market, una cabina telefonica, la strada che gira intorno. Il mio sguardo si poggia su una boscaglia. Vado via senza fare il minimo rumore di freni e motore. Sono fuori da Altofonte.

Mentre sono alla guida, prendo il walkman. Infilo le cuffie. Premo play:

Forse si dimentica che le forze di polizia italiane – e quando dico forze di polizia intendo tutte e tre le armi – ci sono invidiate all'estero. Abbiamo una grossa criminalità ma abbiamo anche personale di polizia estremamente qualificato. Questo non va dimenticato.

La voce di Falcone mi porta a Palermo. I pensieri corrono velocissimi e pure la Peugeot.

Entro in ufficio senza salutare e mi metto al tavolo. Inizio a tracciare uno schema su un foglio e a spiegare come ci muoveremo. I ragazzi si avvicinano e mi si mettono addosso per capire. Qualcuno mette un braccio sopra la spalla di un altro. Stanno tutti attaccati.

Capisci perché il foglio di carta sulla scrivania e non la lavagna? Per creare un contatto fisico tra loro: devono sentire il gruppo, specie prima di andare su strada. Un capo ti deve far trovare in certe situazioni senza spiegartele. Anche un padre non ti deve spiegare proprio tutto tutto. Certo, forse qualcosa in più te la potevo dire. Ma lo sto facendo adesso, tutta la mia vita insieme, di botto. O tutto o niente. Per me è sempre stato così.

Siamo in un momento fondamentale. Stiamo andando ad Altofonte. Nel loro territorio.

Ci andiamo con macchine di piccole cilindrata, prese in affitto. Questo ci dà la possibilità di usare ogni giorno una macchina diversa, senza che le nostre diventino riconoscibili.

Partiamo scaglionati a bordo di queste utilitarie. Non troppo nuove né troppo colorate, così non danno nell'occhio. Insomma, le auto più anonime che ti vengono in mente. Non possiamo certo presentarci con l'Alfa Romeo.

Siamo in due per macchina. A turno, di tanto in tanto, passiamo davanti alla pompa di benzina. Tieni presente che noi non passiamo davanti al distributore sempre allo stesso modo: ci scambiamo alla guida oppure al giro successivo uno si stende sul sedile dietro oppure chi è alla guida si infila un cappello. Tutti elementi che confondono: se qualcuno sta lì a guardare, avrà la sensazione che non siano sempre le stesse auto a passare, capito come?

"È arrivato Gioè" – comunica Sario via radio dalla sua macchina. Il segnale che dà il via all'azione.

Svolto a una curva e torno indietro verso il distributore. Lo supero e salgo lungo la strada che gira sopra la pompa di benzina. Mi fermo sul ciglio della strada, dove c'è una boscaglia che permette di vedere cosa accade sotto senza essere visti. Fingo di avere un guasto al motore. Scendo dall'auto e apro il cofano. Nel frattempo Pietro, che è steso sul sedile posteriore, esce dalla macchina e si arrampica sull'albero. Ha al collo un binocolo. Guarda i movimenti di Gioè.

Al distributore arrivano alcune macchine, certi tizi scendono e iniziano a parlare con lui. Pietro si segna i numeri di targa. Io entro ed esco con la testa dal motore, ho diecimila sensi accesi. Dopo mezz'ora faccio segno a Pietro. Dobbiamo andare. Non possiamo stare troppo tempo in quel posto.

Andiamo via noi e arrivano Sario e Totò. Stessa dinamica. Totò finge un problema a una gomma. Sario segna a sua volta i numeri di targa. Mezz'ora e via.

Questa *osservazione* va avanti per un paio di settimane. Torniamo in ufficio e verifichiamo tramite i numeri di targa i proprietari delle auto. Il foglio esce lentamente dal cassettone della stampante. A uno a uno compaiono i nomi dei presenti all'IP di Altofonte: Gioè Antonino. La Barbera Gioacchino. Pullarà Santi, figlio del mafioso Pullarà Giovan Battista. Brusca Enzo, il fratello di Brusca Giovanni, un ricercato numero uno.

Chiamo subito il capo che sintetizza il suo stato d'animo in una sola parola: "Minchia."

Continuiamo a fare servizi mirati e ad ascoltare le intercettazioni. E il quadro appare sempre più chiaro.

Quando si muove, Gioè è molto guardingo, quasi paranoico. Al telefono parla con codici incomprensibili e qualche volta alla moglie dice cose tipo *compra la roba da mangiare che passo a prenderla*. In pratica, Gioè si comporta come un latitante pur non essendolo. Ma se non ha conti in sospeso con la giustizia, perché comportarsi così? Questa condotta significa qualcosa. Significa che la pista è quella giusta. Gioè e La Barbera ci porteranno dai latitanti.

E poi c'è un altro dato: la notte Gioè non torna a dormire in nessuna delle sue case ad Altofonte. Ben presto capiamo che lui e La Barbera hanno le loro attività in città ma passano le notti a Palermo. Hanno sicuramente un covo. Sì, ma dove?

Io nel frattempo non stacco mai. Mi muovo con sospetto, parlo a mezza bocca se entro in un negozio. Cerco di tornare in albergo di notte quando il proprietario dorme così non mi fa domande. La stanza d'hotel è il mio covo. La notte non dormo. Butto giù tazze di camomilla. Accendo una sigaretta dietro l'altra e penso che ci vorrebbe qualcosa che spinga avanti l'indagine. Sì, ma cosa?

Oramai la trasformazione è compiuta: vivo come gli uomini a cui diamo la caccia. Solo che, a differenza di Gioè, io a casa chiamo poco e niente. Dopo un mese e mezzo di missione mi guardo allo specchio. Gli occhi hanno preso tutto il grigio di Palermo. Da quando sono partito da Roma, la barba non l'ho più tagliata. Sulla mia faccia sembra passato chissà quanto tempo. Invece di anni ne ho ancora trenta.

Anche adesso in albergo mi guardo nello specchio, lo stesso di trent'anni fa. Ho preso tutto il grigio di questa vita. E in questo momento vorrei essere quel giovane investigatore del 1992, solo per un giorno, un giorno in più. Fisso i miei occhi nello specchio senza sbattere le ciglia ed eccolo, lo rivedo, il giovane investigatore che si passa le mani bagnate sui capelli. Li tira indietro ed esce dall'hotel per venirvi a chiamare.

Quelli sono i giorni in cui mi rode per un fatto molto semplice: Gioè ha un cellulare per chiamare sua moglie e io devo andare alle cabine telefoniche. E sono costretto a cambiare di frequente cabina per non far conoscere le mie abitudini.

Cornetta. Gettoni. Nuvoloni che corrono veloci.

Risponde mamma: "Pronto?"

"Ehi..."

"Ah, sei vivo" – è incazzata, è un po' che non chiamo.

"Spero ti faccia piacere."

"Non fare lo spiritoso e dimmi come stai."

Accendo una sigaretta: "Sto bene."

"Guarda che lo so che quando dici sto bene sputando il fumo, la tensione ti sta mangiando."

"Non fare l'investigatrice con me" – e invece quello era amore ma io sono una testa di cazzo.

"Ti passo tuo figlio."

Sento le tue manine che strofinano la cornetta: "Papà, papà! Quando torni?"

"Devi aspettare ancora un po', campione."

La tua voce è cambiata. È più limpida, si è alzata di un tono. In quel momento immagino che sei cresciuto in altezza. Non so cosa dirti. Veramente di cose da raccontarti ne avrei parecchie ma non lo posso fare, non lo so fare.

"Come va a scuola?"

Non rispondi. È ancora troppo piccolo, è normale – mi dico nella testa.

Tua madre ti prende la cornetta: "Visto che lo hai chiesto, la maestra dice che Alessandro parla poco. E io le volevo dire: è perché non conosce il padre!"

"Ma che vogliono da un bambino così piccolo?"

"Niente, ma, sai, nella vita bisogna imparare a comunicare. Prima o poi."

Incasso la frecciatina e la lascio continuare: "La maestra insiste che dobbiamo raccontare al bambino di noi, delle nostre giornate perché così è un invito per lui a parlare di sé, capito?"

Alzo gli occhi al cielo. Ancora con questa storia.

"L'animale bellissimo non andava bene?"

"Ma i tuoi colleghi lo sanno che hai il cervello di un criceto?" – adoravo il modo in cui tua madre sapeva sfottermi.

Lei e io parliamo, mentre ho intorno la periferia di Palermo. Con la mano premo sul ricevitore perché non le arrivino le urla in siciliano dei passanti. Non posso manco dirvi in che città sto, Cristo. Infilo un altro gettone, giusto il tempo perché lei, prima di riagganciare, mi dica: "Inutile che silenzi la cornetta. Guarda che ho capito in che città stai. Dove può essere l'investigatore più bravo d'Italia nell'anno delle stragi di mafia?"

Bussano alla porta della mia stanza d'hotel. Adesso. Due colpi e il cuore mi va in gola. Mi avvicino senza fare il minimo rumore. Chi può essere a quest'ora?

Mai controllare dallo spioncino: da fuori si vede come una palpebra che si apre. Non è sicuramente Pietro: lui usa il pugno e lo batte tre volte. Queste erano nocche, forse anche di una donna – sento dei passi sulla moquette e un cambio di luce dalla fessura in basso della porta. Chiunque fosse è andato via. Un pensiero mi afferra alla nuca: e se, bussando, la persona mi ha voluto dire *so che sei lì dentro*? E adesso?

Stiamo pensando la stessa cosa in questo momento, vero Ale? Tanto vale dircela.

Io sono a Roma e tu hai circa dieci anni. Bussano alla porta di casa e io faccio un numero come quello che ho appena fatto adesso. Solo che ci siete voi e io ti tempesto di domande: stai aspettando qualcuno? e chi sarebbe? e chi sono i suoi genitori? e che dovete fare? e lì non puoi andare, e quelle persone meglio che non le frequenti...

"Papà, è solo un mio compagno di scuola! Dobbiamo fare i compiti!"

Quando comincio a calmarmi, tua madre sibila: "Inizio a pensare che noi due stiamo meglio quando non ci sei..."

Vi ho costretto a vivere una vita di merda, lo so. E stavamo a Roma, pensa ai miei colleghi con le famiglie a Palermo.

Sario, ad esempio.

Un giorno stiamo facendo un servizio di osservazione a Palermo, sempre su Gioè e La Barbera. Un pedinamento in quel caso sarebbe troppo rischioso. Così facciamo una cosa che si chiama: *notificare il passaggio*. In pratica, ci mettiamo in punti diversi del percorso che Gioè può fare. Chi fermo in macchina, chi seduto al bar, capito come? E comunichiamo via radio quando passa Gioè. Questo serve per conoscere e confermare le abitudini di una persona. Insomma, Totò è seduto a un bar, al tavolino fuori. In un territorio *loro*. Fa finta di leggere il giornale. Sente delle voci. Dall'altra parte della strada vede arrivare un gruppo di ragazzini. Tra questi una coda bionda che sbatte sullo zainetto rosso. Non può essere lei, pensa Totò. Che ci fa in un quartiere come questo? E invece è Marina, la figlia di Sario. La figlia di Sario coi figli dei mafiosi. Gli si gela il sangue. Si copre il viso aprendo il giornale. Resta lì ad aspettare il passaggio di Gioè.

Adesso che ti racconto tutto questo, mi avvicino di nuovo alla porta della stanza 42. Poggio l'orecchio: da fuori non arriva alcun rumore, nessun fruscio sulla moquette. Mi metto alla finestra e accendo una sigaretta. Sono a questa stessa finestra e accendo una sigaretta anche quella sera del 1992 quando Totò viene a trovarmi in albergo e mi racconta che ha visto la figlia di Sario. Non sa cosa fare, vuole un consiglio da me. Da me che sono un disastro come padre.

Quella sera vado a comprare delle pizze. Mangiamo nei cartoni aperti sull'unico tavolo dell'ufficio. Stretti stretti, tutti e quattro con le lattine che si urtano e si sversano e noi le rialziamo levandole in aria. A Pietro si vede da come mastica che gli fa schifo qualsiasi pizza che non sia di Napoli. A un certo punto, Totò racconta ciò che ha visto. Sario prende la pizza con due mani, la piega a quattro, a portafoglio. Pochi bocconi e la manda giù insieme a tutta la lattina di Coca-Cola. Poi si mette alla finestra, rivolto verso Palermo: il suo corpo grande come un armadio copre tutte le luci della città.

Mi schiarisco la voce e parlo davanti a loro così come mi viene: "Nascondersi, non dire nulla: ho sempre pensato che questo fosse un modo per proteggere mia moglie e mio figlio, oltre che per proteggere il lavoro" – guardo le spalle di Sario che in quel momento mi sembrano scoscese come un monte eroso dalle piogge. "Ma adesso non so più niente."

Pietro ha lasciato i bordi della pizza nel cartone, come fa di solito con le pizze che non gli piacciono: "Quando chiamo mia moglie e mia figlia a Napoli, dopo aver messo giù mi sento un egoista. Non lo so spiegare" – spezzetta i bordi con le mani – "il mio lavoro... sì, lo faccio per lo Stato ma lo sto facendo anche per me, perché è una cosa che sento dentro e loro ne stanno soffrendo. È un casino." Le nostre teste annuiscono tutte insieme.

Totò continua ad arricciarsi i baffi: "Non ho moglie, non ho figli, proprio perché volevo evitare a loro questa sofferenza. Ma la sofferenza non si può evitare" – ha la voce bollente. "Ho un cane, Nannì. Come sto, lui lo sente. Muti siamo, lui e io. Lui però sente se sto nervoso, sente se siamo in pericolo e via dicendo. E se lo capisce un cane come stiamo, figuriamoci i figli vostri. Loro sanno cosa provate anche quando non dite niente."

Ecco, forse tu e io potremmo rivederci e annusarci come due randagi. Come due bastardi qualsiasi. Senza dirci nulla, sicuro ci capiremmo di più.

Però, quando Totò ci lancia quella storia del cane in mezzo ai cartoni unti di pizza, secondo me ha ragione: "Sì, Totò. Passa tutto quello che noi viviamo, non c'è niente da fare" – alzo le mani e lascio cadere i pugni sulle gambe: "Ma io con mio figlio non ci sto fisicamente, non abbiamo nemmeno il tempo per annusarci come te e Nannì..."

Totò non perde un colpo: "Fooofiiifuuu! È meglio per lui, sai che puzza, povera creatura!"

Ridiamo perché è vero, certi giorni non abbiamo manco il tempo per una doccia.

Torno serio: "Dalla cornetta servono le parole, a un certo punto."

Pietro accartoccia le lattine, le lancia nel cestino e mi sorride: "Ma tu sei quello che detta la linea, no? Ce l'avrai una strategia."

"Ma quale linea... l'unica cosa che so fare è stare in silenzio..."

Sario si inserisce: "Eh, ma questo tutti."

E Totò: "Soprattutto il mio cane!"

Ridiamo di nuovo, coi corpi piegati sulle ginocchia, ma sentiamo che è un riso che ha dentro tanto altro – l'emozione che stiamo vivendo in quel momento ci rende molli.

"Se proprio devo parlare con la mia famiglia" – continuo – "cerco di essere sempre sincero."

"Strano, chi lo avrebbe mai detto?" – mi sfotte Pietro con quei suoi occhi ridenti.

"Eh, ma sai quanto fa male questo a una moglie e a un figlio? Loro due non hanno le spalle grosse che avete voi" – alzo lo sguardo verso Sario che arriva al punto: "Noi ci capiamo solo tra noi. Meglio di qualsiasi fratello, di qualsiasi famiglia. Fuori, non si può raccontare."

Ci sarebbe da abbracciarci dopo aver messo nell'aria una cosa del genere ma figuriamoci. In quel momento io sento di dover dare una linea, Pietro ha ragione, anche perché Sario ha un problema da risolvere e subito: "Quando chiamo a casa e mi fanno qualche domanda, cerco di dire qualcosa che si avvicina alla verità, non so se mi spiego. Però, Sario, Alessandro non ha l'età di tua figlia e non sta a Palermo."

Ci rimettiamo al lavoro – facciamo notte fonda e ci addormentiamo con le teste poggiate sul tavolo dell'ufficio tra i cartoni delle pizze, i rapporti sulle intercettazioni, le radio e le pistole nelle cintole.

Adesso tu hai un'età in cui da figlio puoi metterti nei panni di un padre, giusto? – e sarebbe anche ora, ma lasciamo stare. Secondo te, Sario cosa dice il giorno dopo a sua figlia? Le dice la verità, ovviamente. E la verità è che lui, noi, abbiamo fatto una scelta di vita. Quella di lavorare per lo Stato. E chi sta dall'altra parte della barricata va tenuto a distanza. Il giorno dopo, Sario alla figlia spiega chi non deve frequentare. Dove non può andare. Di cosa non può parlare.

Sempre la sera della pizza, chiedo ai miei fratelli un consiglio sull'ultima nostra telefonata. "A mio figlio che ha quattro anni, cosa gli devo dire? Non certo che lavoro faccio!"

Sario mi risponde sicuro: "Ah, guarda, a mio figlio piccolo ho detto che faccio lo spazzino, pulisco le strade..."

"... che poi non è così lontano dalla verità" – Totò alza le spalle. Ridiamo.

"Be', è perfetto, anche perché tu lavori soprattutto di notte" – Pietro deve far quadrare sempre tutto e aggiunge: "A mia figlia ho detto che faccio il cuoco e vado in giro a cucinare sulle navi. La posso chiamare solo quando attracco in porto."

"Allora domani sera tutti a cena da me. Cucini tu ovviamente" – Totò è scoppiettante con le sue battute: "Anche per il cane!" Poi poggia su di me i suoi occhi – diventano trasparenti quando è emozionato: "Finché è piccolo, inventati che fai un lavoro fico."

Ma il lavoro fico è proprio il mio, penso.

Quella sera torno in albergo e apro l'armadio e i cassetti e la valigia cercando non so che cosa. Trovo il giubbotto e il cappellino dell'ENEL, la copertura dei nostri primi mesi a Palermo. Ho finalmente trovato un lavoro.

Ti ricordi il gioco che facevamo al telefono? – secondo me, ci fa bene ricordare almeno le cose che hanno funzionato, no? Per qualche tempo mi ero inventato questo gioco. Avevo chiesto a tua madre di farmi sapere a che ora si accendevano i lampioni giù ai palazzi. Ti chiamavo qualche minuto prima e ti dicevo che al mio tre avrei fatto accendere le luci in strada. Tu eri pieno di meraviglia. Eri fiero di me – adesso, invece, si è spento tutto. Con tua madre invece era più difficile. Le dissi che avrei acceso le stelle in cielo per lei. Mi mandò a fanculo.

Sento dei passi in corridoio. Ora. Di nuovo, due colpi alla porta. La persona è tornata. Un bigliettino passa da sotto la soglia. Mi si gela il sangue. Lo tiro dentro col piede, tenendomi pronto con la mano sulla maniglia. Indietreggio. Quando sono verso il centro della stanza, prendo il pezzo di carta, ripiegato in due. Lo apro: *La colazione è servita al mattino dalle 7:30 alle 10:30.*

Che cazzo! Lancio il bigliettino per aria.

Chissà se ce li hanno ancora i Tegolino.

1992, un giorno di inizio ottobre. Due colpi alla porta dell'ufficio DIA di Palermo. Apro e mi trovo di fronte il capo, venuto da Roma, e la capa della sezione DIA di Roma. Lui con la barba e la solita nuvola di fumo. Lei, una giovane donna bionda, con l'accento veneto. Una poliziotta con la *P* maiuscola che gestisce l'indagine da Roma e che passa qualche notte in ascolto del nostro Gioè, dal centro operativo della capitale. Una che quando parla è perché ha il quadro chiaro e vuole dirti quale sarà la prossima mossa.

Quando li vedo capisco che stiamo per fare un passo in avanti nell'indagine.

"Ascoltami bene, Lomuto" – il capo fa combaciare i polpastrelli delle mani. "Molto semplicemente: dobbiamo mettere una microspia per ascoltare i discorsi di questi due soggetti."

Molto semplicemente? Ma solo l'idea che li possiamo fottere così mi fa torcere lo stomaco. Tiro su la cinta con i jeans e la pistola.

Una microspia, ti rendi conto? Lascia perdere che adesso tutti i malavitosi si aspettano di ritrovarsi, prima o poi, una cimice sotto il culo. Ma in quel momento storico era difficilissimo riuscire a piazzare una microspia, perché Cosa nostra si aspettava la reazione dello Stato – tant'è che Gioè e La Barbera facevano la vita da latitanti anche se non lo erano. Capisci la potenza di questo strumento? Ovviamente non possiamo posizionarla al distributore di benzina. Troppo rischioso.

"Ispettore" – la capa scosta i capelli dalle spalle con un dito – "è necessario individuare il covo utilizzato dai nostri soggetti. Datevi come obiettivo le relazioni che Gioè e La Barbera hanno con le donne." Manda giù in un unico sorso il suo caffè senza zucchero e continua: "Dall'ascolto delle conversazioni è venuto fuori che Gioè telefona spesso a una donna che non è sua moglie. Risalite alle sue generalità. Poi mettiamo sotto controllo il telefono di casa di questa ragazza: è l'unico modo per ascoltare Gioè quando chiama dal cellulare. Sono certa che da lì avremo indicazioni importanti sui movimenti del soggetto."

Poi lancia il bicchierino di plastica nel cestino. Manco a dirlo, fa segno.

Considera che all'inizio degli anni novanta i cellulari non si potevano intercettare con la facilità con cui lo si può fare oggi: l'unica strada era agganciare il telefonino quando chiamava un numero fisso.

Ti ricordi quando dicevo che noi durante le intercettazioni aspettiamo un momento di debolezza? Eccolo, ci siamo. Gioè ha questa amante con cui fa lunghe chiacchierate. Dalle conversazioni tra i due escono fuori soprattutto gelosie e tenerezze. E questo a noi non interessa. Ciò che invece cattura la nostra attenzione è che, quando parla con lei, Gioè si apre. La sua voce cambia, si riempie di fiato ed è strascicata. L'uomo di Altofonte in quei dialoghi sembra controllare meno quello che dice.

È chiaro che prima o poi si lascerà sfuggire qualcosa di utile per noi. È solo questione di tempo. E tra litigi ed effusioni l'indizio alla fine arriva: è una parola.

Se la appunta un agente, una notte, mentre ascolta le telefonate. La mattina seguente mi mostra le trascrizioni con la parola evidenziata e io la segno, grande così, su un foglietto giallo che incollo sul muro. Sulla mappa di Altofonte e Palermo – tra i numeri di targa, la pompa di benzina, le foto segnaletiche. Guardiamo tutti insieme quella parola con le braccia incrociate e le teste inclinate: *'o buco.*

Noi non sappiamo dov'è 'o buco. Abbiamo scoperto che Gioè e La Barbera hanno il loro giro d'affari a Palermo e che Gioè la notte non torna a dormire ad Altofonte. 'O buco sarà a Palermo, sì, ma la città è grande. 'O buco può essere il posto dove mettere la nostra microspia. Individuare dove sta è fondamentale per l'indagine.

Ogni giorno, quel foglietto giallo lo stacchiamo e lo incolliamo in un punto diverso della mappa, a seconda di quello che sentiamo nelle telefonate. E presto ascoltiamo un altro indizio che questa volta riguarda un percorso, uno spostamento: lo scorrimento veloce. Gioè in una conversazione dice di essere *alla fine dello scorrimento veloce, come per andare al buco.*

Coi colleghi di Palermo ci mettiamo a guardare questo asse stradale sulla mappa. Totò muove l'indice sullo scorrimento veloce e batte il dito nel punto in cui si incrocia con la circonvallazione della città: "Proprio qua ci sta il cantiere del nuovo carcere che stanno costruendo, hai presente?" – si volta verso Sario, che aggiunge un altro elemento: "Se non sbaglio, intorno si apre uno spiazzo che ancora senza illuminazione è. Può essere un punto buono per appostarsi."

"Eh, ma occhio, che lì ho visto l'esercito di pattuglia" – Pietro sgrana gli occhi. Dopo le stragi, lo Stato aveva messo i soldati su strada coi mitra. L'operazione si chiamava Vespri siciliani. Quando ti dico che eravamo in guerra, non lo dico tanto per dire.

Così, di notte, quando è l'ora in cui Gioè e La Barbera se ne vanno a dormire al buco, noi investigatori ci appostiamo nel piazzale dietro al cantiere del nuovo carcere. Tu dirai: ma perché non li seguite direttamente e arrivate al covo? No, troppo rischioso. Questi hanno gli occhi anche dietro la testa e a quell'ora ci sono pochissime macchine in giro. Bisogna saper aspettare, figlio mio. E lo dico proprio a te, che mi hai aspettato tutta la vita.

Allora aspettiamo. Nello slargo buio. A turno ci mettiamo in macchina – sempre macchine diverse. A fari spenti. Aspettiamo la Nissan Patrol di La Barbera o la Renault Clio di Gioè. In poco tempo impariamo a identificare le auto di questi due anche solo dai fari. Grazie a un dettaglio: il fanalino posteriore sinistro della Clio di Gioè è rotto. Quando vediamo tra i fari delle auto che sfrecciano verso Palermo una macchina cieca da un occhio, sappiamo che con molta probabilità è lui – ovviamente poi controlliamo la targa. Adesso tu immagina questo spiazzo di notte, senza luci, coi fari che schizzano come stelle cadenti sullo scorrimento veloce: non appena vedi quel guasto del fanalino, quel dettaglio, tu investigatore ti accendi.

"Lo seguiamo?" – Sario si strofina le mani, una notte che siamo appostati lì. No, non è ancora il momento. Quello che invece possiamo fare e facciamo è posizionare ogni sera una macchina centro metri più avanti lungo il percorso, e da lì osservare un altro tratto di strada di Gioè e La Barbera. Cioè, ogni sera aggiungiamo un pezzo di strada al tracciato che ci dovrebbe portare al buco.

Andiamo avanti con questa tattica fino al momento in cui mi rendo conto che smettiamo di guadagnare terreno. Che rischiamo solo di perdere tempo.

Siamo a inizio dicembre. La notte non è tanto fredda, tranne quelle volte in cui arriva il vento dal continente e sulle strade si alzano cicche foglie buste di plastica. È una sera col vento così, che do ordine di seguire la macchina di Gioè. A Sario e Pietro. In macchina insieme e in contatto radio con me dalle torri.

Pietro mi comunica in diretta i nomi delle vie che imboccano: "Viale della Regione Siciliana..."

Sono in ufficio con le mani contro il muro. Ho la mappa di Palermo davanti. I miei occhi si muovono sulla strada della cartina con la velocità – oramai ho imparato a conoscerla – con cui guida Antonino Gioè.

"Sottopasso" – continua Pietro.

Sono quasi al buio. Il neon della stanza mi getta una luce livida sui polsi.

"Inversione su viale della Regione Siciliana" – ancora Pietro.

Mi salta il cuore in gola: "Cazzo! State attenti che non vi abbia scoperto."

"Se rallentiamo, lo perdiamo" – Pietro ha la voce ferma.

Non ci penso neanche un secondo: "Proseguite!"

Col calcio della mia calibro 9 inizio a battere sulla mappa della città.

Vedi, in quei momenti non è che puoi dire "aspetta un attimo, che chiamo il dirigente e chiedo che cosa devo fare". In quei momenti sei tu che ti prendi la responsabilità di fare o non fare una certa cosa. Con tutti i rischi che ne conseguono.

Insomma, sto a battere colpi sulla cartina. Pensando alla macchina che sale dal sottopassaggio, qualcosa nello stomaco mi va su – devono essere fumo di sigaretta, quattro o cinque caffè e un Tegolino. Le uniche cose che ho ingerito in tutta la giornata.

"Svolta a destra su via Ignazio Gioè" – ricompare la voce di Pietro. "Non ci ha visti."

Sul muro, davanti a me, via Gioè si attorciglia come un verme.

"Entrano al civico 40!"

Sgancio un pugno al muro. Infilo la pistola nella cintola: "Ottimo. Rientrate!"

Mi accendo una sigaretta.

Ma uno può scegliersi il nascondiglio in una via col suo cognome?

Quando Sario e Pietro rientrano in ufficio, escono fuori tutti gli altri dalle stanze, anche gli agenti che sono in ascolto dei telefoni. Abbiamo quel cazzo di covo finalmente. I ragazzi vogliono quasi brindare. Non quasi. Prendono proprio i bicchieri di carta, la bottiglia e tutto. Fanno bene. Ma io non riesco. Guardo il gruppo da fuori, dal lato buio della stanza – poggiato alla finestra, con la notte alle spalle, e i ragazzi avvolti nell'alone blu del neon.

Mi prende come una tristezza, a gioire in certi momenti. Non ce la faccio, non so perché. Mi si crea come un vuoto intorno.

C'è quella foto, hai capito quale, vero? Il tuo secondo compleanno. Tu sei sulle mie gambe, le manine che battono, un sorriso che ti arriva a chiudere gli occhi – io sono cascante su un fianco, sul divano di velluto con la tappezzeria a fiori. Sono come spento, senza la minima aria di festa.

Potrebbe anche far ridere un'immagine così, non credi? A te non tanto, in effetti. Se la guardi senza pensare a me e a te, potrebbe essere la copertina perfetta per il disco di un gruppo rock. Tu, invece, quella foto la portasti dalla psicologa.

La psicologa. E chi se lo scorda quel momento. Tu non puoi dimenticarti che io mi sono prestato a una cosa del genere. Che l'ho fatto per te. Cioè, uno come me, che non parla, si trova davanti una che lo vuole ascoltare. E che – diciamo le cose come stanno – mi ritiene anche la causa di tutti i tuoi mali.

Siccome tu te lo racconti a modo tuo quell'incontro, ti voglio dire come l'ho vissuto io, se permetti.

Rientro dalla missione successiva a quella di Palermo, tu hai circa dodici anni o giù di lì e io per un breve periodo devo stare a Roma. Da quando sono rientrato, tu di notte non dormi, stai sempre a piangere. Non vuoi restare da solo con me, ma se esco un secondo di casa ti disperi.

"Lui non ti conosce. Che t'aspettavi?" – se al posto di questo commento tua madre mi dava una coltellata era meglio.

Anche le maestre ci riferiscono che in classe è un malessere continuo e consigliano di andare da una psicologa – cioè, quando la scuola "consiglia" vuol dire che lo devi fare, perché sennò poi sei un genitore di merda. E quindi noi che facciamo? Andiamo tutti dalla psicologa.

"Io non parlo, eh?" – sposto un istante il muso verso tua madre come fanno i cani quando iniziano a marcare il territorio.

Siamo in macchina per andare da Torre Angela a largo Argentina. Tua madre alza gli occhi al cielo e guarda fuori dal finestrino. La vedo riflessa sul vetro: il suo profilo sul marmo della città, sui tram che sferragliano, sui resti della città antica. Guardo te dallo specchietto retrovisore. In quel momento penso che è vero: io non ti conosco. Per otto anni non ti ho visto crescere. Giri lo sguardo nello specchietto e gli occhiali da sole mi salvano dall'imbarazzo di dover incrociare i tuoi occhi pieni di domande.

Accelero sul lungotevere con le ombre dei platani che si allungano come artigli su di noi. Salgo con le ruote laterali su un marciapiede, tiro il freno a mano e spengo il motore.

"Ma qua non può stare" – tua madre mi guarda con un'ingenuità che mi fa capire che manco lei evidentemente mi conosce.

"La macchina come sta, sta bene" – ed è l'unica tra noi. Lancio il mazzo di chiavi in aria e lo riprendo.

"Ma che esempio dai ad Alessandro?" – continua lei e mi pare chiaro: vuole litigare. Mi fermo di scatto. Respiro ma non riesco a prendere aria. Cioè, io, con la vita che mi sono scelto, con i criminali che ho sbattuto dentro, con la storia che abbiamo fatto, non sarei di esempio per mio figlio? Allora ti sposavi un parcheggiatore – con tutto il rispetto per la categoria. Ma non dico niente. Mi accendo la sigaretta e la spengo subito sotto il piede perché siamo arrivati. Tu adesso mi dirai che la mia vita non la conoscevi: come potevo quindi essere un esempio?

Citofono, ma è tua madre a dire chi siamo. Tengo aperto il portone pesantissimo per farvi entrare e dare un'ultima occhiata sulla strada. Tua madre alza ancora gli occhi al cielo per questo mio modo di fare da sbirro. "Guarda che se continui così prima o poi rimarrai con gli occhi storti" – le dico. Tu inizi a piagnucolare.

"Ecco, bravo!" – scatta subito lei.

Mi metto le mani tra i capelli. Mi gratto la barba. Ti prendo per mano e mi siedo sulle scale con te davanti, alla stessa altezza, per guardarti negli occhi: "Allora, ragazzo, è tutto a posto, capito? Adesso incontriamo una persona che ci darà una mano per risolvere questa situazione e, vedrai, le cose si sistemano, ok?"

Tu fai sì con la testa e con il labbro di sotto all'infuori. Non credo di averti abbracciato, in quel momento. Entriamo in ascensore. Il cuore mi inizia a battere forte, sento salire una lieve oppressione al petto. Chiudo gli occhi. Poi guardo tutti e tre nello specchio. Forse una foto così insieme, in quell'anno che sono tornato, non ce l'abbiamo. Guardo la nostra immagine riflessa. Io mi sono vestito bene, sempre con i jeans, ma ho la giacca sulla maglietta. Tua madre ha una gonna a vita alta e una fascia tra i capelli. Tu non ricordo come eri vestito ma ho chiarissimo in mente il tuo volto: identico al mio alla tua età – sai cosa succede quando diventi padre? Che ti rivedi bambino.

Il campanello e la targa della dottoressa sono dorati. La porta si apre. Parte un corridoio di quadri. Specchi. Statue. Mobili in noce. Non proprio un posto dove mettere le persone a proprio agio. "Prego, fatevi avanti!"

Cammino, spingendo sulle punte. Mi tocco continuamente il naso. Seguiamo la voce ed entriamo nello studio. La psicologa ha gli occhiali a punta, i capelli cotonati e i gomiti poggiati, perfettamente simmetrici, sui braccioli di una poltrona. A terra tappeti dell'Ottocento, una scrivania intarsiata e i divani e le poltrone in pelle. Guardo l'ora per capire quanto deve durare questa tortura. Poi mi ricordo che lei come me sa leggere i dettagli e il linguaggio del corpo. Allora tocco di nuovo il quadrante dell'orologio così capisce, casomai prima le fosse sfuggito il gesto.

La parte in cui lei si rivolge a te e tu le rispondi, la lascio a come tu te la vuoi ricordare e raccontare. È giusto così. Invece ti voglio dire come sto io in quel momento, su quella cazzo di poltrona di pelle che scricchiola ogni volta che respiro – tant'è che a un certo punto evito proprio di prendere aria. Davanti ho la testa della psicologa, immobile e inclinata. Aspetta che io parli.

"Lei qui è in un luogo sicuro. Può aprirsi."

In quel momento mi viene voglia di tirare fuori la pistola da dietro la schiena e di poggiarla sul tavolino in massello. Cristo. Ma ovviamente non faccio nulla. Resto bloccato. Sento su di me lo sguardo di tua madre che è diventata una delle tante statue nella stanza. Tu non fai che battere la punta del piede sulla gamba del tavolino. L'orologio a pendolo dietro di me scandisce tutti i cazzo di secondi. Le palpebre della psicologa sbattono a intermittenza. Sto per scoppiare qua dentro.

"Posso fumare?" – chiedo, ed è già tanto che non mi sono acceso una sigaretta senza domandare. Probabilmente alla dottoressa sarò sembrato uno di quegli adolescenti che a scuola chiedono di andare in bagno durante l'interrogazione. Ma lei, imbalsamata, senza espressioni in viso e con la voce priva di intonazioni, deve venire a dire a me che ho un problema di comunicazione? Anzi, la parola problema non si usa in quello studio – noi siamo lì per un problema, ma la parola problema non va bene. Assurdo!

"Ascolti, lei deve imparare ad aprirsi" – questa sua frase mi costò centocinquantamila lire. E in quel momento mi venne alla mente la battuta che Totò avrebbe fatto al mio posto: "Mica una scatoletta di tonno sono." Sorrisi. E la dottoressa evidentemente pensò che ero d'accordo.

Lei sarà stata anche la migliore psicologa di Roma, ma non credo avesse mai trattato un caso come il mio. Ecco, forse saremmo stati aiutati di più da uno psicologo carcerario o da professionisti che hanno avuto a che fare con un certo tipo di male. Perché il male – ti assicuro – non è tutto uguale. Se tutto è male, allora poi niente è male, mi spiego?

Ricordi poi che negli incontri successivi la dottoressa ci chiese di portare le fotografie di famiglia, sì? Tutte quelle immagini sparse sul tavolo in massello. E va bene: in tante io non c'ero.

"Una volta che abbiamo capito che sono stato assente" – le dico a un certo punto – "può fare un passo avanti e dirci come risolviamo questa situazione?"

Lei deglutisce e mi risponde: "Vede, questo è un percorso che dobbiamo compiere insieme."

Ma tu pensa se nel mio lavoro io per risolvere le situazioni dovevo aspettare di trovare un punto di incontro tra tutti, *insieme*. Ci si confronta, si discute, ma la linea la sceglie la persona che ha la responsabilità, Cristo! Va bene, lo so, sto sbagliando – una cosa è il lavoro, un'altra è la vita. Per me non c'è differenza ma mi adeguo, anche perché ho fatto solo danni nel rapporto con te ed è giusto dire che ho sbagliato. Ho sbagliato – punto. Non a fare quella scelta di vita perché la rifarei sempre e comunque. Ho sbagliato come padre. E questo lo ammetto anche davanti alla psicologa in uno di quegli incontri: "Ho sbagliato come padre", e lei mi sembra quasi contenta nel sentire questa frase. Contenta, capisci? Ma io non è che mi sono liberato ora che l'ho detto, le vorrei spiegare, ma preferisco ingoiare a vuoto il fumo di tutte le sigarette che non mi sono acceso in quelle cazzo di sedute.

"Il mio invito è quello di provare a essere presenti anche nella lontananza" – la psicologa inclina la testa e mi guarda senza sbattere mai le ciglia.

A quel punto io alzo le mani perché parliamo due lingue diverse, cioè, io non parlo e lei parla di cose che non sa. Una cosa è dire, una cosa è vivere. Un conto è dire a tuo figlio a centinaia di chilometri che tu ci sei per lui. Un conto è vivere con tuo figlio. Stare lì quando cambia la voce. Quando torna a casa con la testa spaccata perché ha fatto a botte. Quando non vuole parlare con nessuno e nemmeno lui sa perché. Lo stesso sul lavoro: un conto è dire agli altri cosa fare, un conto è stare insieme sul campo. Sulla strada. Dentro l'inchiesta. Per me non si dice, non si parla – si vive.

Ogni volta che uscivamo da quegli incontri, tua madre mi toccava la spalla: "Hai bisogno di buttare fuori, di elaborare la tua vita. Serve anche ad Alessandro" – e io mi chiudevo di più.

Poi su come è finito questo percorso – per usare una parola che la psicologa ci ha ficcato nel cervello: il "percorso" –, insomma, su come è andata, siamo d'accordo, giusto?

Alla fine degli incontri, la dottoressa ci disse una cosa così: "Non è che suo figlio non è contento di stare con lei. Ha solo paura che lei, Franco, parta di nuovo."

E io poi sono partito di nuovo.

Adesso ho tra le mani la foto di te che batti le manine sulle mie gambe sul divano di velluto – tu la gioia, io la tristezza totale. La porto sempre con me nel portafoglio. E ora l'ho tirata fuori. Non è proprio un'immagine esemplare per un padre – gli altri padri hanno le foto coi figli sulle spalle o, insieme, sporchi di fango, col pallone tra le ginocchia.

Questa foto del tuo secondo compleanno è la prova di come sono stato io con te: assente anche quando ero presente. È un'immagine dura, triste, sincera. Però c'è una cosa, un dettaglio che è come una luce per me: la mia espressione. Lo sguardo basso, pensieroso. L'ultima volta che ci siamo parlati, prima che tu andassi via, avevi un'espressione identica alla mia in questa foto. Io e te siamo uguali. Questo non mi rende meno colpevole – non ci rende migliori.

Le case di via Ignazio Gioè sono ben occultate dal verde, nei cortili ci stanno i cani da guardia. Insomma, un posto perfetto per un covo. Peccato però che il covo di Gioè e La Barbera non sta lì. Lo capiamo dopo che Pietro e Totò si sono imboscati nei cespugli coi cani che gli abbaiavano addosso, rischiando di farci scoprire. Lo capiamo dopo aver messo una telecamera su un albero con la batteria interrata nel suolo dei cortili durante una notte di pioggia – tu dirai: e quando la batteria si scaricava? Due di noi ne portavano una nuova, nascosta in una busta nera dell'immondizia: uno scavalcava, scavava per estrarre la batteria scarica e sotterrare quella nuova, staccando e riattaccando i fili; l'altro faceva il palo. Per diverse notti la telecamera rimane sull'albero, puntata sull'ingresso del palazzo, ma sulle immagini registrate non c'è traccia di Gioè e La Barbera.

Le indagini successive poi riveleranno che l'appartamento di via Ignazio Gioè era il covo dove i nostri due uomini, nei giorni dopo l'attentato di Capaci, si incontravano insieme ad altri boss di spicco come Bagarella e Brusca. Questo per dirti che non è che noi in quel momento siamo su una pista sbagliata. Anzi.

Insomma, dai nastri della telecamera ci rendiamo conto che Gioè e La Barbera non tornano più in quel palazzo. Inoltre, nelle intercettazioni ascoltiamo lo stesso Gioè lamentarsi con la sua amante del fatto che ci sono altri *uccellini che hanno iniziato a cantare* – cioè, nuovi pentiti che hanno cominciato a parlare – ed è meglio per loro cambiare aria. Così Gioè si fa sempre più paranoico, nelle telefonate cambia i soprannomi delle persone, sposta i riferimenti di luoghi, parla di incontri inesistenti: ci vuole depistare perché sa per certo, a questo punto, di essere ascoltato.

È in questo momento di confusione che arrivano sul tavolo della DIA i tabulati della SIP. Un plico di fogli alto così con date, numeri, chiamate in entrata e in uscita, durata della conversazione. Questi tabulati non ci danno i contenuti delle telefonate, cioè, non ci dicono di cosa hanno parlato le persone intercettate, ma ci possono dare informazioni utili sui contatti e le relazioni tra i soggetti. Il punto è: chi è capace di leggere e interpretare centinaia e centinaia di fogli fitti fitti di numeri incolonnati?

I tabulati arrivano a Palermo insieme alla capa dell'ufficio di Roma.

"Frankie" – quando mi chiama così vuol dire che ha avuto un'idea o sta per darmi un nuovo comando: "Stiamo pensando alla stessa persona, vero?" – annuisco con tutto il corpo.

"Ma io non ho mai fatto una cosa del genere..." – Totò si gratta l'orecchio come farebbe il suo cane con la zampa. Io e la capa lo guardiamo inclinando le teste da un lato.

Lui cede come quando Nannì gli chiede di uscire: "Va bene, va bene. Non posso certo dirvi di no!"

Per settimane, Totò, ce lo dimentichiamo. Sta chiuso in una stanza a trovare una dritta tra tutti quei numeri. Esce solo per portare a spasso il cane. Vedi, io ad esempio una cosa del genere non l'avrei mai saputa fare – per questo come ti ho detto quel gruppo è stato straordinario: perché ha messo insieme competenze diverse che si compensano.

Finché una mattina non si presenta in ufficio con Nannì. Finanziere siciliano e levriero irlandese hanno gli stessi baffi e gli stessi colori rossicci. Anche il carattere è uguale: pelo ruvido, indole docile e fedele. Totò ha sotto il braccio una scheda di rapporto. La poggia sulla mia scrivania, Nannì striscia con il muso sulla mia gamba. Lo accarezziamo io e la capa, seduta vicino a me. Ma a entrambi in quel momento interessa sapere cosa c'è scritto nella cartellina.

"Dicci, Totò, hai capito qualcosa?"

Totò si siede e pure Nannì: "Sì, diciamo che non è stato un lavoro facile, ma una cosa, l'ho notata subito: in pratica, alcuni telefonini hanno chiamato i numeri di Gioè e La Barbera ma questi non li hanno mai richiamati."

"E com'è possibile?" – chiede la capa.

"È possibile solo in un caso, dottoressa: si tratta quasi sicuramente di telefonini clonati. Cioè, qualcuno dell'ambiente mafioso ha chiamato Gioè e La Barbera inserendosi sulle frequenze dei cellulari di persone che nulla hanno a che fare con Cosa nostra. Non so se mi sono spiegato."

"Sì, perfettamente."

"Cos'altro è venuto fuori?" – gli domando mentre Nannì mi annusa le scarpe.

"L'elenco dei numeri che più di tutti sono in contatto con Gioè e La Barbera."

"Ottimo, procediamo con le verifiche su queste utenze."

Facendo gli accertamenti su quei numeri, troviamo due utenze intestate a due soggetti legati alla cosca dei Corleonesi. La rete intorno ai nostri uomini di Altofonte si allarga. Un dato che ci carica, ci accende: ci conferma sempre di più che tramite loro arriveremo ai latitanti.

In quella fase, però, Gioè e La Barbera cosa fanno? Cambiano continuamente numero. Cioè, noi non facciamo in tempo a individuare le loro utenze che loro le lasciano per prenderne altre, magari clonate. Noi li stiamo rincorrendo. Ma rincorrendo sul serio, perché di fatto, Gioè e La Barbera, li abbiamo persi.

Non c'è traccia alcuna dei due uomini. Non sono in via Ignazio Gioè, non sono ad Altofonte. Scegliamo anche di pedinare uno dei soggetti uscito fuori dai tabulati, ma non ci porta a nulla di significativo.

Questo mi rende tesissimo, insoddisfatto: rincorrere non è fare indagine. Nel frattempo siamo arrivati a dicembre. È il Natale del 1992.

E io scelgo di rimanere a Palermo.

Vibra il mio cellulare. Il *bip* del messaggio arriva come la punta di un coltello nel fianco. Mi riporta a oggi e al motivo per cui sono tornato a Palermo. È Totò: *State venendo?*

Non riesco a vedere Sario morto, ma non riesco nemmeno a vedere Totò vivo. Negli anni di Palermo Totò pensava che sarebbe stato il primo di noi a morire perché sentiva che Falcone gli aveva lasciato anche questa eredità. "Dopo l'attentato di Capaci io sto qua. Lavoro e lavoro per sentirmi vivo ma sono già morto" – così ci diceva con la giacca piena di peli di Nannì e la faccia da randagio.

Non lo riesco a vedere Totò – troppi anni sono passati dall'ultima volta. Non posso reggere questo incontro ma non potevo non venire per il funerale di Sario. Andrò domani al cimitero, da solo. Mi metterò dietro un albero senza farmi vedere – come del resto ho passato tutta questa cazzo di vita.

Pietro, invece, aveva proprio il sogno di tornare a Palermo dopo tutto questo tempo. Capisci? Il sogno. Lui ha questa cosa di doversi allenare. Elastici pesi flessioni addominali. Ogni giorno. Pietro, è come se non fosse mai andato in pensione. Il suo corpo è sempre acceso. Lui si deve sentire pronto anche se è finito tutto.

Ecco, adesso lo sento dal piano di sopra. Sta saltando la corda. Nelle narici mi sale pure l'odore del suo sudore tanto lo conosco bene, mio fratello. Non accetta il fatto che non arriverà nessuna chiamata, che non ci sarà più nessuna missione. Che è tutto, appunto, finito. Fammelo dire ancora: finito – così me lo metto in testa anche io una volta per tutte.

Sario è morto ieri e proprio un anno fa, in questi giorni, Brusca è stato liberato. Un brivido si è srotolato lungo la schiena quando è arrivata la notizia che quell'uomo è uscito di prigione. Cioè, Giovanni Brusca è la persona che ha premuto il pulsante che ha fatto saltare in aria l'auto su cui viaggiava Falcone, capito? D'accordo, ha collaborato, ha scontato la sua pena. Ma quando ho saputo che era stato liberato, mi è mancata l'aria, il cuore non si fermava più.

La scarcerazione di Brusca, la morte di Sario. Durante il viaggio in macchina per venire qui, con Pietro ci siamo detti: è finita un'epoca. La nostra.

Credo che Sario sia stato il primo di noi a morire perché è sempre stato un ariete. Per la sua fisicità, nelle operazioni sul campo, lui sfondava e poi il gruppo seguiva. Ci sta facendo strada. Deve essere così.

Sario è il collega con cui ho avuto più conflitti. Lui da carabiniere faceva le cose veramente in un modo diverso dal mio, però, aveva una qualità mai vista prima: anche se era un armadio sapeva essere un'ombra e sparire. Uno così non potevi non notarlo, eppure sapeva camuffarsi. Nei pedinamenti, ad esempio, era un trasformista. E questa te la voglio raccontare.

È un giorno di dicembre del 1992. Stiamo seguendo uno dei Corleonesi rintracciato coi tabulati. Sario è a piedi con un giubbotto nero addosso. Io sto in una macchina parcheggiata. Gli dico via radio di andarsene perché possono averlo visto.

"Ricevuto" – risponde lui – "vado via io ed entra un altro."

"Ma che cazzo stai dicendo? Siamo solo io e te!" – gli urlo nelle orecchie.

Sario si abbassa dietro un cassonetto, si leva il giubbotto e lo rivolta al contrario. Il dentro è di felpa a quadri verdi e marroni. Se lo infila. Dalla tasca tira fuori un berretto, lo mette in testa.

Se adesso il tizio si gira e lo guarda, penserà che non è la stessa persona vista un attimo prima. Ecco, queste cose non te le insegna la scuola di Polizia o dei Carabinieri. Ma solo quella voglia assurda di fotterli.

Adesso, però, nella mia stanza d'albergo, io al messaggio di Totò cosa rispondo? – mi sento un vigliacco a restare chiuso qua dentro.

Fuori cosa cazzo ci può essere?

Palermo è un'altra. Io sono un altro. Quelli che cercavamo stanno tutti al gabbio – tranne Brusca.

Ci stanno i ricordi, le paranoie, i fantasmi: ecco, cosa ci sta.

Sai che ti dico? Hai ragione tu, Alessandro. Com'è che mi hai detto l'ultima volta che ci siamo visti?

"Non hai fatto i conti con la tua vita né con le persone che fanno parte della tua vita. Fai tanto quello che voleva combattere per lo Stato, che voleva salvare non so che cosa, ma la verità è che pensi solo a te stesso."

Se alla fine avessi aggiunto "papà", forse sarebbe stato anche tenero. E invece poi mi hai sparato il colpo finale: "La solitudine che senti l'hai inflitta anche a me, agli altri. Solo che tu l'hai scelta, io l'ho subita!"

In questo momento, ad esempio, mi sento una merda a lasciare soli i miei fratelli. Gli unici peraltro – mi dispiace dirtelo – che possono capirmi.

Mi guardo intorno. I jeans bagnati sulla sedia. I pezzi di vetro sotto la finestra. Il lenzuolo stropicciato. L'orsacchiotto. La cartina di Palermo accartocciata. La nostra foto. Sto in mutande con la mano fasciata. Sto come nel dicembre del 1992, quando rincorrevo Gioè e La Barbera. Ma a quel tempo guardavo avanti, sapevo che dovevo passare dal rincorrere i due di Altofonte a fargli il culo. Ora rincorro una cosa che sta dietro di me e non mi lascia in pace.

Adesso ho la testa piegata. Gli occhi finiscono sulla valigia. La prendo. La sistemo sul letto. La apro. Tiro fuori il rasoio. Vado in bagno. Mi metto allo specchio e comincio a radermi la barba. Mi lascio solo baffi e pizzetto. La stessa cosa che ho fatto il 25 dicembre del 1992, quando mi sono preparato per andare a fare il pranzo di Natale. Alle torri, con i miei fratelli.

Natale 1992. Sono davanti allo specchio. Ho in mano il walkman. Lo poggio sul bordo del lavandino. Mi infilo le cuffie. Premo play. Dalla mia compilation arriva l'audio di questo dialogo. La voce di una donna con l'accento francese: *... costretto a vivere sedici ore su ventiquattro in un piccolo ufficio di acciaio e cemento per lottare contro la mafia, non può assaporare i piaceri della vita quotidiana. È vero quello che dicono?*

Inizio a radermi. I ciuffi di barba cadono nel lavandino.

Arriva la risposta di Falcone: *Diciamo che c'è molto di vero, indubbiamente questo tipo di attività incide pesantemente sulla privacy.*

E come lo vive, lei?

Con rassegnazione.

Sistemo i baffi con le forbici. Vado a vestirmi. Sempre con le cuffie sulle orecchie.

Adesso il dialogo è tra un uomo con la voce grave e Falcone:

Lei vive in sostanza blindato. Ma chi glielo fa fare?

Soltanto lo spirito di servizio.

Mi abbottono la camicia.

Cappotto e berretto. Esco dall'hotel.

Vado alla cabina telefonica per farvi gli auguri.

"Allora, che ti ha portato Babbo Natale?"

"Un robot e un lupo!"

Devo dirti che te l'avevo spedito io con le Poste, il peluche del lupo? Penso non sia necessario. Ma forse quello che non sai è quanto ci ho messo a trovarlo, perché io volevo proprio il lupo e non, per esempio, il leone. In quegli anni, i leoni, te li tiravano dietro nei negozi. Il lupo era raro. Quando andavo nei negozi, cercavo di parlare poco per i motivi che sai. Poi guardavo tra i pupazzi col mio solito fare da sbirro e alla fine rivoltando tutti gli scaffali l'ho trovato. Il punto è che non avevo mai il tempo di andare alle Poste per spedirlo, così per un po' il peluche è stato nella Peugeot con noi durante i pedinamenti. Già eravamo strani, noi, ci mancava solo il peluche del lupo. Quando Totò lo vide in macchina mi disse: "Io almeno c'ho un cane vero!"

Il fatto che il lupetto fosse stato con me, prima di arrivare da te, mi sembrava che fosse un legame tra noi due, capito come?

Il lupo era anche un messaggio. È un animale forte ed è un grande predatore. Ma è anche fedele, attaccatissimo al branco, alla sua famiglia – sì, io sono stato tutto questo con la famiglia della DIA e a voi ho mandato avanti un peluche. Ma quel peluche era un modo – diciamo così – di trasmettere i valori a distanza. È vero, senza una parola, senza un biglietto... ma è perché c'era Babbo Natale di mezzo. E Babbo Natale non dà spiegazioni.

"Buon Natale, Marta."

"Buon Natale, amore" – fa una pausa. "Hai tagliato la barba."

"Ma come fai a sapere queste cose?"

"Perché non si sente il fruscio sulla cornetta... E poi perché senza barba mi piaci di più, e questo tu lo sai."

"Eh, ma non mi vedi..."

"Non ti preoccupare, ti so immaginare."

"Senti, per oggi mi dispiace ma dovevo restare qui..."

“Tu fai quello che devi fare, noi stiamo bene.”

In quel momento il mio stomaco si rilassa. Chiudo gli occhi come per dirle grazie ma non dico niente. Lei però mi conosce, e ha contato i secondi del mio sospiro – è durato quanto un grazie.

“A mezzanotte è venuto Gino, vestito da Babbo Natale” – continua – “Ale era felicissimo!”

Infilo un altro gettone per poter continuare a immaginare la scena e cambiare la periferia di Palermo davanti a me con quella di Roma – la vostra allegria in quel momento mi incupisce ma so che vi siete adombrati anche voi dopo aver riagganciato.

Clic. Lascio qualche secondo la mano aggrappata al ricevitore. Esco dalla cabina e porto a spasso una malinconia vestita a festa. Per alcuni istanti sento di stare per le strade di Torre Angela mentre cammino per raggiungere le torri. Ma Palermo con l’odore di sarde fritte che esce dalle case mi riporta nei suoi vicoli tra gli addobbi fatiscenti, gli alberi di Natale mezzi spogli, la gente con lo sguardo sfuggente pure in un giorno di festa: tutto sembra essere uscito da una specie di bombardamento.

Mi infilo in rosticceria. Esco da lì con una pila di vaschette di alluminio bollenti. Il fumo viene fuori dai coperchi e si unisce a quello di sigaretta dalla mia bocca e ai pensieri che si rannuvolano intorno a me da tutte le parti: non sto con la mia famiglia, mi dico, e non sto nemmeno concludendo niente con l’indagine. In quel momento mi assale anche il ricordo del Natale di quando ero piccolo, con mio padre torvo sul piatto, i miei fratelli che litigavano e lo sguardo impotente di mia madre che voleva dirmi: vattene appena puoi.

Avvolto in tutto quel fumo, entro nelle torri.

Sistemo i contenitori di cibo sulla mia scrivania tra i faldoni, le radio, i cavetti. I ragazzi arrivano, alcuni con le sedie da casa e tutti con i soldi in mano – ma il pranzo lo offro io, quasi per un senso di responsabilità, perché non è che è lo Stato che ci ha chiesto di non tornare a casa per Natale. Noi non ci abbiamo nemmeno pensato per un momento a un'eventualità del genere – non se n'è proprio parlato.

In ufficio a Natale ci siamo un po' tutti. Anche Nannì, che mangia direttamente al tavolo con noi. Ci alterniamo tra la sala di ascolto e il tavolo. Ci alziamo di continuo – un costante e silenzioso stato di allerta. Il cibo nei vassoi non è così invitante: la pasta con le sarde e i cardi fritti sono rammolliti. Restano a freddarsi nella stagnola. Tra noi non una parola o una battuta. L'umore non è dei migliori – siamo come persi. Ognuno ha i suoi pensieri per la testa. E io posso sentirli tutti. Qualche collega sta pensando a come è finito a fare il Natale in un ufficio sgangherato come quello delle torri. Qualcun altro alla famiglia ancora da chiamare. Negli occhi dei miei fratelli, invece, scorrono domande per me chiarissime: dove stanno Gioè e La Barbera, il giorno di Natale? Ad Altofonte con le famiglie o in un covo con i latitanti? Si concedono dei vizi o stanno ancora più in guardia?

Mi accendo una sigaretta. Nel fumo sulla mia testa è racchiuso un pensiero ossessivo. Devo ragionare come loro, continuo a dirmi. Come mi comporterei al posto di Gioè e La Barbera in giornate come questa? Starei attentissimo a non sgarrare – ecco, cosa farei –, perché gli sbirri non aspettano altro.

Nannì lecca qualche goccia d'olio finita sulle mie scarpe.

Quel giorno, un collega aveva portato, oltre alla sedia da casa, anche un piccolo Babbo Natale a pile, di quelli che muovono il braccio agitando una campana – tieni presente che in ufficio non c'è un addobbo, una lucina, una palla rossa, un presepe, niente di niente. Il collega porta questo Babbo Natale da tavolo: da quell'affare partono a ripetizione canzoncine snervanti, meccaniche che ci martellano nella testa. Ma siamo talmente stanchi e compressi che a nessuno viene in mente di lanciarlo dalla finestra.

Dopo il pranzo con la sua famiglia, Sario passa in ufficio e ci porta i caffè. Non bere quello del distributore già poteva essere una festa. Vede le nostre facce: “Babbo Natale poteva portarvi pure qualche sorriso.”

Proprio in quel momento esce un collega dall’ascolto delle intercettazioni: “Oh, ragazzi… Due soggetti della rete di Gioè e La Barbera si incontreranno domani in una via nel centro di Palermo!”

Saltiamo dalle sedie. Buttiamo il pupazzo infernale e le vaschette nel cestino dei rifiuti.

Organizziamo il pedinamento. Il giorno di Santo Stefano ci dislochiamo in punti diversi, chi in macchina, chi a piedi. Stiamo in ascolto radio tra noi e con l’ufficio. Insomma, siamo prontissimi.

Aspettiamo ore e questi cosa fanno? Non si presentano.

Io a quel punto divento intrattabile: ma dove cazzo sono finiti Gioè e La Barbera?

E intanto il 1992 è finito. Negli ultimi mesi dell'anno, ogni giorno notizie di arresti, di nuovi pentiti, di avvisi di garanzia per i politici. Noi invece siamo fermi, cioè non stiamo portando risultati.

"Abbiamo iniziato solo da quattro mesi" – Pietro vuole rincuorare gli animi.

"Sì, ma stiamo peggio di un mese fa. Ora abbiamo perso i due soggetti" – ribatte Sario e ha perfettamente ragione.

"Dobbiamo sentirci ancora di più sotto pressione: se non riagganciamo Gioè e La Barbera, siamo fottuti" – spiego agli altri.

"Se volevo sentirmi sotto pressione, nascevo pentola" – ecco, Totò, con le sue battute demenziali che, nello stato in cui ci trovavamo, allentavano sempre la tensione.

"A proposito di pentole, per l'ultimo dell'anno, venite a cena da me..." – aggiunge – "cucina Pietro, visto che fa il cuoco!"

Pietro non sa cucinare nemmeno un uovo. Quella sera ridiamo fino alle lacrime nel vederlo preparare un piatto di spaghetti. Immagina la scena: la notte di San Silvestro, mangiamo con le radio sul tavolo e gli auricolari infilati nelle orecchie. Io ho il telefono di casa di Totò vicino al piatto, così se arriva un segnale dalle intercettazioni, i colleghi in ufficio mi chiamano e io rispondo all'istante.

Adesso capisci come vivevamo? Non c'era mai spazio per una serata diversa. Eravamo ragazzi, ma non esisteva che una sera ce ne andavamo in discoteca – in discoteca ci vai se l'obiettivo sta lì, altrimenti non ci passava nemmeno per la testa. Specie per com'era Palermo in quel periodo, una situazione costante di sospetto, il non potersi fidare di nessuno. Non andiamo di qua, non andiamo di là. Non ci piangevamo addosso, scherzavamo e ridevamo ma sempre in un discorso chiuso. Tra noi quattro.

Ed è tra noi quattro che passiamo l'ultimo giorno del 1992. A casa di Totò, nella maniera che ti ho detto. Sempre in servizio, in pratica. Spaghetti aglio, olio e peperoncino e una scatola di lenticchie.

Durante la cena, all'improvviso sentiamo un botto. E un altro ancora. Sussultiamo.

Sono i petardi dalla strada ma noi che siamo sbirri eravamo già saltati dalle sedie. Ci prendiamo per le spalle come dopo una partita di rugby. Ci scuotiamo – questo è il nostro augurarci buon anno. Poi i nostri sguardi si fermano: negli occhi ci entra dentro tutto il 1993 che deve venire, il pensiero sull'inchiesta nello stallo più totale, la luce dei fuochi d'artificio.

Mi metto alla finestra per vedere l'esplosione di colori. Per me sono come granate. L'odore di sparo. Il rumore dei colpi. I razzi sui palazzi. Non c'è niente da fare, io non riesco a immaginare che una guerra. In quella guerra a un certo punto sento una musica che arriva da dietro, alle mie spalle.

Totò sta suonando la chitarra. Riesce a bucare quel casino che viene da fuori con gli accordi e il vocione da randagio. Noi eravamo fatti così: eravamo una musica nuova durante un bombardamento.

Seguiamo con le voci le canzoni intonate da Totò. Alcuni pezzi li canticchiamo; altri prendiamo proprio a urlarli, mezzi stonati come siamo. I piedi sul tavolino, le schiene sul divano.

Ogni cinque minuti fermo tutti: “Zitti, un attimo! Ha squillato il telefono?” – poi chiamo in ufficio per accertarmi che non mi abbiano cercato e io non ho sentito. E invece tutto tace. Purtroppo.

Quello che adesso può sembrarti divertente, se non ridicolo, invece faceva crescere in noi strati e strati di tensione. Eravamo sempre accesi, sempre pronti.

In quella serata così insolita e diversa rispetto a quelle che passavamo, Totò intona un brano: il pezzo di Sting, *Why Should I Cry for You?*

Lo conosci? Cercalo e ascolta quanto è toccante. Sting lo aveva dedicato al padre – anche lui mi sa che non se l’era passata bene.

Sometimes I see your face…
Why must I think of you?

Questo testo ancora oggi mi prende alle ossa.

Lo canto anche adesso.

La mia voce mi porta avanti e indietro: dall’albergo in cui mi trovo ora a casa di Totò in quell’ultima notte del ’92. Avanti e indietro.

Penso a mio padre. Ti ho mai detto che anche lui partì per lavoro quando ero ragazzino? Andò in Svizzera come lavoratore edile, per qualche anno. E quando tornò, io non ricordo di averlo abbracciato. Non mi ricordo se ero felice di rivederlo.

Quando è morto mio padre, non sono riuscito a piangere.

Mi tocco la faccia, adesso. Passo le mani sulla bocca, sul naso, sugli occhi – non voglio somigliargli, non voglio essere come lui.

“Non voglio essere come te” – mi hai detto l’ultima volta che ci siamo visti. Deve essere una tradizione di famiglia.

Passo dalla tua stanza e andiamo? – messaggio di Pietro.

Aspettiamo ancora un po' – rispondo e invio.

Vedo la nuvoletta nella chat. Pietro sta scrivendo e cancellando il messaggio. Scrive e cancella, scrive e cancella.

Lo anticipo: *Tu vai, poi ti raggiungo.*

Risponde in un lampo: *Ma se non vieni con me, tu non esci più da qua dentro.*

Agli inizi del '93 Pietro mi riferisce che nell'albergo dove stanno lui e altri colleghi il proprietario sospetta qualcosa: "Usciamo troppo presto e rientriamo troppo tardi per essere impiegati dell'ENEL." Ne parlo con il capo e decidiamo che è meglio se i ragazzi prendono un appartamento in affitto, da cambiare più o meno ogni mese in modo che non conoscano le nostre abitudini – anche da queste cose puoi renderti conto che noi in pratica facevamo la stessa vita dei latitanti.

Mentre Pietro e gli altri cercano casa, a gennaio del 1993 torno a Roma da voi. È il momento giusto per lasciare Palermo per qualche giorno, mi dico. Cioè, non è mai quello giusto, perché in qualsiasi istante può esserci una novità dalle intercettazioni, un indizio, una svolta ma insomma, decido che torno e basta.

Prendo il notturno Palermo-Roma.

Durante il viaggio in treno sembro un evaso da galera. Sono sospettoso verso chiunque entri nel mio scompartimento. Mi alzo in continuazione. Se qualcuno passa per due volte davanti alla porta scorrevole, esco in corridoio a controllare. Decido di chiudermi in bagno, tra la puzza di piscio e il treno che mi sbatte da una parte all'altra. Butto la valigia in un angolo. Le vibrazioni sulle rotaie diventano fortissime. Il ronzio metallico. Il fischio della locomotiva. Mi reggo ai sostegni. Guardo il buco del cesso – quell'apertura sulle traverse del binario – scuro e informe: tutto scorre via. E se succede qualcosa a Palermo, quanto ci metto a tornare? Come fanno ad avvisarmi, che sto qui in treno e non sono rintracciabile? E se anche Gioè e La Barbera hanno preso un treno e sono andati via? Ma no, che cazzo dico! Loro stanno dove stanno i latitanti e i latitanti non si allontanano dal loro territorio perché è lì che hanno la propria rete di sicurezza, solo così sono sicuri di controllarlo. Poi penso a Roma. A che faccia devo fare quando incontro te e mamma. Mi imbarazza moltissimo vederti. Vedere che sei cresciuto. E se non mi riconosci? Come faccio a prendere il ritmo delle vostre giornate? Levarmi di dosso quello dell'inchiesta, dormire quando dormite voi, uscire quando volete fare un giro. Prendere le abitudini di mia moglie e mio figlio, che non sono le mie. Ma le mie abitudini quali sono? A prendere sempre la forma degli altri, cosa Cristo si diventa?

Sul tettuccio del treno sento il rumore dell'acqua. Piove. Non ho chiuso occhio. Sono arrivato a Roma.

In stazione mi precipito per trovare un telefono e chiamare in ufficio.

"Novità?"

"No, stai tranquillo."

"Pietro, ma quale tranquillo? Starò tranquillo quando avremo ripreso quei due!"

“Era per dire…”

Riaggancio. Vado a prendere l’autobus per Torre Angela. Piove di brutto. Il cielo è così grigio che quella mattina sembra notte. Una notte che da Palermo non è mai finita. La testa delle persone è coperta dagli ombrelli. Io non ce l’ho, l’ombrello – non lo uso mai. Mi tiro su il cappuccio. La gente mi urta, non mi vede. Il freddo umido. Il rumore del traffico. I clacson. La fiacchezza della città. Il ticchettio della pioggia mi avvolge e in poco tempo sembra colarmi addosso come melma pesante. Sono sull’autobus con la gente che spintona e poi mi schiaccia. Voglio togliermi il cappotto ma manca lo spazio per muovere le braccia, bloccate dai corpi degli altri. Mi basterebbe anche solo slacciare il bottone all’altezza del collo. Mentre cerco la visione di qualche spiraglio aperto nei finestrini, il bus arriva a Torre Angela. Scendo alla fermata, butto fuori il fiato e prendo aria dalla bocca. La mia mano comincia con insistenza a toccare la bocca e l’orecchio. Bocca e orecchio. Un movimento che non controllo. Praticamente torno da voi con un tic. Cristo, ma a Palermo non l’avevo! Intanto continua a piovere. Passo da Gino, prima di salire a casa da voi. Apro la porta un po’ troppo forte. Lascio scivolare la valigia tra i piedi – creo un pantano per terra.

“Già che sei vivo è una buona notizia” – mi guarda con le mani poggiate al bancone.

Mi siedo davanti a lui che, senza che glielo chieda, mi avvolge un asciugamano sulla testa e mi prepara una caffè ristretto nella tazzina bollente, come piace a me. Ho le braccia incrociate sul marmo liscio e consumato del bancone. La tazzina non gliela faccio nemmeno poggiare sul piattino, che il caffè – già l’ho scolato. Gino mi dà qualche pacca vigorosa sulla nuca con due mani. Mi avvicina a sé e poggia la sua fronte sulla mia.

“Da come sei entrato si vede che stai nervoso a bestia” – mi sussurra – “non fare lo stronzo con quelli lassù.” Quelli lassù sareste tu e mamma.

Stringo le labbra, tocco bocca e orecchio e faccio sì con la testa. Mi alzo per andarmene e Gino mi blocca: "Ma mica puoi presentarti così!" – asciuga le sue mani sul grembiule. Mi scruta da capo a piedi, gocciolante, e mi porta nel magazzino del bar. Sono seduto su un paio di cassette di plastica e Gino mi passa il phon in testa e sui vestiti. Ancora oggi non so perché non ho fatto da solo – non so se mio padre mi ha mai asciugato i capelli, sai?

Chiudo gli occhi. Il rumore caldo del phon mi leva la pesantezza che mi è colata addosso arrivando in città. In quel momento sono grato a Gino – non glielo dico ma lui lo sa: quando scuoto la testa come dentro un cerchio è gratitudine. Mi tira un ceffone sulla nuca, e questo era il suo prego, non c'è di che: "Ora vai, abbiamo finito."

Entro nel palazzone. Faccio i sette piani di scale a piedi. Salgo i gradini a tre a tre: devo scaricarmi per bene, buttare fuori.

Ricordi com'è andata quando mi hai visto, vero? Anzi, quando *non* mi hai visto.

Davanti al portone per un attimo penso se devo bussare o aprire con le chiavi. Alla fine faccio entrambe le cose: busso mentre sto aprendo. Io e tua madre ci guardiamo negli occhi senza sbattere mai le ciglia. Poi lei mi salta tra le braccia e io la sollevo, leggerissima. Il suo profumo mi entra nel cervello. Chiudo gli occhi – da quant'è che non abbracciavo qualcuno? La poggio sulle sue punte ma la tengo ancora con me. Mi prende il viso tra le mani.

"Stai magro, un po' stropicciato... sei bello" – una bellezza che ha sempre visto soltanto lei. Dal luccicore nei suoi occhi capisco che mi trova stanco e invecchiato – quattro mesi di questa vita valgono anni.

"Tesoro, vieni! C'è papà!" – tu sei in un angolo del salone con le costruzioni. Quel momento non lo dimenticherò mai. Tu stai lì senza nemmeno alzare la testa. Non ti stacchi da quello che stai facendo.

"Ehi, dico a te!" – continua tua madre. Ma tu resti dove sei, con quelle costruzioni di merda! Lei mi pungola con il gomito come a dire: "Fai qualcosa tu." Io faccio qualche passo in salone come un ospite qualsiasi – Cristo, è casa mia! Mi tocco bocca e orecchio, bocca e orecchio. Tua madre mi mette una mano sulla spalla e io me la scrollo di dosso. Faccio qualche altro passo. Mi guardo le scarpe, sporche, non si sono ancora asciugate. Me le levo, con la punta dei piedi e il tallone, e mi piego sulle ginocchia: "Ehi, campione..." – e tu che fai? Giri la testa verso di me. Mi guardi negli occhi. E ritorni su quei cazzo di Lego.

Io adesso non ce l'ho con te perché tu eri piccolo e ti dovevi proteggere. Questo ti sia chiaro, perché poi nell'ultimo incontro che abbiamo avuto – prima del silenzio in cui siamo finiti da un anno – parlando di questo momento del 1993 a me era venuta fuori un'espressione del tipo "i bambini sanno essere crudeli", e tu mi hai urlato che eri solo un bambino, e la persona crudele è un padre che abbandona il figlio. Finiamola qui: tu non hai nessuna colpa, ok?

Così tu mi guardi e ritorni su quei cazzo di Lego, butti giù la torre che hai appena costruito e il rumore dei pezzi è anche quello di qualcosa che si rompe nel mio petto. Allora mi tocco bocca e orecchio, bocca e orecchio, e mi metto vicino a te a rimettere i pezzi insieme ma non si uniscono, quei pezzi in mano a me saltano e vanno per terra, e ne prendo un altro ma non si incastra col primo e tutto va giù, e rimango con un rettangolino tra le dita, e tu mi stai guardando, e io non riesco a fare non dico un grattacielo ma nemmeno un'alzata di tre mattoni uguali! Allora mi butto con le braccia tra le costruzioni e sparpaglio i pezzi di plastica colorata e urlo: "Sto qua, Alessandro! Lo hai capito che sono tornato?" – tu scoppi a piangere e vai da tua madre che ti porta in camera.

I giorni seguenti sono un incubo. Mi sento, a ore alterne: un ospite; un latitante che non esce dal covo da anni; un animale in gabbia. Quando rimani da solo con me, piangi – non so come fare a calmarti. Chiamo al lavoro da tua madre.

"Fa così perché è come se non ti conoscesse."

"Ma che, ogni volta che torno, devo ricominciare tutto da capo?"

"Magari abbraccialo, non so, è un'idea!"

Quando faceva l'assistente sociale con me, mi dava ai nervi.

Torno da te con la prima cazzata che mi viene in mente: "Lo conosci l'uomo più alto del mondo?"

Ti prendo e ti porto per strada. Ti metto sulle spalle. Non so perché ma questa cosa ti fece ridere. Tiravi i rami, toccavi i cartelli stradali, alzavi le mani verso le finestre. Ci guardammo riflessi in un grande vetro a specchio di un negozio: "Eccolo qua, l'uomo più alto del mondo."

"Lo struzzo" – dicesti tu – e poi: "La giraffa" – e ancora: "Il velociraptor." Qualsiasi animale tu dicessi, io poi lo mimavo coi versi e i movimenti. Con il velociraptor per poco non ci schiantiamo per terra – non è proprio il modo per passare inosservati, per non apparire, mi dico in quel momento.

Torniamo verso casa e tu ti addormenti sulle mie spalle. Ti sei divertito – io mi sono spaccato la schiena, ma non fa niente. Ti prendo in braccio. Vado due palazzine avanti alla nostra, quella che svetta tra tutte le altre. Arrivo all'ultimo piano, faccio le scale per andare sul tetto, sempre con te in braccio. Mi siedo, ti distendo tra le mie ginocchia. Il tramonto sulla città. Per un istante mi pare di respirare e di guardare la mia vita dall'alto. Vedo il senso di tutto: di andarmene, di fare l'investigatore, di non essere nessuno, di tornare, di essere un padre. In quel momento ti abbraccio fortissimo. Tu dormi e fai quel sospiro di quando un figlio si abbandona in un sonno profondo.

Metto tutto il tuo corpo su una sola spalla e cammino, tra le antenne e il cemento, sul tetto che unisce i palazzoni, fin quando non arrivo al nostro – m'infilo nell'ascensore, scendiamo fino al nostro piano. A casa ti metto a letto, tutto vestito e in quel momento ho un flash di quando a Palermo vado a letto con addosso i jeans e la felpa perché sono troppo stanco. Penso a cosa mi sto perdendo giù al lavoro – ti bacio sulla fronte. Penso a quanto mi perdo di te quando sono giù.

Ora che ti scrivo capisco perché quel giorno ho preso l'ascensore. Non era solo per la fatica di fare le scale con te che dormivi tra le mie braccia. Sapevo che con te in braccio, chiuso dentro quell'ascensore, il cuore sarebbe stato regolare. Mi davi sicurezza, capito come? Che poi la cosa allucinante è che sul lavoro, figuriamoci, il cuore certo non mi accelerava nell'entrare in un ascensore. Il battito mi aumentava quando stavo lontano dal lavoro. Mi accade adesso per lo stesso motivo.

Se tu oggi fossi venuto con me a Palermo, ora sarebbe stato più semplice per me uscire dall'albergo – questo è il mio cazzo di modo per dirti: vorrei che tu fossi qui.

Quando sono a Roma in quei giorni di gennaio 1993, tua madre è un continuo darmi ordini, chiedermi di fare cose e rimproverarmi che le faccio male. Con te va bene quando dormi – il più del tempo mi guardi e io non so che dirti e non mi va nemmeno di giocare con te.

"Il bambino non eri tu!" – me le ricordo, sai, queste tue parole.

Una mattina tua madre insiste perché ti accompagni a scuola insieme a lei. Mi infilo il cappuccio del giubbotto e metto la sciarpa sulla bocca.

"Guarda che non stai andando a fare una rapina."

"Non mi va di farmi vedere, lo sai. Se nel quartiere mi fanno domande..."

"Così ti notano di più!"

"Ma che dici? Qua a Torre Angela stanno conciati così per mille motivi, meno nobili dei miei!"

Cammino con voi e altro che tic, faccio anche uno schiocco in gola.

"Nessuno sta pensando a te, sono tue paranoie. Rilassati!" – mi prende sottobraccio.

Per fortuna che in quei giorni devo andare a seguire l'inchiesta dall'ufficio di Roma, fare il punto della situazione con il capo, ascoltare una parte di intercettazioni che veniva monitorata dalla sede centrale. Quando sto lì, sono un'altra persona. Infilo le cuffie. Ascolto il siciliano. E la mia testa si ricompone. Se ne vanno via i tic. Mi sento come una luce dentro.

Un pomeriggio, tornando dal centro, decido di comprarti una bici senza rotelle – a quattro anni uno già deve saper pedalare. È vero, non sono stato il massimo. Cioè, secondo te e secondo tua madre, non ti ho insegnato nulla e ti ho fatto rompere fronte, gomiti e ginocchia. Rompere, poi… qualche graffio, tutto qui. Invece quel giorno io ti volevo solo insegnare una cosa: a cadere e rialzarti. Perché la vita è così.

"Sei caduto? Adesso ti rimetti in sella e pedali finché non resti in equilibrio. Cadi e ti rialzi. Cadi e ti rialzi!"

Tu non piangevi. In mezzo pomeriggio di ginocchia sbucciate hai imparato ad andare in bici da solo – ero felicissimo. Poi, quando tua madre ti ha visto tutto ammaccato, si è incazzata con me. Quella notte, hai fatto la pipì a letto e da allora ti ha messo in testa questa cosa del trauma che ti avrei provocato.

"Quand'è che parti?"

La voce di Marta che mi invitava ad andarmene si infilò in mezzo alle parole del notiziario. L'annuncio del telegiornale, in edizione straordinaria. E io non ci potevo credere. Cristo.

Diedi un pugno alla porta.

Il buco sta ancora là.

Passo una mano sul pugno. La fasciatura. Il sangue raggrumato.

Squilla il telefono della stanza d'albergo. Chi può cercarmi qui a quest'ora? – tengo un istante la mano sulla cornetta. Alzo il ricevitore.

"Sì?"

"Che vuoi fare, allora?"

"Pietro! Perché mi chiami qui?"

"Perché sul cellulare non mi avresti risposto."

"Ricordi ancora come si fa l'investigatore, eh?"

"Eh, e chi se lo scorda..."

"Senti, io sto..."

"No, ascoltami tu: voglio andare a salutare Sario e da solo lì non ci vado. Dobbiamo esserci tutti e quattro."

Pietro è come un ragazzino: con uno di noi morto, in una bara, lui continua a contare, a dire che siamo quattro. Questo suo modo di guardare le cose mi fa incazzare, ma mi ha salvato il culo diverse volte in questa vita da pensionato – e tu, Ale, lo sai.

Mentre è al telefono con me, Pietro manda un messaggio alla chat di gruppo, in risposta a Totò che chiede di noi: *Fra un po' veniamo.*

Questa chat è tra noi quattro. A turno qualche volta la rinominiamo. In questi anni ci sono stati tanti nomi: *Invisibili*; *Stronzi*; *Randagi*; *Lupi*; *Vecchia guardia*; *Fratelli*. Scorro i messaggi. Il penultimo messaggio di Sario è: *Ma un viaggio insieme noi quattro questa estate?!* – nessuna risposta. Non perché non ci avrebbe fatto piacere, ma perché noi sappiamo solo essere delle merde con le persone che amiamo.

Il giorno dopo Sario ha scritto: *Che entusiasmo. Manco vi avessi invitato a un funerale!*

Quando ieri Totò mi ha chiamato, ero sul divano. Pancia sotto. Un braccio penzoloni. Per terra cartoni di pizza. Lattine schiacciate. Portacenere stracolmi di cicche. Stavo su quel divano da giorni. Jeans consumati e petto nudo. Che motivo ho di uscire di casa? – mi continuavo a domandare. Perché fare una doccia, infilarsi una maglietta? Che ho da fare, io?

In mezzo a questi pensieri squilla il cellulare. Non mi chiama mai nessuno, il mio numero ce l'hanno in pochi. E se mi chiamano, non rispondo. Sarà Marta? No. Sa che sono troppo arrabbiato con lei e che adesso deve lasciarmi stare – ti ha raccontato della nostra rottura di una settimana fa, vero? Lo lascio squillare a lungo. Era finito sotto una lattina. Il vibrare metallico mi stava facendo impazzire. Recupero il cellulare. Leggo il nome di Totò. Non ci penso neanche un istante: Totò che mi chiama con insistenza di sera. Rispondo subito.

"Oh!"

"Eh."

"Be'?"

"Niente..."

"Niente? Con 'sta voce?"

"Sario..."

"Che cazzo è successo?"

"La moto..."

Quando ci siamo conosciuti parlavamo poco. Dopo trent'anni comunichiamo proprio a sillabe.

Lancio il cellulare nell'angolo del divano. E mi muovo come a scatti. Le mani tra i capelli. Mi sdraio sul divano. Mi siedo sulla poltrona. Gratto la barba lunga di settimane. Guardo la monnezza sparsa per il salone. Mi viene da vomitare. Mi alzo. Prendo a calci i rifiuti. Vado in cucina. Recupero un sacco nero di plastica. Mi piego, ginocchia a terra. Raccolgo tutti i resti di questa latitanza che è la pensione.

Vado alla cassaforte. Estraggo una custodia coperta da un panno. Mi siedo sul divano, intorno tutto pulito. Avvicino il tavolino. Sollevo il panno e lo stendo sul piano. Apro la custodia. Estraggo la pistola. La smonto pezzo per pezzo. Estraggo il caricatore. Tiro indietro il carrello. Faccio scattare il cane. Spingo le alette. Levo la sicura. Do un colpo di mano all'impugnatura e faccio scorrere via il carrello. Poi la molla, il nottolino, l'estrattore. Ripongo le parti sul panno.

Pulisco ogni singolo pezzo con una calza che tua madre ha lasciato qui dopo che se n'è andata. Ricompongo tutto. Inserisco i pezzi. Guardo la pistola. Adesso luccica. La infilo nella cintola dietro la schiena.

Ecco, pulire l'arma mi calma. Una meditazione. Un gesto che mi ricompone, quando sto a pezzi.

Poi sono andato in camera, ho tirato fuori la valigia che sta sempre sotto al letto, come nei tempi d'oro in cui dovevo essere pronto a partire da un momento all'altro. Ho infilato qualcosa dentro ma non è stato in quel frangente che ho pensato: sto tornando a Palermo dopo trent'anni. No. Ci ho pensato quando, uscendo dalla stanza, ho visto il buco nella porta. Per quel pugno del gennaio 1993.

Gennaio 1993. Ascolto il notiziario, edizione straordinaria. Mi brucia ancora il pugno mentre telefono al capo e poi all'ufficio a Palermo – quando mi richiamano e confermano tutto, prendo tua madre in un angolo: "Devo partire questa notte stessa."

Lei annuisce. Chiude gli occhi – la bacio, le labbra morbide. Ceno con voi, facendo finta di essere un uomo normale. Un uomo qualsiasi a tavola con la sua famiglia. E l'uomo normale accende il televisore. E la notizia è sempre la stessa perché è una notizia bomba. E a me i tic sono diventati mille e la mia forchetta non riesce ad attorcigliare gli spaghetti che schizzano dappertutto, macchie rosse sulla maglietta – non devo pensare a niente, è solo sugo. E tu continui per tutto il tempo a battere il piede sulla gamba del tavolo. *Tum* e *tum* e *tum*, e tua madre capisce e ti fa segno di smetterla ma tu lo fai più forte, e poi tua madre cambia canale, e la notizia si ripete, e le voci la ribattono, e *tam* e *tam* e *tam*! Punto le mani sulla tavola e mi metto in piedi. Vado alla finestra e mi accendo una sigaretta. Devo prendermi un momento con mio figlio per un saluto decente, mi dico – non è vero, prima penso a qual è la prima cosa da fare la mattina dopo a Palermo. E poi, a come salutarti. Indovina qual è, tra le due, la cosa per me più difficile.

Ti metto a letto e non ti dico una parola. Ci guardiamo. Tu hai gli occhi grandi e sveglissimi. Ti faccio sì con la testa e tu fai no con la tua. Piego la testa di lato e tu fai lo stesso. Alzo le spalle e le scrollo, tu incroci le braccia. Ti porgo un dito, tu lo afferri, lo metti in bocca e inizi a morderlo. Io rido e anche tu. Ti solletico e ci ritroviamo fronte a fronte.

Per me quello è stato un dialogo straordinario, uno dei migliori della mia vita.

So che in quel momento dovrei raccontarti una favola della buonanotte, ma mi vengono in mente solo cose orribili.

Allora tiro fuori il walkman. Metto le cuffie sulle nostre teste unite, tipo aureola di metallo. Premo play. La voce di Falcone entra nei nostri cervelli vicini:

Io credo che la forza dell'uomo sia nel fatto che è un animale che si abitua a tutto…

Sorridi e anche io. L'animale bellissimo è tornato. Anzi, sta partendo. Papà sta partendo.

Scriverti è strano perché sento che le cose che ho vissuto sono accadute veramente – sono reali. Voglio dire, tutti sanno che è stato catturato tizio ma nessuno sa quello che c'è dietro. E quello che c'è dentro. Per molto tempo tutto è rimasto dentro la mia testa. Non parlarne ha fatto prendere forme assurde alle cose nella mia mente, tanto che a volte mi chiedo se siano successe davvero – cosa è successo e cosa no e se io sto impazzendo. Prendere qualche goccia di tranquillante in questo senso non aiuta, perché alla fine vedi i mostri. Sul serio. Se nella vita puoi evitare, meglio che non le prendi. Tu adesso stai pensando: mi sta usando per svuotarsi la coscienza, è sempre concentrato su se stesso, facile parlare senza un contraddittorio.

Tutto vero. Però, sai, non è che sto in riva al mare a parlarti dell'ultima festa dove sono stato. Sto in una camera d'albergo con un fratello morto in una bara, in una città che è il mio incubo, mi viene un attacco di panico al solo pensiero di uscire da qua dentro, ma sto scrivendo a te. Capisci? A te. In questa situazione, adesso, riesco a guardarti: pensare a te mi serve per uscire da qui. È brutto dire *mi serve* ma è come, non dico guardare al futuro, ma qualcosa di simile. Un andare avanti – tendimi una mano, per favore.

A gennaio del 1993 quando salgo sul treno tu e tua madre siete sulla banchina – tu non volevi saperne di dormire e mi avete accompagnato in stazione. Mi affaccio dal finestrino. Mi allungo fuori con un dito. Tu mi tendi la mano.

Il fischio del treno. Parto.

La notte nel vagone ovviamente non dormo perché penso a cosa è successo a Palermo e continuo a non farmene una ragione.

Totò Riina è stato catturato. Il capo dei capi è stato preso. E ad arrestarlo non siamo stati noi della DIA ma il ROS dei Carabinieri.

Per tutto il viaggio non ho nemmeno un tic. Il vagone mi dondola di qua e di là – mi culla. Nella mia mente sento tanti treni, vedo binari che si incrociano, convogli che si sfiorano, e penso a quel momento esatto e a quel luogo preciso in cui due treni non si scontrano, si incrociano ma non si scontrano e a quante linee ferroviarie ci sono e se sono sovrapposte e se ci sono coincidenze. Ma non sono coincidenze, mi dico, sono calcoli precisi. E visualizzo quel punto in cui due treni si snodano – nella mia mente le due teste dei treni vanno avanti e indietro, avanti e indietro, in corrispondenza di quel punto preciso.

Arrivo in stazione, comincio a camminare per la città e quei treni nella mia mente si sovrappongono alla dinamica della cattura di Riina. L'hanno fermato a metà di una rotonda di Palermo, davanti a un motel, mentre viaggiava con il suo autista – ma dove stava andando? E se i carabinieri avessero aspettato? Cioè, se avessero beccato quel punto preciso dell'incrocio non tra treni ma tra boss, avrebbero preso Riina e gli altri latitanti in un colpo solo? Voglio dire: il capo dei capi, se si sposta, è perché deve andare a un incontro con altri del suo calibro, giusto? – questo pensiero mi ferma il passo. Volevo esserci io lì, con i miei uomini.

In quel momento vedo, davanti a me in una piazza, un teatrino con i pupi siciliani.

Hai presente quelle marionette che fanno movenze scattose? Che hanno elmetto, armatura, scudo, spada? E combattono tra loro sulla musica che gira a manovella? Ecco, quelli là. Un tizio manovra tutto da dietro – con un cappello per terra chiede cinquecento lire. Fa le voci delle marionette in siciliano, ma non si capisce niente, per il rumore dei colpi di spade e delle teste dei pupi che sbattono. I loro occhi, gli occhi dei pupi, quella mattina, sono inquietanti. Fissi e truccati. Riescono sempre a centrare il mio sguardo. Anche se mi sposto, loro mi guardano sempre – infilo gli occhiali da sole in una giornata d'inverno e mi dileguo come un'ombra.

I giorni successivi all'arresto di Riina sono allucinanti. La città è scossa ma sospesa. Noi siamo ancora più attenti e paranoici perché ovviamente ci aspettiamo una reazione da Cosa nostra – cioè, adesso staranno con mille occhi su guardie e investigatori. Per noi le cose si complicano. Guardo i miei fratelli e leggo chiaramente a cosa stanno pensando: e quando li riacchiappiamo più Gioè e La Barbera...

Questo hanno in mente ed è sbagliato. "Dobbiamo far calmare le acque. Facciamo passare qualche settimana dall'arresto di Riina. Dobbiamo come sparire..." – dico ai miei – "e quando loro penseranno che lo Stato ora sta a posto così, è allora che dobbiamo sorprenderli. Nel frattempo però non possiamo fermarci."

Sono contenti che Riina sia stato preso, ma sono anche abbattuti: vorrebbero fare la loro parte, portare i risultati con il metodo che stiamo costruendo. E poi c'è un fatto che ci raggela: il covo di Totò Riina viene perquisito 19 giorni dopo l'arresto. Gli uomini di Cosa nostra hanno avuto tutto il tempo di far sparire quello che c'era dentro e addirittura di imbiancare le pareti per levare qualsiasi traccia di DNA. Mi spiego meglio: lo Stato – o meglio un'espressione dello Stato – non ha perquisito immediatamente il nascondiglio del boss dei Corleonesi, il capo dei capi. Indizi fondamentali, documenti preziosi, prove decisive. Tutto perduto. Ma come cazzo è possibile una cosa del genere?

Un investigatore serio e onesto che lavora per lo Stato, queste cose non le dimentica più. Noi quattro eravamo così.

Ma in quel momento la rabbia che sento per come è stata gestita la cattura di Riina la tramuto in energia nell'inchiesta, in voglia di fare il culo a tutti quanti.

"Come andiamo avanti con l'indagine?" – provo a spiegarmi. "Ci mettiamo a studiare tutti gli elementi che abbiamo. Rileggiamo le intercettazioni e prendiamo nota di ogni minimo dettaglio che può tornarci utile."

"E poi?" – chiede Totò.

"E poi stasera andiamo a cena."

D'inverno, a Palermo c'è spesso una foschia che viene dal mare e che confonde le persone con i muri delle case. Quella sera, noi camminiamo con questa nebbia davanti: la gente ci appare all'improvviso e poi scompare di nuovo, in un attimo – come si fa a essere sempre delle ombre? Non puoi mai davvero sparire del tutto. Adesso, ad esempio, dobbiamo trovare un posto dove mangiare.

Tieni presente che noi in quegli anni cambiamo spesso ristorante. E quando siamo al tavolo cerchiamo di parlare il meno possibile. Sentire un accento romano o napoletano potrebbe creare sospetti. Ma Palermo è piccola e finisce che ci ritorniamo, negli stessi posti.

Quella sera usciamo tutti e quattro per andare a cena. Stiamo per passare davanti a un bar quando Pietro si pianta sui piedi e ci ferma spingendo la spalla verso di noi. Non dice una parola ma non ce n'è bisogno – fuori da quel bar arrivano voci dall'accento non siciliano. Li vediamo da come si muovono, da quello che dicono. Sono poliziotti dopo il servizio. Se qualcuno ci riconosce perché magari abbiamo fatto qualche corso insieme, siamo finiti. Dobbiamo andarcene. Camminiamo a passo svelto con il fumo del freddo e delle sigarette che ci esce dalle bocche e ci avvolge in una nuvola. Giriamo per trovare un posto poco affollato ma non completamente vuoto, dove possiamo dare nell'occhio il meno possibile, visto che sono già un po' di mesi che siamo a Palermo. Alla fine andiamo da Renzo, un ristorante dove siamo già stati altre volte, con un proprietario molto gentile. Quella sera, però, Renzo ci accoglie senza manco salutarci – non ci dà nemmeno i menù. Ci dice, secco: "Vi posso fare solo un piatto di pasta con quello che è rimasto."

Noi annuiamo. Poi ci parliamo in quel modo nostro, con gli occhi. Totò abbassa le palpebre a metà, come un tramonto. Sario stringe le labbra a riccio e posso sentire quante spine lo stanno pungendo. Loro che sono di Palermo hanno già capito tutto. Pietro è uno sveglio e non può non capire ma fa la fronte aperta come a dire "aspettate, comunque le cose poi si aggiustano". Io intanto sto guardando le uscite del ristorante. Se una tenda si muove. Chi è l'uomo seduto in fondo. Quanti possono nascondersi in cucina.

L'attesa della pasta sembra infinita. Quando arrivano, gli spaghetti sono tutti incollati con i bordi del piatto macchiati di gocce di sugo, le mani del proprietario sporche di rosso – il pomodoro sulla sua pelle è già secco, scuro come una ferita da sparo. Dalla tasca il tizio tira fuori il conto e ce lo mette vicino ai piatti. Ci dice a fiato corto: "Hanno capito chi siete. Non mi forniscono più i beni per andare avanti. Non mi portano manco l'acqua!"

Sario e Totò gonfiano il petto di aria. Pietro si rivolge al titolare: "Dicci come possiamo fare ad aiutarti." E lui, con la voce che gli è tornata, eccome se gli è tornata: "Che cosa volete fare? Non venite più. Se mi volete bene, non dovete venire più!"

Lasciamo i soldi sul tavolo e gli spaghetti nel piatto – ce ne andiamo.

Non vola una parola tra noi, solo un vento inquieto. La sensazione di qualcosa che non cambierà mai si impossessa del nostro passo. La foschia arriva dal mare insieme a una corrente umida, bagnata, che sembra volerci sputare in faccia.

"Facciamo una cosa. Prendo la Peugeot e vi porto a cena a Mondello. Per un po' di tempo meglio andare a mangiare fuori città."

Nessuno mi risponde. Totò alza il bavero del cappotto. Pietro tira giù il berretto fino alle ciglia. Sario per coprirsi lancia la sciarpa da un lato, come uno schiaffo in aria.

Accendo una sigaretta. Il fumo passa sulla spalla di Pietro. Vicino all'orecchio di Sario. Sotto il naso di Totò. Mentre camminiamo, ci urtiamo con le braccia come a volerci spingere. Spronare. Sostenere. Un tipo di abbraccio che ho visto fare soltanto a noi.

Sono alla guida della Peugeot, direzione Mondello. Piove. I tergicristalli stridono sul vetro – guardo attraverso lo specchietto retrovisore. Totò e Sario hanno gli occhi di due gatti su un'autostrada in piena notte. Gialli e spalancati. Pietro al mio fianco continua a battere il pugno sulla portiera.

Accendo l'autoradio. Sta andando *Ordinary World* dei Duran Duran.

Iniziamo a cantare a mezza bocca.

La pioggia viene giù forte.

Le nostre voci si alzano. Urliamo: "*And as I try to make my way to the ordinary world, I will learn to survive...*"

È tutto appannato, le goccioline scivolano sui vetri – non sono lacrime, non è sudore. È un cazzo di fiume che prima o poi inonderà tutti.

Messaggio di Pietro che vuole tirarmi fuori da questa stanza d'albergo: *Spaghetti?*

Da Renzo?

Mamma mia che hai tirato fuori!!!

Pizza da Forst??

Oddio, sto morendo. Ma ti ricordi tutto!

Ora ti racconto della pizzeria Forst ma prima devo dirti a cosa aveva portato, nelle settimane successive all'arresto di Riina, lo studio di tutti gli elementi che erano emersi dalle intercettazioni di Gioè e La Barbera.

È una sera di febbraio del 1993. Abbiamo schedato tutte le informazioni raccolte negli ascolti telefonici degli ultimi mesi. Una delle ultime telefonate intercettate era una chiamata di La Barbera a un rivenditore di auto di Palermo – l'uomo di Altofonte richiedeva un attacco per un telefono col viva voce. Quando avevamo ascoltato per la prima volta la conversazione, a fine 1992, facendo una verifica, avevamo scoperto che La Barbera stava acquistando un fuoristrada – un Nissan Terrano azzurro, dal concessionario palermitano LP auto. In quell'occasione avevamo valutato se installare una microspia nella macchina che avrebbe comprato La Barbera, ma era troppo rischioso e la cosa si chiuse lì.

Quella sera, io e Pietro abbiamo terminato un giro di pattugliamento in macchina e stiamo rientrando in ufficio. Prendiamo la strada che ci porta alle torri. Passiamo davanti alla pizzeria Forst e ci prende un colpo: c'è un Terrano azzurro metallizzato parcheggiato di fronte al locale. Tieni presente che Forst è un posto grande, sempre pieno di gente, e noi della DIA andiamo spesso lì a mangiare perché è facile confondersi nella massa ed è a due passi dall'ufficio. Io resto a bordo. Pietro scende dalla macchina. Tu hai presente la corporatura di Pietro oggi. Ecco, immaginati lui trent'anni fa: una statua di marmo che però si muove con un'andatura morbida e scattante. Uno così, lo vedi e non lo vedi. Insomma, Pietro scende dalla macchina, col suo passo felino ispeziona il fuoristrada. Mi fa sì con la testa: ha proprio l'adesivo della LP auto. Io con la mia gli faccio cenno di entrare. Mi accendo una sigaretta. La pizzeria ha grandi finestre. Vedo la scena dalla macchina: Pietro entra e si ferma un attimo – c'è un gran viavai di gente. Percorre tutto il locale. Una volta arrivato in fondo, gira la testa verso un tavolo all'angolo. Va in bagno. Esce. Viene dritto verso l'uscita.

Da come cammina, mi è tutto chiaro – strizzo le mani sul volante.

Pietro apre lo sportello della Peugeot: "Sono loro. Gioè, La Barbera e altri due!"

"Dai, cazzo!" – spengo la cicca. Mentre parcheggio, avviso via radio gli altri in ufficio e do indicazioni su come muoversi.

Entriamo in pizzeria. Gioè e La Barbera stanno all'ultimo tavolo in fondo. Noi ordiniamo due panini con la cotoletta e una Coca-Cola da consumare al banco. Ci sistemiamo, lungo il bancone, vicino ai nostri soggetti. Diamo loro le spalle e cerchiamo di ascoltare i loro discorsi, ma è impossibile in quel casino. Senza manco parlarci, mandiamo giù panini e bibita e usciamo – meglio aspettare fuori che Gioè e La Barbera finiscano la loro pizza. Intanto sono arrivate le altre macchine. Sono dislocate sulla strada e, ovviamente, nascoste. Tu non puoi capire quanto abbiamo aspettato che quei due finissero quelle cazzo di pizze e uscissero da lì. Due ore! Ma oramai li avevamo ripresi e avrei aspettato lì fuori pure due giorni senza dormire e mangiare.

Alla fine escono – nel frattempo per la tensione io ho fumato un pacchetto di sigarette. Si dividono. La Barbera e uno degli sconosciuti sul Terrano. Gioè e l'altro su una Y10. Calcola che io ho impiegato cinque macchine della DIA. Cioè, ho messo in campo tutte le forze che avevo in quel momento: non potevamo permetterci di perderli un'altra volta. Tre macchine seguono il fuoristrada, le altre due l'utilitaria. Gioè si dirige ad Altofonte – poi via radio i colleghi mi diranno che il pedinamento non ha portato a nulla di buono.

Io e altre due macchine stiamo dietro a La Barbera. Pietro si stende sul sedile dietro in modo che, se guarda dallo specchietto, La Barbera vede solo una persona. Lo stesso fanno le altre macchine – questo perché, se vedono due uomini nella macchina dietro la loro, pensano subito che si tratti di una coppia di sbirri. Seguiamo La Barbera alternandoci di continuo per non insospettirlo. Ci muoviamo *a scavallamento*, vale a dire che rimaniamo in contatto via radio e la prima macchina del corteo a un certo punto cambia direzione in modo che la seconda macchina si ritrovi in prima linea, subito dietro il Nissan. E chi lascia il corteo poi lo riprende da dietro. Capito come?

È una cosa che ti dà un'adrenalina pazzesca. Devi fluire per le strade e non devi perdere mai l'obiettivo. Scompari e riappari – c'è come un tempo di una musica, un ritmo con cui scompari e riappari. Da come guida il soggetto che stai pedinando, poi, devi sentire se ha fretta, se è nervoso o sospettoso o se non si sta accorgendo di un cazzo. Ecco, La Barbera quella sera stava proprio senza pensieri.

Seguendolo, attraversiamo tutta la città. Ci lasciamo il porto sulla sinistra. Costeggiamo La Cala. Superiamo il Foro Italico. E quando arriviamo all'università, il fuoristrada rientra verso il centro di Palermo. Prende una strada dietro l'Ospedale civico: via Giovan Battista Ughetti.

Qui la città cambia – palazzoni alti, grigiastri e molto popolosi, che non fanno passare aria. Il mare sembra lontanissimo. Il Terrano scala la marcia e io che gli sto dietro lascio una bella distanza per non stargli troppo addosso. Abbasso il finestrino – entra l'odore di questo pezzo di Palermo. Non è quello pungente del porto. Adesso è acre, rancido.

La Barbera si ferma al civico 17. Accosto la mia Peugeot a una quarantina di metri da lui. Osservo la scena. Il cancello automatico si apre – deve averlo azionato lui con un telecomando. Il fuoristrada entra e si parcheggia in un piazzale circondato da due torri. Conto velocemente i piani: sono nove per due palazzine. Calcolando almeno quattro appartamenti a piano fa un bell'alveare. Decido che per quella sera va bene così: do indicazione di rientrare. Saremmo tornati l'indomani per raccogliere altri elementi.

All'alba sono già in via Ughetti. Scavalco il cancello. Ispeziono tutte le auto del piazzale: il fuoristrada di La Barbera non c'è. Nel frattempo arrivano i miei. Evitiamo di stare in gruppo per non farci sgamare. Ci sparpagliamo. Sario si accorge subito della presenza di un'altra auto: la macchina di Gioè.

"Non ci muoviamo da qui finché non arriva Gioè!" – spiego ai ragazzi. Oltre ai miei fratelli, ci sono anche altri colleghi.

Uno di questi mi fa: "Ispettore, tutto il giorno?"

"Perché, tu che cazzo hai da fare?" – il tipo teme di essere stato frainteso ma non gli do il tempo di ribattere: "Stiamo qua con le tende, se necessario. Chiaro?"

Lui annuisce con la testa e insiste: "Era solo per dire: e se non viene?"

"Allora. Te lo spiego con calma: se c'è una cazzo di macchina, stai certo che presto o tardi verrà il proprietario a riprendersela. Presto o tardi, non importa: tu non muovi il tuo culo da qui."

Pietro prende il ragazzo e lo porta da una parte perché ha capito l'aria che tira.

A conti fatti, sorvegliamo la macchina per tutto il giorno. Facciamo i vaghi, ci nascondiamo, camminiamo intorno ai palazzi. Insomma, cerchiamo di vedere senza essere visti. Tutti si danno il cambio, anche per poter mangiare qualcosa. Io invece resto sempre lì, come è giusto che sia. In quelle situazioni, cioè quando stai venti ore a presidiare una cazzo di macchina, ai tuoi devi trasmettere sicurezza. E io ero certo che il nostro soggetto prima o poi si sarebbe presentato. Anche dopo giorni, ma sarebbe tornato.

A un certo punto, sarà stata quasi mezzanotte, Totò ci avvisa via radio: "Vedo i fari di un fuoristrada a cento metri da qui."

Ci sparpagliamo e ci appostiamo. Io sono imboscato dietro una siepe. Arriva il Terrano. Di nuovo entra dal cancello e si parcheggia nel piazzale. Scende La Barbera. C'è anche Gioè. Stringo il pugno per la soddisfazione. Cristo. Superano il parcheggio di macchine e li perdo, non li vedo più. Sario, che sta dietro la prima palazzina, li segue con gli occhi e ci comunica via radio: "Sono entrati nella seconda torre."

Basta. Quelli dormono lì. Non ci stanno santi né madonne. Il nuovo "buco" è nella seconda torre. E la microspia va piazzata lì. Il punto è *lì dove*. Il calcolo degli appartamenti l'avevo già fatto a occhio la sera prima: sono una quarantina.

La mattina dopo Totò verifica con il catasto lo stato delle abitazioni di via Ughetti numero 17 e ci fa rapporto: "Sono case affittate per brevi periodi soprattutto a studenti che vengono da fuori. I contratti sono gestiti da un'agenzia immobiliare."

"Mmh, troppo rischioso contattare l'agenzia..." – commento.

Nel frattempo i capi da Roma scendono a Palermo perché è chiaro a tutti che siamo, anzi, possiamo essere giunti alla svolta che nel bene o nel male segnerà le sorti dell'intera operazione.

Intensifichiamo i pedinamenti per circa due settimane finché una sera Sario mi riferisce: "Oggi La Barbera troppo sospettoso era... faceva manovre strane con il fuoristrada come per vedere se qualcuno lo stava seguendo."

Sai cosa deve saper fare un buon investigatore? Quando è opportuno, deve lasciar andare. Cioè, al punto a cui eravamo, sarebbe stato inutile stargli col fiato sul collo con le auto. La priorità era individuare quel cazzo di appartamento – per questo decidiamo di fermarci con i pedinamenti.

Prendiamo il ritmo delle giornate di Gioè e La Barbera. Quando i due soggetti tornano a casa, quasi sempre dopo le undici di sera, noi siamo lì appostati a osservarli: ci accertiamo che loro entrino nella seconda torre e poi torniamo nei nostri "covi", alberghi o appartamenti. Al mattino presto, siamo di nuovo al civico 17: imboscati, li vediamo uscire dal comprensorio di via Ughetti e restiamo lì intorno per raccogliere altri indizi. Presto ci rendiamo conto che con la luce del giorno e la vita della città è davvero un casino non farsi notare. Allora scegliamo di perlustrare la zona al tramonto – il momento migliore per muoverci come ombre. Per fortuna in inverno il sole si leva di torno abbastanza presto.

Il punto è come individuare quella dannata abitazione. La cosa più ovvia sarebbe vedere quale finestra si accende dopo che loro sono entrati nel palazzo, giusto? Questo, a parole. La torre dove entrano Gioè e La Barbera è quella meno visibile dalla strada. Se ci appostiamo nel piazzale delle auto a fare questo lavoro, è quasi sicuro che ci sgamano, anche perché non sappiamo chi sono gli altri abitanti del palazzo. Se è gente loro, mi spiego?

"Mettiamo un po' di farina a terra nell'ascensore" – suggerisce Pietro – "facciamo credere che a qualcuno si è rotta la busta della spesa. Così poi seguiamo le impronte."

"Buona l'idea, ma è troppo rischioso" – dico io. "Tenete sempre presente che questi sono nati e cresciuti nel sospetto. Annusano subito qualsiasi cosa di insolito."

Una mattina, Sario si presenta in ufficio con un completo tutto nero – pantalone, camicia e giacca. Il colletto di plastica bianca. Un crocifisso in mano: "Nel nome del padre..."

"Fooofiiifuuu!" – commenta Totò con il suo fischio.

Tutti scoppiamo a ridere. Capisco subito cosa ha in mente: battere il palazzo casa per casa come un parroco per la benedizione e vedere chi c'è dentro, che gente c'è.

"Finalmente puoi fare la cosa che ti riesce meglio: rompere i coglioni alla gente" – lo guardo soddisfatto. Questa volta ha avuto un'idea geniale. Lui tira fuori un mazzo di santini e mi fa l'occhiolino.

"Evita giusto di bestemmiare" – gli suggerisce Totò.

Il giro delle case ci permette di capire che durante il giorno il palazzo di via Ughetti è quasi disabitato, praticamente le persone ci vanno solo a dormire. Qualcuno però ha aperto le porte al prete. Così Sario ha potuto stilare un elenco di abitazioni in cui sicuramente non ci sono Gioè e La Barbera. Cioè, iniziamo a muoverci per esclusione. Ed è così che a Pietro viene un'altra idea: propone di salire con Totò sul terrazzo della torre di fronte a quella dei nostri due soggetti, quando rientrano a casa, in modo da vedere quale luce si accende.

"Se dalla strada non vediamo niente e appostarci nel piazzale è troppo rischioso, non ci resta che osservare la seconda torre dalla prima" – spiega Pietro.

"E se non si accende nessuna luce dal nostro lato" – aggiunge Totò – "allora possiamo escludere tutte le case che danno sul piazzale."

Siamo tutti carichi come una pistola! Ogni giorno c'era una proposta da uno del gruppo, anche perché il capo e la capa non facevano che chiedermi lo stato di avanzamento su questa operazione. Non so se hai presente nel lavoro quel tipo di pressione che non è mettere ansia ma *spingere avanti l'azione*. Stringere sull'obiettivo.

Verso le undici di sera, Pietro e Totò sono già dentro la prima torre. Io sono appostato dietro una siepe. Aspetto il Terrano di Gioè e La Barbera. Il fuoristrada arriva e io avviso i ragazzi via radio.

"Ricevuto, saliamo sul terrazzo."

I due di Altofonte escono dal piazzale ed entrano nella seconda torre.

Dopo pochi minuti, si fa vivo Totò via radio: "La porta del terrazzo è chiusa!"

"E buttatela giù, Cristo!"

Passano trenta secondi – per la mia testa che immagina Pietro intento a scassinare la serratura è un tempo infinito.

"Abbiamo aperto!" – per fortuna che sapevamo fare anche questo.

Dopo nemmeno un quarto d'ora Pietro e Totò sono di ritorno. La loro faccia è illuminata come la finestra dell'ultimo piano della seconda torre: quella che si è accesa e dove sono passate le ombre di Gioè e La Barbera!

"Poi si è proprio affacciato Gioè!" – commenta Pietro.

Non mi ricordo nemmeno se in quei giorni ho dormito, ho mangiato – sicuro a casa non ho mai chiamato e ora sai perché. Ero a mille per come andava veloce l'inchiesta.

Attraverso catasto e planimetrie capiamo che l'abitazione dei due soggetti è al nono piano. Interno 38. Una mansarda proprio sotto il tetto della torre. Siamo in ufficio e vedo per un attimo i miei uomini che si rilassano. A quel punto dico: "Dobbiamo fare un'ulteriore verifica. Essere sicuri al cento per cento che l'abitazione sia quella."

Ai ragazzi cadono le mascelle, ma il capo che è presente al punto della situazione sull'inchiesta sa che la controverifica è imprescindibile. Quando però spiego cosa ho in mente, quello scatta in piedi con le mani sulla scrivania: "È troppo rischioso, cazzo. Se ti beccano mandiamo tutto all'aria!"

"Lo so. Ma me la voglio rischiare..."

Il capo sbraita le solite imprecazioni che sembrano arabo, è tesissimo, ma i suoi occhi mi dicono di procedere.

Inutile dirti come sono stato quella notte. Io credo di aver sperimentato nella mia vita non so quanti stadi di tensione. Sono tutte sfumature e tu investigatore devi imparare a gestirle. Per esempio, la paura – non è solo quella di morire o di mettere a rischio i tuoi compagni, ma è anche la paura di sbagliare. Quella che ti blocca e paralizza non va bene, vuol dire che non puoi fare questo lavoro. Invece la paura buona è quella che ti rende consapevole di un eventuale pericolo: è una forma di protezione che dai a te stesso. Funziona così anche per l'ansia: se ti agita e rende poco lucido, in un'inchiesta diventa un casino. Specie per un ruolo come il mio, vuol dire mandare il gruppo allo sbando. Invece l'ansia che piaceva a me è la tensione verso l'obiettivo: la voglia di farcela. Allora l'ansia diventa adrenalina. Poi lascia perdere che adesso con la pensione sono andato completamente in tilt – le sensazioni sono tutte attorcigliate, innervate tra loro come un gomitolo di fili elettrici.

Quella notte di febbraio del 1993, prima della *ulteriore verifica*, io sono disteso sul letto con le dita incrociate dietro la nuca. Tutto vestito, jeans e felpa. I miei muscoli sono tesi nel senso che sono pronti. Come altre volte, ho messo un pacco di patatine dietro la porta: se qualcuno entra e lo schiaccia, il rumore mi farà svegliare. Quel sacchetto di chips è la mia tranquillità. Ho il walkman sul comodino. Le cuffie sulle orecchie. Premo play. La voce di un uomo e poi quella di Falcone.

Lei si sente protetto?

La migliore protezione te la dai da te stesso, ma in ogni caso per la polizia la mia protezione è un grande sforzo organizzativo.

Ha paura?

È una cosa diversa. È sentire l'adrenalina in circolo...

Chiudo gli occhi.

La mattina dopo, quando Gioè e La Barbera escono da casa, io mi infilo nella seconda torre. Pietro resta in macchina per avvertirmi: se quelli tornano indietro sono veramente fottuto. Salgo all'ultimo piano – non penso a cosa rispondere se incontro qualcuno del palazzo e mi chiede chi sono, dove sto andando e via dicendo. Vado dritto all'interno 38. Tiro fuori dalla tasca uno stuzzicadenti. Lo infilo tra la porta e lo stipite. E sparisco da lì. Hai capito bene: uno stuzzicadenti.

A sera ritorniamo sul posto. Aspettiamo che rientrino i due soggetti. Dopo qualche minuto salgo nella seconda palazzina – Pietro sempre nella Peugeot su strada. Nono piano. Interno 38. Per terra vedo lui. Quel fantastico. Meraviglioso. Bellissimo. Pezzetto di legno. Caduto per terra perché Gioè e La Barbera hanno aperto la porta. Lo prendo, me lo metto in tasca e mi precipito giù per le scale.

L'appartamento dove mettere la microspia è quello. Punto e basta.

So che mi sono preso una responsabilità enorme. Se Gioè si fosse accorto dello stuzzicadenti prima di aprire la porta o se, mentre raccoglievo lo stuzzicadenti da terra uno di loro fosse uscito di casa, che ne so, perché aveva dimenticato una cosa in macchina – se ci fosse stato, insomma, qualsiasi intoppo –, avrei bruciato l'inchiesta su cui stiamo lavorando da mesi per lo Stato: trovare gli assassini di Giovanni Falcone.

Capisci come questa aspettativa dall'alto, nel momento in cui la interiorizzi per senso di responsabilità, diventa tensione?

Se l'operazione va bene, è merito del gruppo perché abbiamo lavorato tutti insieme, ma se salta, salta anche l'indagine, e la responsabilità è solo mia. In quel momento, febbraio del 1993, mi sono sentito di fare una cosa del genere: ero giovane, stavo sul pezzo, cercavo quel tipo di adrenalina. Adesso solo a raccontarla mi scende il sudore sulla fronte. Mi vengono i crampi allo stomaco. Mi parte un fischio nelle orecchie. Sento un morso dietro al collo. Perdo la sensibilità ai piedi e alle mani – mi sta scivolando di dosso tutta la tensione accumulata, non quella sera, ma in trent'anni. Non stacchi mai per una vita, e quando stacchi sei in pensione. Cioè, non servi più a niente, non sei più nessuno. Sei come il suono costante che ho adesso nelle orecchie. Un sibilo. Un lungo sparo di pistola che non colpisce più il bersaglio. Non lo colpisce mai. Sei niente. Sei un pezzetto di legno. Uno stuzzicadenti usato, quello che per anni è comparso in tutti i miei sogni. Con quello stuzzicadenti io ho fottuto Cosa nostra.

Credo che tu adesso possa capire cosa è stato veramente il mio lavoro.

Sai che invece io non ho ancora capito qual è il tuo?

Tu, per spiegare cosa fai, ci metti dieci minuti. Non va bene. Io non lo potevo dire, ma mi sarebbe bastata una sola parola: investigatore. Poi ti può piacere o non piacere, ma quello era. Io ancora oggi non so che fai – è che io ragiono alla vecchia maniera: per me *cosa fai* significa *chi sei*. Per questo ho deciso di raccontarti il mio lavoro – per farti capire chi è veramente tuo padre.

L'ultima volta che ci siamo visti mi hai detto che tu non hai avuto un padre. A conti fatti, è vero. Ci sono stato poco e niente. Ma io credo che tu ne senta ancora la mancanza. Forse hai trovato un padre da un'altra parte – da quello che ho capito deve essere il tuo capo. Sì, è lui. Con la giacchetta, la borsa di pelle. Va bene, lo accetto. Una persona che ti ha aiutato a trovare la tua strada. Non vorrei dire, ma non credo che ci sia uno che conosce la strada meglio di me – era una battuta e sono sicuro che stai ridendo.

Quando tornavo dalle missioni, non sapevo come prenderti: me la cavavo facendoti ridere. Ma non sempre. Per fare una battuta devi conoscere il codice con cui parlare a chi hai di fronte. E tu nel frattempo crescevi, io non sapevo chi fossi diventato. Tornavo e ti trovavo già adolescente: non facevo in tempo a imparare il codice del momento, che già dovevo ripartire.

Come investigatore, ho gli occhi pure dietro la testa. Noto il dettaglio, il movimento più impercettibile, inquadro subito una persona. Invece con te, quando rientravo a casa, questa cosa non mi riusciva – quando sei coinvolto, hai uno sguardo che vede troppo o che non vede un cazzo. Non riuscivo a entrare nel tuo mondo, a decifrarlo. Andavo in tilt. Per me tornare a casa era un incubo. Mi sentivo uno squalo fuori dall'acqua – solo quando ero in missione tornavo a respirare.

L'ultima volta che ci siamo visti mi hai detto che sono un egoista perché tutta la vita ho pensato soltanto a me, a quello che mi piaceva fare. Non è che ho fatto la bella vita, però. Non ho ricevuto medaglie né riconoscimenti economici – ci ho pure rimesso soldi che lo Stato non mi ha mai rimborsato. Mi sono ritrovato isolato. "Adesso fai la vittima" – mi hai risposto.

Sì, è vero, l'ho fatto per me, perché è il lavoro più bello del mondo. Ma l'ho anche fatto per lasciarti un mondo migliore in cui crescere. Un mondo più giusto, capito come?

"A me bastava un mondo in cui ci fosse stato un padre!" – tu volevi avere l'ultima parola e in effetti io, le parole, le avevo finite.

Quando tua madre era incinta, speravo fosse femmina. Visto com'era andata con mio padre, con un maschio immaginavo conflitti – immaginavo bene. Avrei dovuto insegnarti la vita, da uomo a uomo. E che cosa ti potevo insegnare? A caricare la pistola? A infilarti il passamontagna? Io sono questo uomo qui. I valori, sì, certo, i valori. Ma non si possono *dire* i valori – al telefono, poi. Vanno trasmessi fianco a fianco. Cosa dovevo fare? Mettermi alla cabina telefonica e dirti chi sono i buoni e i cattivi? Per carità, non si è trattato di questo. Così finivo tutte le telefonate con un "fai il bravo". Lo dicevo a te, ma in realtà lo dicevo a me stesso. Fai il bravo. Vai avanti che stai andando bene. Perché a trent'anni nessuno me lo diceva. Me lo dicevano i risultati delle indagini, le evidenze investigative. Perché tu vuoi essere un buon padre, un buon marito, ma prima di tutto sei un investigatore, un fottuto agente della DIA e non stacchi mai da quella condizione. E tutto il resto dipende da quello.

Lo so, non sono stato un buon padre. È che nessuno ti insegna a fare il padre, non è che c'è un corso di formazione. Lo devi imparare sul campo – non so se si dice così, ma insomma hai capito.

Io alla tua età con mio padre non ci parlavo. Ho fatto una scelta di vita opposta alla sua – tuo nonno era un delinquente, diciamocelo. Non abbiamo mai avuto un momento di conflitto vero e proprio – il conflitto c'è sempre stato ma stava sotto, nascosto. Una rabbia mai espressa, inesplosa. Tutto sempre dentro. Mai un abbraccio, mai una parola per dirmi che valevo qualcosa – non sono stato così con te, vero? Lui non mi vedeva proprio. Forse per questo ho scelto una vita in cui non dovevo farmi vedere, in cui dovevo scomparire.

Vedi, anche i padri di merda alla fine ti insegnano qualcosa nella vita.

È il marzo del 1993. Nevica. A Palermo nevica. Ma com'è possibile? – mi domando affacciato alla finestra dell'albergo. Tutto sembra irreale in questa città, come se le cose non accadessero mai veramente. Stringo lo stuzzicadenti in una mano per ricordarmi che è avvenuto per davvero, l'apertura della porta, il covo – non l'ho buttato, il pezzetto di legno. Lo conservo, non so perché, forse per portafortuna. Lo tengo ancora un po' tra le dita, poi lo metto nel cassetto del comodino e vado in bagno. Apro il rubinetto – voglio farmi una doccia bollente per riscaldarmi. Ma esce poca acqua. Chiamo il proprietario dell'albergo, mi risponde dalla portineria: "Manca l'acqua, non solo qui, ma in tutta la città! Quartieri interi a secco stanno!" Nevica, ma manca l'acqua. Solo a Palermo può succedere una cosa del genere, Cristo.

Cammino per strada. Il vento va veloce come la mia Peugeot durante un pedinamento. Non ho un ombrello, non ho un cazzo di niente. Il bianco intorno mi dà la sensazione di essere visto di più, di non potermi nascondere. Entro in un negozio di abbigliamento – le mani rosse e spaccate per il freddo, la barba bagnata, le scarpe zuppe. Compro un cappotto imbottito che indosso subito. Dovrei buttare quello vecchio, mezzo stracciato e consumato, ma non voglio lasciare in giro oggetti riconducibili a me – lo so, è un pensiero assurdo, ma portare quel cappotto sottobraccio mi fa stare più tranquillo – lo lascerò sull'attaccapanni dell'ufficio, come il fantasma di un vecchio sempre presente.

Arrivo davanti all'ingresso delle torri. La sbarra si alza e in mezzo al parcheggio, alle macchine coperte di bianco, la neve che cade, il vento a cento chilometri orari, due gradi sotto lo zero, mi trovo davanti un uomo. Statura piccola. Capelli grigi, lunghi sulle spalle. Indossa un cappotto scuro e logoro. Viene nella mia direzione, tirandosi dietro una gamba. Come un reduce. Da un'altra guerra. Capisco subito che è lui. Il nostro chiavino.

Sai chi sono i chiavini? Sono i maghi delle serrature: agenti che sanno fare il lavoro pulito, cioè, aprire le serrature e richiuderle senza lasciare alcuna traccia. Questo consente a noi altri, ad esempio, di intrufolarci in un appartamento e installare una cimice senza che nessuno si accorga di niente.

Il nostro chiavino ci è stato segnalato da Roma dal nostro colonnello – aveva lavorato con lui negli anni settanta nel Nucleo speciale antiterrorismo. Ha le rughe sul volto e sulle mani. Dovrebbe stare già in pensione, ma da un'abilità così non ti puoi separare: per lui non esiste una serratura che non si possa aprire, una casa che non si possa *ambientalizzare* – voglio dire, dove non sia capace di collocare una microspia ambientale. Capito come?

"Come prima cosa mi serve una foto della serratura e una della porta" – il chiavino infila gli occhiali e li porta sulla punta del naso – "poi mi serve sapere in quali anni è stato costruito il palazzo, quanto sono spessi i soffitti e i pavimenti, quanto ferro c'è nelle pareti..." Alcuni del gruppo hanno gli occhi di fuori. "Non guardatemi così. Io mi devo regolare: devo portarmi tutto il necessario. Non è che posso interrompere il lavoro perché mi mancano gli attrezzi. Lo capite da soli, no? Devo sapere tutto prima di iniziare."

Il giorno dopo torniamo da lui con tutte le informazioni. Il chiavino guarda la foto della serratura: "Perfetto, la conosco molto bene" – risponde come se avesse visto la foto di una donna. "Questo modello, l'ho aperto tante volte. Ora mi dovete portare una serratura nuova, identica a questa della foto. Stesso modello, stessa grandezza."

La sera stessa sulla scrivania della DIA c'è la serratura richiesta, piccola, come un animaletto silenzioso, illuminata dal cono di luce della lampada. Le mani rugose del chiavino tirano fuori gli attrezzi – ganci e ferri minuti che lui sistema sul tavolo. Guarda gli arnesi e la creatura di ferro come per trovare il meccanismo giusto, prima ancora di provarlo. Sceglie uno strumento sottile e arcuato e uno più tozzo e spesso. Sfila dal taschino della camicia un cronometro. Lo aziona. Inizia a manovrare – noi stiamo tutti al buio ma con le teste sopra alla scrivania. Ci sono anche il capo e la capa da Roma. Non ci perdiamo nemmeno un movimento del chiavino. Sistema gli occhiali sulla punta del naso, ma a me sembra che faccia tutto a occhi chiusi. "Il segreto è immaginare cosa accade dentro la porta" – sussurra – "e quanto rumore produce il mio intervento in una situazione di silenzio."

Mentre maneggia gli strumenti, produce uno schiocco metallico – provo a immaginare questo sferragliare, di sera, quando gli studenti muovono le posate nei piatti o mentre le famiglie guardano la TV.

Il chiavino compie pochi gesti, tutti calcolati.

Uno scatto. Poi un altro. E al terzo *clic* la serratura si apre.

In quel momento gli scatti ce li ho dentro il mio cervello tanto sono concentrato, e adesso che ne parlo sento un ingranaggio nel petto – qualcosa che gira per cercare un *clic.*

"Il rumore è tollerabile" – il chiavino poggia gli strumenti di lavoro. Poi guarda il cronometro: "Il tempo pure: ci ho messo tre minuti e mezzo."

"Allora possiamo rischiare" – cerco i suoi occhi nello spazio sopra le lenti.

Il chiavino annuisce.

Poi si alza e va a prendere qualcosa dalla borsa – trascinando la gamba. Scompare nel buio della stanza. E io penso: ma con la gamba così come Cristo farà a scappare se c'è un intoppo qualsiasi? Per un istante ho questa immagine di me che lo porto sulle spalle mentre fuggiamo dal nono piano – scaccio via questo pensiero. Il chiavino ritorna con un affare. Lo tiene tra due dita. Grande come una scatola di caramelle. La microspia.

"Mi servono quattro batterie piccole" – ci mostra la sua falange per farci intendere le dimensioni. "Sono a lunga durata: mantengono la carica per tre o quattro mesi."

Passo una mano tra i capelli – esattamente come quelle enormi che dovevamo interrare ogni notte in giardino. Sorrido.

Una sera porto il chiavino con la mia Peugeot a fare un giro intorno al palazzo di Gioè e La Barbera. Non ci diciamo una parola per tutto il tragitto – gli racconto quel quadrato di Palermo con l'andatura della Peugeot. Costeggio le spalle dell'ospedale. Imbocco via Ughetti, scorrendo tra le fila di macchine parcheggiate. Freno davanti ai neon dei negozi – casalinghi, alimentari, abbigliamento a poco prezzo. Accelero quando via Ughetti finisce nei campi lungo il fiume Oreto con quell'acqua stagna che con il nevischio di marzo butta fuori tutta la sua puzza di fogna. Svolto morbidamente e a passo d'uomo fiancheggio il cimitero. I lumini delle cappelle sembrano tanti occhi – a Palermo anche i morti ti guardano. Ritorniamo di nuovo davanti al palazzo. Alcuni studenti escono e passano da una torre all'altra, qualche impiegato in trasferta rientra con la sua valigetta al civico 17. In questo comprensorio alla fine nessuno è di Palermo. Nemmeno gli uomini di Altofonte. Non ci diciamo niente, io e il chiavino, ma durante il giro sulla Peugeot avere di fianco questo agente più grande di me, più ombroso e randagio di me mi fa guardare la zona intorno al covo di Gioè e La Barbera con occhi nuovi: il quadrato in cui è stretta via Ughetti è anonimo, è perfetto per nascondersi e passare inosservati. Scalo la marcia e accosto davanti a un cassonetto. Guardo la mia mano sul cambio e quella rugosa del chiavino sulla sua gamba. Lui per età potrebbe essere mio padre – non so perché faccio questo pensiero, ma mi dà come un senso di sicurezza. Gli offro una sigaretta.

Arriva la sera dell'operazione. Siamo tesi come lame di coltello: a sfiorarci quasi tintinniamo. Il capo ha sul tavolo tre pacchi di sigarette. La capa ha i capelli tirati all'indietro e annodati in una coda alta. Nevica e piove insieme – decidiamo comunque di procedere.

Arriviamo sul posto. I due di Altofonte escono dal palazzo. Sario e Totò seguono Gioè. Io e Pietro, La Barbera. Il chiavino e altri agenti sono appostati intorno alla torre sotto il nevischio che cade. Siamo lontani da via Ughetti. Do il via libera. Il chiavino e l'agente entrano nel palazzo, gli altri restano sotto a sorvegliare.

"Serratura aperta" – mi informa l'agente via radio dopo tre minuti e mezzo.

"Ricevuto, ottimo!" – ma a meno di un chilometro dal covo vedo accostare il Terrano. Cristo. La Barbera scende ed entra in un bar. Schiaccio subito il ricevitore: "Chiudete tutto e andatevene via da lì! Forse La Barbera sta tornando indietro."

Penso alla gamba del chiavino. Chiudo gli occhi. Mi stringo la barba tra le mani. Informo via radio il capo. "Lomuto, aspettate e vedete che succede."

Intanto, da Sario che segue Gioè, nessun intoppo.

La Barbera esce dal bar con un vassoietto di paste, monta sul fuoristrada e prende il viale per uscire da Palermo – gli sto dietro. Quando siamo all'altezza di Piana degli Albanesi, quindi sufficientemente lontani dal covo, do indicazione di procedere – guardo l'ora sul cruscotto della Peugeot e calcolo minuto per minuto tutte le manovre del chiavino. Nella mia testa sento gli schiocchi metallici. Il *clic* che sblocca la serratura. Il cigolio della porta. I passi del chiavino verso la camera da letto. Immagino tutte le sequenze dell'operazione: il comodino che si apre – la microspia che viene installata in fondo al cassetto – le mani del chiavino che rimette tutto com'era – che chiude la porta – passa un panno – prende la cassetta degli attrezzi e sparisce giù dalle scale.

Dopo quindici minuti, arriva il segnale radio dall'agente entrato nel covo ma la voce è quella del chiavino: "Fatto."

Sento una scarica lungo la schiena. Afferro la mano di Pietro. La scuoto. Aziono il ricevitore: "Capo, è fatta! Installata!" – lui sbatte un pugno sulla scrivania. Sento sobbalzare il portacenere stracolmo di cicche. Con la radio ancora accesa compone un numero di telefono. Sta chiamando il direttore della DIA a Roma, perché siamo tutti consapevoli di una cosa: in quel momento stiamo facendo la storia. Questa è la prima operazione della DIA – un'operazione vera e propria, pura, originale, innovativa. Una roba da veri agenti investigativi.

Adesso tu immagina una miniera d'oro. Ecco, la microspia è una grande fonte di ricchezza: da lì potremo estrarre tesori. Per la prima volta parla Cosa nostra. Non attraverso frasi mozze o in codice al telefono. Né attraverso i pentiti. Ma per bocca di due appartenenti all'organizzazione che non sanno di essere intercettati.

La mattina dopo l'installazione della microspia accompagno il chiavino all'aeroporto – avrei potuto chiedere a un collega dell'ufficio ma volevo essere io a scortarlo fuori città. Avevo bisogno ancora un po' del silenzio di quell'uomo, delle sue rughe, di quell'andatura storta. Durante tutto il viaggio sento un blocco all'altezza del petto. Nello stradone che conduce a Punta Raisi una luce giallastra si riflette sull'asfalto. Il nevischio sparpagliato fa slittare la Peugeot. Sorridiamo.

Sul marciapiede dell'aeroporto ho davanti a me il chiavino – i capelli grigi gli si muovono sul viso, il cappotto logoro. Alle sue spalle le porte delle partenze si aprono e si chiudono automaticamente come un passaggio che indica di qua e di là, dentro o fuori. Saluto il chiavino con un pugno sulla spalla. Lui ha entrambe le mani occupate dalle borse. Non può ricambiare. Fa un ghigno, gli occhi pungenti, un sopracciglio a punta e l'altro affondato sulla palpebra, un solco sulla fronte – una smorfia che diventa subito anche la mia. E niente, prendo e lo abbraccio. Lo stringo forte. Lui con le braccia larghe, un peso per fianco. Un odore come di ferro mi entra nel cervello. Nel petto sento un *clic*.

Marzo 1993.

Con le scarpe bagnate entro in una cabina telefonica. Chiudo le ante con l'illusione che possano tenermi caldo. Soffio il fiato tra le mani gelate. Poggio la testa sul ricevitore – non so davvero cosa dire a tua madre appena risponde. Perché è tanto che non chiamo? A furia di dire solo l'inchiesta, l'inchiesta, senza mai raccontare come sono le mie giornate, la mia assenza appare come ingiustificata. Possibile non abbia trovato un minuto per telefonare? Come faccio a spiegarvi che non ce l'avevo quel minuto? Cristo. Do un pugno sulla tastiera.

Mi schiarisco la gola. Non devo mostrarmi colpevole ma nemmeno rilassato – che disastro.

Infilo i gettoni. Compongo il numero di casa.

"Pronto?"

"Ehi" – mi esce un timbro caldo anche se sto morendo dal freddo. E quel fuoco nella voce può essere interpretato in mille modi: è stanco? Gli manchiamo? Mi desidera?

"Franco!"

"Amore..."

"È davvero troppo che non chiami."

"Lo so, scusami..." – la frase si spegne in gola. Meglio non aggiungere altro.

“Stavo per telefonare in ufficio…”
“Ecco, questo non farlo mai…”
“Va bene… Come stai?”
“Tutto a posto.”
“Non so cosa pensare quando non chiami.”
“Pensami, giorno e notte, a scavare in una miniera.”
“In pratica sei sempre al buio.”
“In pratica sì. Ma sai quanto è bella la luce dopo?”
“Non è facile quello che mi chiedi.”
“Mettiamola così: se mi succede qualcosa, sarai la prima a saperlo.”
“Capito” – sento il fruscio dei capelli. Se li è passati dietro le orecchie. Chiudo gli occhi per ricordarmi il suo profumo.
“Ale come sta?”
“Insomma…”
“Che vuol dire, insomma?”
“In questo periodo parla da solo e nomina di continuo Cris. Cris di qua. Cris di là. Al parco, a casa, a scuola.”
“Chi è questo Cris?”
“Non esiste.”
“Esiste nella sua testa, però.”
“Ha un amico immaginario, Franco, lo capisci?”
“Evidentemente quelli che ha non sono granché.”
“Evidentemente si sta costruendo tutto un mondo di assenze. Perché vuoi negare l’evidenza?”
“Non la vedo una cosa così negativa. Ma perché proprio *Cris*?”
“E che ne so.”
Mordo le labbra: “Forse perché mi sente dire troppo ‘Cristo’…”
Ridiamo a bassa voce.
“Nel caso, alle maestre di’ che siamo una famiglia di religiosi.”
“Manchi.”
“Anche tu. Passami il bambino.”

"Ale, vieni, c'è papà" – intorno nessun rumore. "Ale, mi hai sentito?"

Tua madre si allontana dalla cornetta, poi ritorna: "Guarda, nemmeno si gira. Non so che dirti."

"Digli che c'è Cris al telefono."

In un minuto arrivi alla cornetta.

"Pronto?"

"Ciao Ale, sono Cris."

"Cris!"

"Ciao, amico!"

"Ciao! Perché parli a bassa voce?"

"Perché nessuno ci deve sentire."

"Ricevuto" – questo *ricevuto* mi buca il petto.

"Senti, volevo proporti un gioco."

"Che gioco è?"

"Devi andare in cucina e prendere uno stuzzicadenti."

"Uno stuzzicadenti?"

"Sì, lo prendi e poi vai nella camera da letto. Apri il cassetto del comodino di tuo padre e metti lo stuzzicadenti lì dentro. Poi chiudi a chiave e conserva la chiave in un posto che conosci solo tu. Intesi?"

"Sì, ma come si gioca?"

"Lo stuzzicadenti fra un po' di tempo, non so quanto, diventerà una minuscola spada di legno. Faremo un combattimento perché io porterò il mio di stuzzicadenti. Tutto chiaro?

"Quanto devo aspettare? Cioè, quando giochiamo?"

"Non lo so. Più tempo passa, più lo stuzzicadenti diventa potente."

"Che forza!"

"Ci vorrà un po'. Pensi di farcela?"

"Sì, Cris, ce la faccio!" – poggi la cornetta sul mobile. Io intanto infilo altri gettoni per sentire tutto quello che fai attraverso il ricevitore. Trascini la sedia verso il pensile. Apri il mobiletto

– la mamma che urla per chiederti cosa stai facendo. Il rumore degli stuzzicadenti che cadono per terra. I tuoi passi che corrono verso la stanza. Una porta che si chiude. Tiro fuori il mio stuzzicadenti dalla tasca.

Ottimo lavoro, piccolo agente.

La postazione di ascolto viene organizzata all'interno di un furgone, un vecchio Ford Transit un po' sgangherato che parcheggiamo in una traversa di via Ughetti, a pochi metri in linea d'aria dalla nostra cimice – da fuori poteva sembrare un mezzo abbandonato. Dentro sistemiamo registratori, cuffie, due sedie e una brandina. Predispongo tre coppie di agenti che si devono alternare nell'ascolto. Ogni coppia fa un turno di ventiquattr'ore. Un giorno intero all'interno del Transit. Si fa tutto lì dentro – ascoltare mangiare riposare pisciare. I bisogni si fanno nelle bottiglie di plastica tagliate a metà. Io preferivo i tetrapak perché, almeno, il colore del piscio non lo vedevo.

Una sera siamo di turno io e Pietro. Aspettiamo che i due di Altofonte rientrino nel covo. È un buon momento per andare a buttare l'immondizia, pensa Pietro. Esce dal furgone. Dopo qualche minuto torna con la faccia di un cadavere.

"Oh, e che hai visto?"

"G-g-Gioè..."

"Ah!"

"L'ho incrociato, mi è passato davanti e mi ha detto... buonasera!"

"Cristo!"

"Stava con una donna e due cartoni della pizza tra le mani. Io ho fatto il vago..."

Ci mettiamo in ascolto – avevamo deciso di mettere la microspia nella camera da letto perché Gioè e La Barbera stavano nel covo soprattutto di notte ed era plausibile che facessero i loro discorsi lì. Quella sera Gioè e l'amante fanno sesso. Noi con le cuffie sentiamo tutto. Le effusioni, i sospiri, i gemiti, i gridolini, le risate. In quel momento non ci pensavo che stavo vivendo la vita di Gioè e non la mia, che quello la sera scopava e io a letto con mia moglie ci andavo, se ero fortunato, quando tornavo a Roma. Io questa cosa la penso adesso. È adesso che mi dico: a trent'anni non mi sono divertito, ho rinunciato a tutto. Invece in quel momento non mi importava che Gioè scopasse e io no, che Gioè usciva e si divertiva e a me toccava stare tutto il giorno dentro una scatola di lamiera. L'unica cosa a cui penso nel marzo del 1993 è la potenza della microspia, che ci faccia ascoltare cose mai sentite prima di allora, che l'abnegazione mia e degli altri ci faccia conseguire un risultato storico, che ci porti a un obiettivo più grande. Sono questi i sentimenti che mi attraversano mentre me ne sto nel Ford Transit. Ho i capelli legati in un codino, la barba, i jeans, il cappotto nuovo. Fuori nevica.

La microspia per noi è come una miniera e questo te l'ho già detto. Ma non immaginare che lì dentro ci siano già le pietre preziose fatte e finite. No. Noi agenti siamo come minatori al buio: scaviamo, cerchiamo di capire cosa è e resta un pezzo di fango e cosa invece potrebbe nascondere una pepita. L'ascolto dell'ambientale è complicatissimo: le voci sono disturbate, sporche, i discorsi si interrompono di continuo. Il più delle volte sono ore di materiale inutile – ma tu devi comunque ascoltare tutto.

A un certo punto, in mezzo a quel rumore, alcune frasi ci fanno saltare sulle sedie. Gioè chiacchiera di un giro di affari e traffici illeciti per centinaia di milioni di lire, fa nomi di spicco come Brusca e Bagarella, discute dei ruoli di chi comanda all'interno dell'organizzazione e usa parole come *commissione*, *mandamento*, *reggente*, *province*. Capisci la rilevanza? Di questo gergo e della gerarchia di Cosa nostra avevamo già conoscenza grazie ai pentiti. Ma quelle dei pentiti erano dichiarazioni di cui bisognava sempre verificare l'attendibilità. Adesso invece la microspia ci fornisce una prova inconfutabile dell'esistenza dell'organizzazione, perché due uomini di Cosa nostra nel loro covo parlano il linguaggio della mafia senza sapere di essere intercettati. Cioè, è una prova nuda e cruda che si può usare durante un processo – una svolta senza precedenti. Una roba da ripagarci di tutte le notti nel furgone, del cibo freddo d'inverno, della puzza di piscio nei tetrapak, capito come?

Ma la vita di un investigatore non è mai lineare – c'è sempre un nervo accavallato che ti fa sobbalzare senza preavviso. Dopo pochi giorni dall'attivazione della microspia i due di Altofonte parlano di un appuntamento che dovrebbe esserci l'indomani con un certo Giovanni. La conversazione va avanti, escono fuori luogo e orario dell'incontro e ancora un riferimento a questo Giovanni. Giovanni chi? Giovanni Brusca?

Questo imminente incontro scatena in ufficio un conflitto tra noi fratelli che spacca in due il gruppo. È il caso di organizzare un pedinamento o no? Come ti ho spiegato, le operazioni su strada hanno sempre una percentuale di rischio che tu, come investigatore, devi mettere in conto. La discussione si infiamma, pugni che sbattono sui tavoli, sedie che cadono. Il punto è: lasciamo perdere questo incontro per non bruciare l'ascolto – la pensano così Pietro e Totò – oppure, come riteniamo io e Sario, ce la rischiamo perché potremmo beccare Giovanni Brusca – e insieme a lui, magari, Leoluca Bagarella?

Vista la spaccatura del gruppo, chiamo il capo a Roma. Gli spiego la mia strategia: è vero, l'ascolto va salvaguardato perché ci ha permesso di raccogliere informazioni importanti in pochissimo tempo. Vale correre il rischio solo in situazioni mirate in cui i due soggetti possono portarci all'obiettivo finale. Questa è una di quelle. Il capo ci autorizza a procedere con la massima attenzione.

Siamo alla mattina del 9 marzo. Organizzo due macchine. In una io e Pietro, nell'altra Sario e Totò. Aspettiamo vicino a via Ughetti.

Eccoli che escono: La Barbera col Terrano, Gioè con una Lancia Delta – da un po' aveva mollato la Clio. Gli uomini di Altofonte superano l'ospedale, imboccano viale della Regione Siciliana e si immettono sull'autostrada in direzione di Trapani. Qui prendono velocità, ma guidano in una maniera diversa dal solito: si sorpassano tra loro, si guardano dietro, frenano all'improvviso – sanno che gli stiamo dietro. Sai in questi casi cosa si fa? Si *spinge l'azione*. Incollo la mia Peugeot al Terrano di La Barbera, gli sto addosso – non gli do lo spazio né il tempo di riconoscere il paraurti schiacciato, perché sicuro lo ha visto altre volte. Lui accelera, io schiaccio il piede sul pedale. Lui s'infila nella corsia di sorpasso, io pure. Lui supera tre macchine di fila, io gli sto dietro. Lui rallenta, io decelero. A un certo punto, La Barbera sorpassa un TIR, poi gli taglia la strada per prendere un'uscita. Io faccio una volata allo stesso modo – il TIR inchioda e strombazza – Pietro sbatte con la spalla contro la portiera. Per poco non ci ammazziamo.

"Molliamoli! Qua rischiamo brutto..."

"No, Pietro, prima dobbiamo capire dove vanno..."

Via radio la voce di Sario: "Statale per Partinico. La Barbera ha preso una stradina di campagna."

"Ricevuto. Anche noi nella stessa zona."

Chiudo il segnale radio e mi rivolgo a Pietro: "Guarda là..."

Sulla strada dove ci siamo immessi spunta un'altra macchina. In quel momento mi colpisce un dettaglio – una specie di istinto, l'istinto di un lupo. Entrambe le auto, la sconosciuta e quella di

La Barbera, frenano come per salutarsi, poi prendono la stessa velocità. Qualcosa mi dice che l'appuntamento di quella mattina non è importante, di più. Schiaccio il pulsante del ricevitore radio, ma non prende. Riprovo: "Chiedo rinforzi!" – non ci sono ponti, trasmettitori, campi. E di nuovo: "Zona Partinico. Mandatemi un paio di macchine, subito!"

Arriva il segnale e la risposta: "Non abbiamo mezzi in questo momento."

"Fanculo!"

Decido di procedere comunque col pedinamento – ho fiutato qualcosa di grosso e non mi voglio fermare. Io e Sario parcheggiamo le auto all'inizio dello sterrato imboccato dal Terrano di La Barbera e dalla Lancia di Gioè. Ci guardiamo tutti e quattro negli occhi senza dirci nulla – hai presente un branco di lupi? Noi in quel momento siamo così, altro che quattro randagi! Ci sparpagliamo a piedi. Camminiamo tra gli alberi. Ci acquattiamo dietro le siepi. Un gruppo di macchine, tra cui quelle degli uomini di Altofonte, sono parcheggiate davanti a una villa. Alzo una mano per fare segno ai miei di mantenere una distanza dall'abitazione. Le finestre della casa sono schermate con le tapparelle abbassate. In pieno giorno. Dai fori si intravedono le silhouette di alcuni uomini – fanno avanti e indietro nella stanza. Un movimento continuo. E di tanto in tanto qualcuno si ferma per controllare cosa accade fuori. Per me è chiaro che là dentro sono riuniti i capi di Cosa nostra. Con Pietro, mi spingo ancora un po' più avanti – andiamo ad annotarci le targhe dei veicoli parcheggiati. Torno indietro. Monto sulla Peugeot e mi allontano dalla villa. Sulla strada provinciale trovo finalmente una cazzo di cabina telefonica.

"Capo, stanno tutti qua. Mandatemi rinforzi: uomini, macchine! Se facciamo irruzione, qua li prendiamo tutti. Garantito."

"Lomuto, stai calmo! Ho tutte le macchine impegnate..."

"Ma Cristo!"

"Non fare cazzate. Sicuro sono armati e rischiate un conflitto a fuoco. Non siete nelle condizioni di poter sostenere un'operazione del genere. Andatevene subito da lì!"

Non ti posso dire come sono rientrato a Palermo – avevo gli occhi di fuori.

Da come guido la Peugeot, Pietro al mio fianco e Sario che cerca di starmi dietro, capiscono come sto. Vado a centocinquanta. Sorpasso. Faccio slalom. Come in un pedinamento, ma senza inseguire nessuno. I miei fratelli sanno cosa mi passa per la mente in quel momento. Il fiuto, ce l'ho. Il metodo, lo abbiamo creato. Il gruppo è pronto. Ma le auto, gli uomini, i rinforzi? Io sono un guerriero. Se non ci stanno i mezzi, come faccio a combattere?

Ero bollente, ma faceva un freddo assurdo – fuori si gelava e io sudavo.

Quella sera stessa mi chiudo nel Ford Transit. Turno di ventiquattr'ore. Una pizza gommosa nel cartone. Il thermos con la camomilla. Il tetrapak ancora vuoto. Le spalle tese, alte come i monti intorno a Palermo. Infilo le cuffie. Pietro fa lo stesso.

Gioè è più agitato di me – ci sono altre persone nella stanza al nono piano, oltre a lui e La Barbera. Le frasi sono spezzate: *L'autostrada a centocinquanta... un camion... superato... quello di dietro lo stesso... sempre addosso mi stava... gli sbirri sono!* – il mio cuore accelera. Poi attacca La Barbera: *... Scantatu mi sono... ho visto quella macchina...* – un rumore di fondo impedisce di sentire bene. Il mio respiro è spezzato, ha preso il ritmo delle parole di La Barbera. *... Sì, la Peugeot bianca... col paraurti rotto!* – il mio sopracciglio sinistro si alza, l'occhio destro si socchiude a spiraglio. La Barbera continua: *Uno brutto in faccia... pareva 'nu cravunaru...* – un carbonaio. Il cuore mi salta in gola come una pallina da flipper.

Mi attacco al thermos di camomilla bollente. Piego il busto. Sputo fuori un fiato dolciastro. Sogghigno e tremo insieme: "Si sono intimoriti! Si sono sentiti attaccati!"

Abbraccio Pietro: "Fratè, gli stiamo facendo il culo..."

Lui mi dà una pacca sulla schiena: "'U Cravunaru..." – ridacchiamo ancora abbracciati.

Da quel momento 'u Cravunaru diventa il mio nome di battaglia. I miei fratelli ancora oggi mi chiamano così.

All'alba torno in albergo – il cuore va all'impazzata. Impugno il rasoio e la mano mi trema. Mi faccio la barba, la rado tutta. Prendo le forbici, mi scappano dalle mani. Le infilo tra indice e pollice: taglio i capelli. I ciuffi hanno riempito tutto il lavandino come fuliggine.

Esco per andare a una cabina telefonica – così sbarbato il freddo del mattino è ancora più pungente. Compongo il numero di casa con la mano che non riesce a stare ferma, lo stesso vale per la mia testa. Continuo a pensare alle parole da dire a tua madre.

"Sì?"

Resto in silenzio.

"Pronto?"

Poggio la fronte sulla cabina.

"Chi è?"

Nella mia mente vorrei dirle: "Se mi succede qualcosa..."

Riaggancio.

Tre pugni alla porta della mia stanza d'albergo. Adesso.

"Cravunà, apri!"

Una spallata.

"Guarda che butto giù la porta!"

"Un attimo, un attimo…"

Mi sistemo i capelli con le mani. Giro la maniglia e schiudo l'anta. Blocco l'apertura col piede. Faccio spuntare solo un occhio dallo spiraglio: "Ma non si può stare in pace qui?"

"Tu, in pace? Ma quando mai! Fammi entrare…" – fa pressione con il suo corpo sulla porta, io lo contrasto con la spalla. Lui ci mette ancora più forza, io oppongo maggiore resistenza. Lui di colpo molla la presa, io perdo l'equilibrio. Ho il peso del corpo sulla porta che si sta per richiudere. Lui sferra un calcio. Apre la porta. Mi ritrovo per terra.

"Ma tu guarda se per entrare mi devi far lavorare" – Pietro si sistema la camicia. "Però, ancora ricordo come si fa" – lui è nella luce del corridoio. "Ma al buio stai?!" – cerca l'interruttore con la mano. *Clic.* Il faretto mi getta un bagliore addosso. Mi copro gli occhi con l'incavo del gomito.

"Cristo, Cravunà… ma stai in mutande… e che hai fatto alla mano?"

Si precipita per terra. Mi tira per le braccia verso il letto. Solleva il mio bacino – io sono come abbandonato. Mi mette seduto sul materasso. Prende la mia testa tra le mani. Mi apre gli occhi con le dita. Si guarda intorno. I pezzi di vetro sotto la finestra. I medicinali. La cartina di Palermo accartocciata. Il peluche. La foto. I jeans bagnati. La pistola sul comodino.

"Ma che cazzo stai facendo qui?"

"Ripensavo a quando nel 1993..."

"Ancora coi ricordi! Non ti basta come siamo ridotti?"

"Tu riesci a stare a Palermo e a non pensare alla nostra vita? Alla vita, quella vera?"

"Non fare lo stronzo. Dobbiamo guardare avanti... si possono fare ancora delle cose."

"Ancora pensi che ci chiameranno, Pietro? Sul serio?"

"Perché no? Due investigatori come noi..." – abbassa lo sguardo. "Magari una consulenza."

"È finita, Pietro! Lo capisci? Esci dalla tua cazzo di prigione mentale!"

"Lo dici a me, prigione mentale? Ma se ti sei dato l'ergastolo! Stai segregato dentro un buco a Torre Angela e adesso pure in questo cazzo di albergo!"

"Lo so. È che... eravamo dei guerrieri. Cioè, lo siamo ancora. Ma senza una guerra non siamo più niente" – restiamo in silenzio per qualche secondo. "Non ci chiamerà nessuno, Pietro. Oramai è andata, siamo in pensione... Gli anni novanta dovevano fare da modello per tutte le inchieste successive. Ma la verità è che quel modo di lavorare non esiste più."

"Almeno ci provo a guardare avanti, Cravunà. Io devo lavorare sennò impazzisco."

"Ma dove vuoi lavorare... Guardaci, io in mutande con un attacco di panico; tu col corpo che ti scoppierà a furia di tenerlo pronto e allenato."

"Mi scoppierà il cervello."

"Lo vedi che anche tu non ti dai pace... non ti rassegni."

"Ce l'hai una sigaretta?"

"Sono trent'anni che mi scrocchi le cicche... Tieni..." – ci stendiamo entrambi sul letto. Guardiamo il soffitto. Nuvole di fumo escono dalle nostre bocche.

"Era più pulito il Ford Transit di questa stanza, Cristo."

"Lo vedi che anche tu non ti sei scordato niente?"

"Potrei fare il buttafuori a Fregene..."

"Potresti fare il nonno, o la vita da pensionato. Io non ho nemmeno i nipoti..."

"Ma un figlio ce l'hai..."

"Eh, ma lui non vuole un padre..."

"Ha ragione Alessandro: ti piace fare la vittima."

"Allora diciamo che non vuole un padre come me."

"Per anni hai dato la caccia ai latitanti e adesso non sei capace di andare dietro a tuo figlio? Vattelo a riprendere, Cravunà."

"Non sono più 'u Cravunaru."

Marzo 1993. Nella mia camera d'albergo io e Pietro siamo distesi sul letto a guardare il soffitto. Proprio come adesso.

"Ho una sensazione che non mi piace" – incrocio le braccia dietro la nuca.

"Cioè?"

"Non lo so, siamo in un momento molto delicato e la situazione può sfuggire di mano."

"Sì, è vero. Sono attimi."

"Già..."

"Ma tu la notte, quando non sei di turno nel furgone, riesci a non sentire nella testa le voci di Gioè e La Barbera?"

"Impossibile. Ce l'ho nel cervello quella cazzo di microspia."

"Oggi Sario e Totò in cuffia hanno sentito il rumore delle armi, scarrellavano le pistole..."

"Per questo ti dico che può succedere di tutto. Oramai è chiaro che stiamo pedinando gli esecutori materiali delle stragi. Assassini. Gente che se deve ammazzare, ammazza. Questi non hanno nulla da perdere."

"Come stai rispetto al fatto che ti hanno visto? Oramai ti riconoscono..."

"Bene! Si devono cacare sotto quando mi vedono."

"Come stai veramente..."

"Più esposto, ma anche con un senso di responsabilità in più."

"Spiegati meglio."

"Adesso deve andare per forza come vogliamo noi."

In quel preciso momento in cui Pietro mi apre una possibilità – di parlare, riflettere, dire come sto – io resto come fuori da una porta.

Adesso quella porta è saltata ed escono i mostri.

Da quando divento 'u Cravunaru, comincia per me una blindatura. Ogni giorno mi cala sopra uno strato in più di fuliggine, di polvere, di nero che nasconde tutto quello che ho dentro. In trent'anni si sono accumulati strati su strati, che poi sono diventati una crosta dura – una corazza. Ora sto provando a togliermi di dosso questa armatura. Fa male – come se ti levassero la pelle.

Invece, nel 1993, questa superficie nera la accarezzo. Come fa Totò col pelo di Nannì. Come fa Sario con la sua pistola. Come fa Pietro con la carrozzeria del Ford Transit, prima di entrare in turno.

I nastri dove sono incise le intercettazioni vengono ripuliti dai rumori di fondo e riascoltati. In pochi giorni da quelle bobine escono fuori storie tra famiglie e dentro i mandamenti, preparazione di documenti falsi, traffici di droga, giro di soldi con il Nord, armi, pistole, fucili a pompa, commenti sugli sbirri in borghese. Ma anche chiacchiere su donne, programmi TV, spogliarelliste.

In una delle conversazioni che riascoltiamo in ufficio tutti insieme, Antonino Gioè e Gioacchino La Barbera discutono di una cosa che mi insospettisce – c'è la televisione in sottofondo, è difficilissimo capire che cosa si dicono.

Siamo andati a manciàri, per la festa, ad Agrigento...
Dove?...
Al Cafiso, nella Valle dei Templi.
[*risposta incomprensibile*]

No, al ristorante, sasizzi, nsalata, profiterole. Poi ci ni semu andati all'albergo, ci semu fatti 'na ficcata e... Mi presentò 'na fìmmina. Annai pi albergo, annai a manciàri e sugnu tornato.

Nun c'è 'n cazzo – si sente fare zapping con il telecomando.

Eh...

... Si deve andare cu 'a màchina o cu 'u muturi.

Da lì ci vanno un paio al tribunale... appena escono e partono per l'itinerario, ci avvisano.

Quannu partono da là? Solitamente chiste cosi di pomeriggio i fannu?

... io penso che per le quattro, le cinque... 'a masculiata gli si può fare.

Alle quattro o alle cinque?

No, però poi si perde tiempu... Nun è chi possiamo girari ntunnu 'u tribunale...

"Torna un attimo indietro" – faccio segno a Sario che sta maneggiando il registratore. "Ecco, qui: non riesco a capire questa parola..."

"Quale? *Masculiata?*" – gira la testa verso di me. Hai presente quando il gufo ruota il collo e pianta i suoi occhi gialli nei tuoi?

"Eh. Che vuol dire?"

"Ti ricordi capodanno a casa di Totò?" – le pupille di Sario si sono riempite di puntini luminosi.

"Che c'entra adesso capodanno?" – lo tirerei su per la maglietta quando fa così.

"Guardammo i fuochi d'artificio dalla finestra, giusto?" – si inserisce Totò.

"Sì, e quindi?!" – chiediamo io e Pietro insieme.

"La scarica finale di botti e razzi, quella che lascia tutti a bocca aperta" – spiega Sario. "Quella è *'a masculiata.*"

A bocca aperta ci rimango io. Sario preme play. Continuiamo ad ascoltare la conversazione ripulita. Gli uomini di Altofonte parlano di macchine, itinerari, orari, scorte di magistrati, giri intorno al palazzo di giustizia. Cose da preparare prima dello scoppio di una bomba.

"Questi stanno progettando un attentato al tribunale!" – Sario salta dalla sedia.

"Eh, ma quando? Contro chi?" – mi domando.

"Dobbiamo fermarli!" – Totò si scalda e Nannì sale con le zampe sulla scrivania.

"Non è così semplice" – Pietro abbassa la voce. "Dobbiamo capire che elementi abbiamo prima di intervenire."

Sario gli si lancia addosso: "Ma che dici?"

"Intervenire vuol dire bruciare la cimice."

"Santa Rosalia! Dobbiamo lasciargli fare un altro attentato per cosa? Difendere un'inchiesta?"

Quello che sta dicendo Pietro è che la microspia è lì solo da pochi giorni ed è una miniera di informazioni che va in fumo se li arrestiamo. I miei due fratelli siciliani però hanno visto troppo sangue in questi anni: per loro scatta come in automatico un allarme, un sistema di protezione.

Chiamo a Roma e informo la dirigenza. In poco tempo arrivano a Palermo il capo, la capa e il colonnello che ci aveva mandato il chiavino. La discussione è infuocata: fermiamo gli uomini di Altofonte o continuiamo con l'ascolto?

Io propongo una terza strada: "Non arrestiamoli adesso. Organizziamo intorno al tribunale una rete di controllo come non si è mai vista. Dodici, tredici macchine e una trentina di agenti. Mi mandate rinforzi da Roma."

"È troppo rischioso..." – il capo si tormenta la barba con la mano.

"Abbiamo l'esperienza e le capacità per presidiare la zona e sventare un attentato... se è vero che ci sarà" – insisto.

"Ma così si accorgeranno delle forze in campo, capiranno di essere stati ascoltati... Non rischiamo di compromettere comunque l'ascolto?" – Sario rimane fedele alla sua linea, ma ora sembra più aperto verso il mio ragionamento.

"No! Per come lavoriamo noi, questo non accadrà. Garantito!" – non voglio mollare.

"Lomuto ha ragione" – mi sostiene il colonnello. "Non mandiamo in fumo la microspia. Siamo appena all'inizio."

Il capo è dubbioso: ha chiara la posta in gioco. Però sono riuscito a portare dalla mia parte Sario – non ha peso nella decisione finale, ma per me è importante: io con i miei fratelli divido il sonno. Totò invece no, è ancora troppo viva la ferita per quello che hanno fatto a Falcone: il solo pensiero di un possibile attentato lo paralizza – lascia la discussione, esce dall'ufficio.

Dalla finestra lo vedo correre fuori dalle torri con Nannì al guinzaglio. Guardo il levriero che galoppa al suo seguito. La scena mi colpisce come un fulmine – come ho fatto a non pensarci prima? Nannì è il diminutivo di Giovanni! Totò ha l'ombra di Falcone che lo accompagna sempre.

La decisione su come procedere arriva dall'alto, dai vertici dello Stato. Bisogna arrestare Gioè e La Barbera. E porre fine di fatto all'attività della microspia.

Mi tornano in mente l'immagine del chiavino con le batterie a lunga durata tra le mani e le sue parole: *possono durare per mesi...*

La sera in albergo apro la finestra. Entra un vento freddo – la tenda si muove su di me. Faccio qualche passo indietro. Mi sfilo la felpa e la maglietta – inizio a tirare pugni contro la tenda.

Nel giro di quarantott'ore, vengono fermati. Gioè a Palermo. La Barbera a Milano. Il fermo viene trasformato in arresto grazie soprattutto ai discorsi intercettati dalla microspia, evidenze e prove che vengono messe nero su bianco dai magistrati. Questo vuol dire anche che viene rivelata all'esterno l'esistenza della cimice, capito come? Cioè, da quel momento viene allo scoperto l'operazione svolta dalla DIA. Cosa nostra adesso saprà dell'installazione dell'ambientale. Il nostro metodo. La nostra potenza. Tutto viene comunicato e in qualche modo bruciato.

A marzo del 1993, prima della decisione di arrestare Gioè e La Barbera, sono a Roma per quarantott'ore – devo presentare al centro operativo un rapporto sulla microspia.

A casa salto dalla sedia per qualsiasi rumore: la chiave che gira nella toppa quando tua madre rientra dal lavoro, una porta che sbatte, una forchetta che cade. Rivolto il divano perché non trovo il telecomando e me la prendo con lei che sposta le cose – invece era sempre al suo posto sulla mensola.

"Marta, non fare così: ho visto che hai alzato gli occhi al cielo!"

"Stavo solo guardando l'ora..." – mi indica l'orologio a parete. Sorride.

"Stai contando il tempo, eh? Non preoccuparti, domani me ne vado" – lei butta un occhio alla minestra. Sta bollendo. Alza la fiamma del fornello per qualche istante, il suo petto fa su e giù. Poi deglutisce, porta il fuoco al minimo. Si passa i capelli dietro alle orecchie: "Ascolta, Franco. Sono quasi le quattro. Bisogna prendere il bambino a scuola. Ci vai tu?"

Sono per le strade di Torre Angela e sono uno stronzo a trattarla così, tua madre. Ma in queste poche ore non riuscirò a chiederle scusa – già lo so – o a comportarmi come un uomo normale che cerca di recuperare portandole cioccolatini. Non ci riuscirò perché non posso permettermelo. Se provo ad aggiustare le cose, a entrare in contatto con lei, a dirle perché mi comporto così, si romperà un argine e tutta la roba che ho dentro – emozioni pietrificate, detriti di paure, una melma di paranoie – uscirà fuori. Non è questione di non voler avere un cedimento: io poi devo ripartire e non posso lasciare voi dentro un'alluvione. Allora meglio tutta questa tensione che è diventata un morso dietro il collo, una presa che mi tiene in piedi.

Mentre seguo i miei pensieri, arrivo davanti alla tua scuola. Mi metto in fila tra i genitori e impongo alla mia testa di non ascoltare le loro voci e, invece, di continuare a visualizzare l'argine che non si deve rompere. Arriva il mio turno. Tu ti nascondi dietro la gamba della maestra: "Ecco, papà, oggi Alessandro non si è comportato bene. Vero, Ale?" – tu hai le mani dietro la schiena e strusci un piede sul pavimento. Non rispondi.

"Cosa è successo?"

"Ha dato un pugno a un compagno."

"E perché? Perché lo hai fatto, campione?"

"Come perché? Deve dirgli di non farlo!"

"Certamente, maestra. Ma mi interessa il motivo" – mi piego sulle ginocchia. "Allora, vuoi dirmelo?" Non rispondi. La maestra mi fa segno con la mano di avvicinarmi. Sibila: "Vede, il bambino è molto teso, non sa gestire le sue emozioni..." – non le so gestire io a trent'anni figuriamoci lui a quattro. La faccio parlare: "... è aggressivo con i compagni. Non va bene né per lui né per gli altri." Annuisco. Prendo la tua mano e siamo fuori di lì. "Se capisco il motivo posso spiegargli come risolvere in altro modo" – volevo dire alla maestra.

Il motivo sono *semplicemente* io? O la scuola è una giungla e anche mio figlio deve scoprire l'animale che vuole essere?

Cammino per Torre Angela con te, supero il parchetto, la fermata dell'autobus. Vorrei parlare con te della questione del pugno, ma è in quel momento che lo vedo per strada. Mio padre.

Ti tiro per il braccio e ci infiliamo nel supermercato. Mi avrà visto? – quello ha gli occhi anche dietro. Aveva la testa bassa – mi dico – non si è accorto di me. Attraverso la vetrina lo guardo passare e, Cristo, entra proprio nel supermercato. Mi abbasso dietro un carrello. "Papà, che stai facendo?"

"Niente, campione. Si è slacciata la scarpa" – fingo di sistemare le stringhe.

"Io voglio i Tegolino. Li compriamo?" – ti allontani da me e vai verso le merendine.

"Aspetta, Ale..." – sto per prenderti la mano quando vedo mio padre tagliare il corridoio. Mi nascondo nella corsia dei detersivi, parallela a quella dove lui è andato a prendere alcune scatole di conserve – lo osservo attraverso gli scaffali. Non si accorge di me. È un po' che non lo incrociavo. Tanto che non gli parlo. La sua faccia mi provoca un urto allo stomaco – dov'è che sta il mio argine? Passo la mano sotto lo sterno. Lo seguo attraverso i ripiani di prodotti, attento a non farmi scoprire. Quella giacca gli sta grande, ha i gomiti consumati, la tasca strappata – l'età gli ha asciugato soprattutto il collo e le gambe. Prende barattoli, pacchi di pasta, un rotolo di carta, una busta di mele. Non caricarti di tutta quella roba, prendi un carrello, Cristo. In quel momento gli cade una scatola di tonno, si piega su quelle ginocchia rinsecchite con il resto della spesa in equilibrio tra le braccia. Mi passo le mani tra i capelli. E se si fa male? Devo aiutarlo. Ma poi perché mi sto nascondendo? Io non ho fatto niente di sbagliato. Ho solo voluto che le nostre strade si dividessero. E poi tenere te lontano da lui – non lo hai mai visto, non sai chi è ma mio padre figuriamoci se in questi anni non ti ha inquadrato mentre passeggi con mamma in quartiere.

Mi giro intorno – sei sparito. Corro verso la corsia delle merendine e ti trovo: sei di spalle a mio padre che sta scegliendo un pacchetto di biscotti sullo scaffale opposto. Vi osservo con gli occhi spalancati. Che nessuno di voi si giri verso l'altro, Cristo – intanto per la tensione la nuca è diventata dura come il guscio di un animale senza casa. Ma che cosa sto facendo? Tengo un nipote lontano da suo nonno? E se mio padre con te fosse diverso? Mi passo la mano sulla bocca. No, tocca a lui, lo sa: deve smetterla con quella vita, deve dirmi che ha sbagliato, allora potremo riparlarne. Mi volto un istante e al mio fianco trovo i Tegolino. Ti giri e ti faccio segno di avvicinarti perché ho quello che vuoi. Mio padre va nella direzione contraria rispetto alla nostra. Tu corri verso di me – pattiniamo con i piedi tra le corsie verso l'uscita. Lascio i soldi in cassa: "Tenga il resto!" – e siamo in strada.

Mangiamo un paio di Tegolini a testa e a un certo punto mi viene un'idea. Mi piego sulle ginocchia e cerco il tuo sguardo: "Ascoltami, campione. Adesso facciamo un gioco. Ma devi promettermi che in questo posto non ci devi mai andare da solo, ok?" – annuisci.

Andiamo nella torre a fianco alla nostra, quella dove abitavo da bambino. Guardo l'ascensore con i cavi staccati – negli anni novanta in questo palazzo si spacciava droga e le sentinelle avevano rotto appositamente l'ascensore per evitare che le guardie arrivassero subito ai piani – e questo già lo sai. Però adesso capisci perché sono venuto su così? Crescere in un posto del genere vuol dire scegliere ogni giorno da che parte stare – molti di quei ragazzi nemmeno la vedevano, una possibilità diversa da quella.

Facciamo le scale – io con il cuore in gola. Ogni volta che torno qui il cuore sale qualche piano più in su. Non ti lascio la mano, arriviamo sul tetto – qualche nuvola blu su Roma e le lenzuola bianche, stese sui fili, che sbattono al vento. Il tetto era l'unico posto dove mio padre mi proibiva di andare da solo. Crescendo in mezzo a quella gente per lui il pericolo più grande era quello che cadessi di sotto.

"Vieni con me."

Siamo davanti alle lenzuola. Controvento. "Allora, la biancheria ci viene addosso, giusto?"

"Papà, così non vedo più niente" – siamo completamente ricoperti dai teli.

"Bene, adesso prendi a pugni le lenzuola. Devi essere più forte del vento, capito come?"

"Non ci riesco."

"Sì che ce la fai. Spingi con le braccia, fai forza nelle gambe."

Sento il fiato di un cucciolo d'uomo che mena le mani in tutto quel bianco.

Hai il fiatone, stai sudando.

"Bravo, così... Adesso, mentre tiri i colpi, urla. Fai: AAAAAHHH!"

"AAAAAHHH!"

E insieme: "AAAAAHHH!"

Continuiamo ancora un po', finché non prendo il lenzuolo dal basso e lo tiro su in aria. Il vento adesso ti arriva in faccia insieme al tramonto blu su Roma e una smorfia di luna nel cielo.

"Vattene luna, voglio ancora il giorno!" – stringi le manine nei pugni. Anche io vorrei che non arrivasse il buio, domani non fosse già tempo di ripartire.

"AAAUUUUU!" – fai il verso del lupo. Hai capito tutto.

"AAAUUUUU!" – ti seguo io.

Restiamo sul tetto a ululare insieme.

Siamo poco dopo la metà di marzo del 1993. Con i miei fratelli dobbiamo perquisire il covo di via Ughetti. Entrare nel buco. Lo schema è sempre lo stesso. Alcuni agenti restano su strada a protezione dell'intervento. Totò in fondo alla rampa di scale dell'ultimo piano. Io e Pietro in posizione ai lati della porta. Sario pronto a sfondare. Abbiamo tutti le pistole pronte all'uso – ho il cuore che batte il tempo e scandisce ogni secondo. Faccio un cenno con la testa in direzione dell'ingresso: è il segnale di inizio. Sario dà una spallata alla porta e apre il passaggio. Con le braccia tese e le armi puntate entriamo tutti e quattro nel buco. Gli altri agenti avanzano e si posizionano sul pianerottolo. Ispezioniamo ogni angolo – i miei occhi percorrono velocemente l'ambiente. La cucina con i piatti sporchi nel lavandino. La bottiglia sul tavolo. Le scarpe poggiate sulla finestrella del bagno. L'odore di cicche spente e il dopobarba aperto sulla mensola dello specchio. I letti col lenzuolo rimboccato sotto il cuscino. Il comodino. Mentre verifichiamo che la casa sia disabitata, la sensazione di essere in un appartamento come tanti – come quello in cui vive Pietro qui a Palermo –, mi prende allo stomaco. Mi viene da vomitare. Spalanco le ante degli armadi. Nel covo non c'è nessuno. Ci ritroviamo all'ingresso dell'appartamento con le armi basse.

"Iniziamo le perquisizioni. Totò, Pietro, voi occupatevi della cucina. Io e Sario faremo la stanza da letto. Dobbiamo ispezionare ogni centimetro di questo buco."

Come prima cosa, sfilo il cassetto del comodino. Lo smonto. Stacco la microspia installata in fondo al tiretto e nella mia mente si accendono le voci di Gioè e La Barbera. Per un istante l'appartamento mi gira intorno: le lenzuola si stropicciano, le scarpe sotto il letto si muovono, le ante sbattono. Strizzo gli occhi per scacciare i fantasmi. Chiudo la cimice dentro la sua scatoletta e la infilo in tasca.

Rivoltiamo tutto il covo per due ore. Troviamo documenti falsi, carte d'identità in bianco, fototessere, un cellulare, una rubrica, mazzi di chiavi, parecchi milioni di lire. Non ci sono armi. Non c'è droga. Solo una busta recuperata in fondo a un cassettone. La apro. Tiro fuori un documento: una carta d'identità rilasciata dal Comune di Partinico – ti ricordi la villa in cui si era tenuta la riunione dei boss? Ci sono scritte le generalità di un certo Francesco Guida, chiaramente false, perché all'interno della busta c'è anche una fototessera non ancora incollata. La mostro agli altri: "Guardate qua e ora provate a non incazzarvi!"

Gli occhi taglienti. Il solco tra le sopracciglia. La chioma nera. Proprio lui. Leoluca Bagarella.

Gioè e La Barbera ci avrebbero portati da lui. Adesso bisogna ripensare tutto da capo, trovare un'altra strada... Eravamo a tanto così dall'obiettivo, Cristo!

Mentre ho la foto tra le dita, sentiamo un rumore venire dalla cucina. Un fruscio, come di un passo felpato. Sfiliamo le pistole e ci disponiamo nella stanza – posso sentire il battito del cuore di noi quattro in ogni punto del corpo: nelle tempie, nel petto, nello stomaco, sui polpastrelli. Sario tira in dentro il mento: è segno che avanzerà lui verso il rumore sospetto. Annuisco. Ha la schiena sull'uscio della camera da letto. Stringe la pistola tra le mani, poggia la canna un istante sul suo naso da ex pugile.

Conosco il suo respiro. Uno, due, tre. Si rigira fuori dalla stanza puntando l'arma nel vuoto. Spalanca la bocca: "Santa Rosalia!"

"Ma che cavolo!"

Una gattina bianca.

Mi arriva sotto i piedi e attorciglia la coda intorno alla mia caviglia. Deve essere salita sul tetto per tutto il tempo della perquisizione. "E adesso? Non possiamo certo lasciarla qua."

"Ah, io ho un cane. Non se ne parla proprio."

"Se a mia moglie porto un animale mi caccia di casa. Bastiamo io e i bambini."

"Non guardate me, divido con altri colleghi l'appartamento."

Adesso i loro occhi puntano su di me con gli angoli della bocca all'insù. Senza abbassare lo sguardo mi piego a raccogliere la gattina e la poggio sulla spalla: "Stronzi!" – lei già mi fa le fusa.

Fermo la Peugeot davanti al supermercato, prendo dei croccantini – gli altri restano in macchina a ridacchiare e ad accarezzare la gattina. Poi andiamo dritti alle torri.

Do disposizioni a tutti gli agenti di mettersi al lavoro sui nastri incisi in quindici giorni di intercettazione. Bisogna ripulire l'audio dai rumori di fondo e rimettersi in cuffia per l'ascolto.

"Voglio che venga analizzato ogni singolo fiato di Gioè e La Barbera! Ascoltate e riascoltate pezzi di frasi, singole parole, riferimenti, accenni, sospiri!"

Un agente di Palermo alza il dito: "Ma alcune cose sono incomprensibili pure per noi che siciliani siamo..."

"Forse non ci siamo capiti" – prendo fiato, poi sbotto: "Tutto quello che sta in quei cazzo di nastri deve essere analizzato! A costo di risentirli cento, mille volte! Voglio la trascrizione di ogni singola parola. Intesi?"

Gli altri agenti vanno nelle loro stanze, restiamo solo noi. Totò si arriccia i baffi: "Cravunà, non sei molto credibile con la gatta a mo' di pellicciotto intorno al collo."

"Sei bello tu con l'ombra pelosa di Nannì."

Passano le settimane e in ufficio si è ricreato il clima del Ford Transit. Viviamo praticamente lì. Un giorno – siamo a maggio – Totò ha le cuffie e si alza in piedi, di scatto. Piega la testa. Preme le mani sugli auricolari. Nannì si mette dritto sulle zampe.

"Fooofiiifuuu! Questa sembra roba forte" – ha la voce squillante. "Non so se ho capito bene. Dice qualcosa come *tuni... tutuni*."

Ci avviciniamo. Lui stacca lo spinotto. Accende le casse. Fa partire la registrazione. Il dialogo è disturbato – la gatta muove le orecchie. Totò isola la frase. La manda avanti e indietro, avanti e indietro. La ascoltiamo non so quante volte. Chiamiamo anche il capo e la capa che in quei giorni sono a Palermo.

Sario si strofina le mani: "*Attentatuni*... dice *attentatuni*."

"Sì, anche secondo me..." – Totò si tormenta i baffi. "All'inizio dice proprio *a Capaci*..."

"Dice *fici* o *ficimu*?" – il capo accende e spegne sigarette. "Questo è fondamentale saperlo."

Sario azzarda: "Credo *ficimu*..."

Totò batte il pugno sul tavolo: "Ma no, dice *fici*, *fici*!"

Alla fine, dopo ore e ore su quella cazzo di frase, il significato è chiarissimo. La notte tra l'8 e il 9 marzo, mentre sta spiegando a Gioè la posizione di un luogo, La Barbera dice: *ddocu a Capaci unni ci fici l'attentatuni*.

Lì, a Capaci, dove feci l'attentatone.

Totò non fa a tempo a terminare la frase, che nella mia testa le immagini si susseguono alla velocità della luce – il Gattopardo che sfreccia di notte. Gli occhi dei pupi. Il mercante che taglia le teste ai pesci. Il pacchetto di patatine. I tonni appena pescati, sgocciolanti sangue al porto. Il traffico. Il caricatore della pistola. Il fumo di sigaretta. Il paraurti della Peugeot. I sorpassi. Il motore tirato. Le rughe del chiavino. Il piscio nel tetrapak – mi copro gli occhi con le mani. Tiro un calcio a una sedia e questa inizia a girare con le sue rotelle nella stanza. Ho la mia smorfia tirata al massimo, un sopracciglio affondato sulla palpebra, l'unico sorriso che riesco a fare. A Totò brillano gli occhi. Sario sembra ancora più imponente ma si muove leggerissimo. Pietro fa un salto e lancia un pugno nell'alone blu del neon. Tutti cominciamo a sferrare colpi sulla scrivania, al muro, a tutto ciò che troviamo davanti. Ci prendiamo a pugni tra noi, con affetto, sui bicipiti, sul petto, nei fianchi, con Nannì che zompa e abbaia per la stanza. E la gatta che muove la coda davanti alla finestra.

Questa frase è una bomba. Da brivido. È di un'importanza assoluta perché è una confessione. La prova che la strage di Capaci è opera di Cosa nostra.

La Barbera snocciola quelle parole senza cambio di tono: dice *lì, dove feci l'attentato* come quando uno dice *lì, dove c'è il bar di Gino*. Agghiacciante – e sai in quale nastro pronuncia quella frase? Lo stesso nastro dove ero stato chiamato *'u cravunaru*.

Per noi investigatori questa frase diventa una pista da seguire per identificare chi ha ucciso Giovanni Falcone. In che modo? Ricostruendo gli spostamenti di Gioè e La Barbera il giorno della strage di Capaci. E questo si può fare solo attraverso l'analisi dei tabulati telefonici dei loro cellulari. Tiriamo giù la successione di chiamate nelle ore precedenti all'esplosione. Analizziamo orario, utenze, contatti e durata delle conversazioni. Isoliamo le chiamate più significative. Ed ecco prendere forma di fronte a noi la rete di uomini coinvolti nel più violento attentato di Cosa nostra allo Stato.

Il cerchio si chiude. Sono stati loro. Ci sono i nomi. Ci sono le evidenze investigative. Chi era presente all'indagine, potrà testimoniare nei palazzi di giustizia. Ti rendi conto del risultato storico? Siamo stati noi a conseguirlo. È stato anche tuo padre.

Ddocu a Capaci unni ci fici l'attentatuni.

Nei giorni di maggio del 1993, dopo la scoperta della frase mi do il tormento: perché ai piani alti hanno deciso di arrestare gli uomini di Altofonte? Non potevamo fare presidio del tribunale e continuare con l'ascolto?

Ora, dopo trent'anni, mi sto levando la corazza. Tra essa e la pelle sento come qualcosa che cammina. Come vermi che si muovono lungo tutto il corpo. Mordicchiano. Mi pungono. Non si fermano. E si risvegliano in me gli stessi pensieri che mi tormentavano allora. Mi camminano addosso. E se a qualcuno avesse fatto comodo che non uscissero elementi inediti su Cosa nostra? Qualche dichiarazione scomoda, magari sui legami tra mafia e Stato?

"Stai impazzendo, sei paranoico!" – mi dice Pietro ogni volta che tiro fuori questa storia. "È stato scelto quello che era opportuno in quel momento." E io ogni volta gli faccio: "Mentre noi rischiavamo la pelle in quella guerra, lo Stato trattava con la mafia, o non è così? Cristo."

Lo sai chi finisce sotto inchiesta a fine marzo del 1993, no? Il politico numero uno: Giulio Andreotti. E sai che tra il maggio e il luglio del 1993 scoppiano le bombe a Roma, a Firenze e a Milano? Capisci in che cazzo di anno siamo? Capisci perché quella decisione di fermare l'ascolto non mi è andata giù? È rimasta, insieme a tante altre cose, tra la pelle e l'armatura. È difficile da staccare. Fa male. Ed è piena di vermi che non mi lasciano in pace.

“Oh, ma che fai! Mi prendi a schiaffi?” – cerco di levarmi Pietro di dosso in questo istante.

“No, avevi una zanzara sul braccio. È pieno di insetti in questa stanza!” – continua a passarmi le mani sul corpo. “Ma io te li darei per davvero due ceffoni perché i tuoi pensieri li sento, stai rimuginando ancora sul passato. È così?”

Non gli rispondo. Accendo una sigaretta.

“È così? Stai ancora pensando alla microspia? Piantala, non sei il Padre Eterno. E non lo eri nemmeno trent’anni fa, anche se eri più lucido di adesso. Sei andato in tilt, fratello mio.”

Spengo la cicca, ne accendo un’altra.

“Ascolta, Cravunà” – Pietro prima mi bastona e subito dopo vuole recuperare. Fa sempre così: “ora ti rimetti la faccia da ispettore capo, da carbonaio, da fratello, da quello che vuoi tu ed esci da qui dentro” – mi guarda da capo a fondo – “... magari, prima mettiti una cosa addosso.”

“Di’ a Totò che non sto bene. Digli la verità. Ci dobbiamo ancora nascondere che stiamo tutti una merda?” – mi tocco il pugno fasciato.

“Sì, ma uno dei nostri fratelli sta nella merda più di tutti. È disteso in una bara. E tu lo devi andare a salutare.... perché se non lo fai i tuoi demoni ti perseguiteranno e io... io ti dovrò sopportare" – nessuno mi conosce come lui.

"Sario è quello che sta meglio di tutti in questo momento... È andato in pensione ed è morto. Ma come ce la deve spiegare meglio di così, questa vita?" – abbasso la testa e do un calcio al tuo orsacchiotto.

Pietro prende la mia pistola dal comodino. Mi mette il corpo dell'arma sotto il naso. Afferra la mia mano: "Tieni. Impugnala. Puntatela alla tempia" – è fuori di sé. "Sparati. Adesso. Davanti a me. Se hai le palle, piantati una pallottola nel cervello!"

Prendo la mia calibro 9. Lentamente stendo il braccio. Guardo Pietro negli occhi. Armo il cane. Punto la canna sulla tempia.

Pietro sta ansimando: "Oh, Cravunà, che cazzo fai..."

Ho il dito sul grilletto. Lo premo.

"Nooooo!" – Pietro si porta le mani sugli occhi.

Clic.

Lascio cadere il braccio. Pietro mi stringe al petto: "Cristo! Ma tu sei tutto matto!"

"Com'è? Prima mi inviti a farla finita e poi hai paura?" – la saliva mi cola dagli angoli della bocca.

"E se ci fossero stati i proiettili? Madonna, Cravunà!" – Pietro sta ancora tremando.

"Mi avevi chiesto di rimettermi la faccia da cravunaru" – faccio un ghigno. "Eccola. Te l'eri scordata?"

"Sei proprio uno stronzo!" – si accende una delle mie sigarette e si mette alla finestra.

Anche io faccio lo stesso. Diamo un paio di boccate. Guardiamo fuori.

La notte d'estate a Palermo ha un colore bluastro, livido, lo stesso che aveva negli anni novanta quando camminavo con la morte a braccetto. Adesso, il *clic* del grilletto mi ha dato questa sensazione. Provare il brivido di morire. Di sentirmi vivo.

Lascio Pietro a fumare. Prendo la valigia e tiro fuori un paio di jeans. Li infilo – dal muscolo teso del collo capisco che Pietro vuole intuire i miei movimenti senza voltarsi. Metto su la camicia, le scarpe. Prendo la pistola, inserisco un paio di proiettili, chiudo il caricatore – allo schioccare della sicura Pietro si gira. Infilo la pistola nella cintola dietro la schiena. Prendo una pasticca di valeriana, la mando giù con l'acqua – Pietro stacca le reni dalla finestra, mi viene incontro. Avanzo verso la porta – lui sta un passo dietro di me. Afferro la maniglia. La giro. *Clic.* Apro.

Apro la porta dell'ufficio. Dietro di me i miei fratelli, ognuno con il suo passo. Scendiamo per le scale. È una sera di fine maggio del 1993. Ho sotto il braccio una pila di vecchi giornali da buttare e un rotolo di nastro adesivo infilato come un bracciale.

Siamo in una periferia anonima di Palermo. Appallottoliamo la carta e ci avvolgiamo lo scotch intorno. Poggio questa specie di pallone per terra. Gli do un calcio e i ragazzi si sistemano. Nannì è in mezzo alle due panchine.

"Para questa, Nannì!" – Sario tira un destro e Nannì la prende.

"Lui è più un cane d'archivio. Fooofiiifuuu!" – Totò fischia al levriero, che gli avvicina la palla e lui la solleva di punta.

"Anche tu lo eri, guarda come sei diventato" – Pietro dà un colpo di testa sollevandosi sulle spalle di Totò.

"Adesso che ti inventi, Cravunà?" – Sario mi passa la palla.

"Intanto vado a trovare mia moglie e mio figlio..." – tiro in porta e prendo la panchina.

"Eh, voglio proprio vedere che ti inventi a casa con loro" – Pietro batte dal bordo di questo spiazzo polveroso con scheletri di palazzi intorno.

"È più facile prendere Bagarella che stare a casa senza litigare" – commento e marco stretto Pietro, gli sto addosso.

"Già... Io di questo passo se non mi separo è un miracolo" – fa lui scartandomi. "E rispetto a te torno a casa pure più spesso."

"E allora è proprio per questo!" – Pietro ride della mia battuta e io riesco a rubargli la palla.

"Con voi, preferisco stare, non con la mia famiglia" – Sario a sua volta me la prende e la stoppa per un istante. "Santa Rosalia, che macello!"

"Io invece vorrei stare solo con Nannì" – Totò ha già l'affanno.

"Ho litigato con mia moglie" – Sario sferra un calcio in porta. "Non voglio tornare a casa a dormire." La periferia di Palermo ha un colore sabbioso. La notte si è fatta dorata.

"Ma che è successo?" – Pietro va a raccogliere la palla finita fuori dal cerchio di luce dei lampioni e tiene lo sguardo ancora su Sario.

"Mi ha detto che se lei deve sempre essere in ansia, tacere su cosa fa il marito e sentirsi in pericolo," – Sario tira calci a vuoto, la terra ocra si alza – "allora poteva sposarsi un mafioso... era uguale..."

"Pesante..." – Totò si piega con le mani sulle ginocchia. "Ma lo ha detto per provocarti, dai!"

"Come ha reagito alla notizia degli arresti?" – gli domando, chiedendo palla a Pietro con lo sguardo.

"Dice che adesso con un nuovo attentato risponderanno" – Sario mi anticipa e inizia a palleggiare in solitaria. "Secondo lei, salteremo in aria noi e tutte le nostre famiglie. Chi le ha a Palermo ovviamente. A voi che hanno detto?"

"Mia moglie pensa che adesso ho finito, che me ne tornerò a Roma" – guardo il pallone artigianale e malridotto proprio come siamo noi.

"Io stasera a casa non voglio tornare" – Sario lancia una pallonata nel petto di Pietro che risponde facendola rimbalzare sulle ginocchia: "Dormi in ufficio. Non sarebbe la prima volta."

"Oppure preferisci il Ford Transit?" – Totò sorride e segna.

"Preferisco andare a tirare due ganci al sacco" – Sario va a recuperare la palla. "Ma che bello il Ford Transit..."

"Quasi mi manca..." – Pietro si sposta verso di me per placcarmi.

"Ti manca pisciare nel tetrapak, pensa come siamo messi!" – metto le mani tra i capelli, so cosa intende Pietro. Il mio ghigno esprime la stessa malinconia.

"Sarebbe da farsi una vacanza" – Totò va incontro a Sario – "tutti e quattro con quel furgone..."

Prendo la palla e avanzo da solo. Lancio il pallone, lontano – finisce sul muro di un palazzone.

"Oh, basta!" – viene una voce da una finestra. "Ve ne dovete andare, sennò le guardie chiamo!"

"Le guardie? Noi siamo!" – saltiamo tutti addosso a Sario per chiudergli la bocca.

Corriamo via come dei ragazzi, ridendo e spingendoci. Montiamo sui motorini a due, a due. Con Nannì ai piedi tra le gambe di Totò. Giriamo per le strade di Palermo, ancheggiando con i motorini, ci sorpassiamo e rincorriamo. Andiamo veloci. Ronziamo per i vicoli, imbocchiamo l'aria umida del mare. E qui il silenzio scuro di Palermo ci adombra e rallenta la nostra corsa. Ci disperdiamo. Lascio Sario al garage con sacco e guantoni.

Sono da solo sul motorino. Siamo io e la città. Infilo le cuffie del mio registratore con una mano, l'altra tiene il manubrio. Premo play. Alzo il volume al massimo. La voce di Falcone avanza, insieme al mio sguardo, per le strade di Palermo.

La mafia uccide come extrema ratio. *Non c'è il gusto, non c'è la ferocia di ammazzare fine a se stessa.*

Mi spingo nel vuoto delle strade buie.

Uccide quando ritiene che sia essenziale ai suoi interessi.

Svolto su un vialone. Le statue mi guardano passare. La voce di Falcone va.

La migliore protezione te la dai da te stesso.

Accelero. Sfreccio tra i lampioni, il vento negli occhi.

Per essere credibili bisogna essere ammazzati in questo Paese?

Le luci mi sembrano sfocate come macchie d'acqua. È solo l'aria umida sulle pupille. È solo Palermo.

A luglio del 1993 sono a Roma. Mi sembra di essere mancato anni da casa.

Marta mi vede arrivare dalla finestra – sono sceso alla fermata dell'autobus. Non faccio in tempo a raggiungere il palazzo che lei è già in strada. Cammina con passi ampi verso di me trascinandoti per un braccio. Mi salta addosso, mi stringe, mi tocca come per vedere se sono intero, mi prende la testa tra le mani e con le dita mi apre gli occhi. Mi dà uno due tre quattro baci. Sembro tornato da una guerra – lascio scivolare il borsone per terra.

"Sono morta di paura! Li ho visti quelli che avete arrestato... Potevano ammazzarti!"

Adesso sono io a toccarle il viso e a lisciarle i capelli. Non dico niente, non posso dirle che non è così.

"Ora quindi torni a Roma" – finisce la frase senza nemmeno il punto di domanda.

Le do un bacio sulla tempia. Lei butta fuori l'aria dal naso, un soffio secco, come di rassegnazione. Poi mi mette un braccio al fianco e apre l'altro verso di te. Tu hai le punte dei piedi che si toccano. La nostra ombra ti copre per intero.

"Ciao, campione" – ti prendo con il braccio libero, per darci un bacio ci tocchiamo le fronti. Vi stringo a me per un istante e mi sforzo di sentire il vostro odore. Ispiro fortemente. So che quell'odore prima mi arriva e prima mi sentirò a casa, ma le mie narici hanno dentro Palermo, una città intera che fa da tappo.

Dal borsone spunta una coda bianca che cattura subito la tua attenzione.

"Ma cos'è?" – la gatta esce fuori con le orecchie, poi le zampette e alla fine tutta la testa.

"Lei è Bianchina."

Sì, Ale, Bianchina. La gattina che hai adorato e tormentato per dieci anni. Questa è la sua storia – viene da via Ughetti civico 17. Nel luglio del 1993 non potevo dirtelo né te l'ho detto dopo – che differenza avrebbe fatto? Lo so a cosa stai pensando. Per anni la gatta è stata accarezzata dalle mani degli autori della strage di Capaci e poi dalle mie e dalle tue. Non rabbrividire. Sarebbe un errore. Una gatta non è di nessuno, nessuno diventa il suo padrone. Nessuno può comandarla. In quel momento è un legame tra me e te, un filo silenzioso, invisibile, che ci unisce.

"È il mio regalo per voi."

"Cioè, ci regali un animale che si fa i fatti suoi, esce e torna quando gli va? Ma già abbiamo te!" – arriccio le labbra, la battuta di tua madre è pungente, perfetta.

"Ma sa dare anche tanto amore. Proprio come me" – pronuncio le labbra e sbatto a intermittenza le ciglia.

Lei tira un sorriso, i denti e gli occhi scintillanti. Mi prende il viso con la mano, mi bacia. Andiamo verso casa con te che infili la manina nel borsone per accarezzare la gatta.

Nei giorni seguenti, quando siamo in casa tu e tua madre siete tutt'uno. Vi muovete all'unisono. Lei sa quello che vuoi prima che tu lo dica. Sei sempre al suo seguito. Tu parli e ci sono cose che io non capisco – devo aspettare che tua madre traduca, capito come? Mi traduce quello che stai dicendo, il tuo mondo. Mi sento un estraneo. Sono un estraneo. E a volte mi sembra che lei aspetti le mie richieste di chiarimento per farmi notare che sono stato assente, che non siete abituati alla mia presenza. E io mi sento uno schifo perché capisco le parole degli uomini di Altofonte e non quelle di mio figlio. Marta in quei giorni ha pure cambiato la disposizione dei mobili in casa: il divano adesso guarda verso la finestra, il contenuto dei cassetti nella cucina è stato spostato – le posate stanno da un'altra parte e io invece le cerco sempre nel vecchio posto. Difficile sentirsi a casa.

Bianchina invece non è affatto un'estranea. Si muove già come la padrona dell'appartamento. Tu e lei vi studiate. La gatta stiracchia le zampe davanti e tu fai lo stesso con le braccia. Ti annusa le manine e tu le tiri un orecchio. Le prendi la coda e lei tira fuori le unghie.

"Attento che ti graffia!" – mi piego alla vostra altezza. Inizi a rincorrerla. Lei si nasconde sotto il divano. Prendi una scopa e la infili nella fessura per farla uscire da lì.

"Se fai così, non te la lascio! Me la riporto indietro" – ma né tu né la gatta mi state a sentire. In quei giorni, non so perché, inizio a rimproverarti per ogni cosa che fai. Alzo la voce.

Tua madre mi prende in un angolo: "Si stanno conoscendo. Non puoi fare così col bambino, per il poco tempo che lo vedi..." – ma io vengo a toglierti il bastone e a scuoterti il braccio. Sposto il divano per prendere Bianchina e quella scappa, e va sulla sedia, e sul tavolo, e io a cercare di acchiapparla, e tu dietro di me che salti e urli, tutto contento. Tua madre stringe le labbra: "Ma è così che dai la caccia ai mafiosi?" – mi giro verso di lei e con la punta della scopa le pungolo i fianchi e le faccio il solletico, con in volto la mia solita smorfia che è il massimo del sorriso di cui sono capace. Quel buco di casa è tutto sottosopra per la gatta.

"Hai tagliato i capelli..." – la notte, a letto, tocco la testa di tua madre. "Lo sai che mi piaci con i capelli lunghi."

Lei si gira sul fianco verso di me: "E a te cosa cambia? Tanto mi vedi due volte l'anno..." – mi dice con voce calda. "La prossima volta saranno belli che lunghi."

"A parte che non sono due le volte, ma va bene, ho capito" – la accarezzo e lei preme la testa sulla mia mano come fa Bianchina per sentire di più il contatto.

"Ascolta, per il nostro anniversario facciamo giù al bar da Gino" – sta prendendo il tono rauco di quando comincia a rilassarsi. "Prepara giusto due cose nel cortiletto interno. Pochi invitati."

"Va bene" – sto per baciarla.

"I tuoi fratelli sarebbe il caso..." – se ne esce lei.

"Non ci penso proprio! Scordatelo!" – mi ritraggo riversandomi sul mio lato del letto.

"Ma non possiamo avere una famiglia normale, noi?" – sale con la schiena lungo il muro, irrigidendo le gambe sul materasso.

"Guarda, invito i miei fratelli, quelli veri..."

Siamo entrambi a guardare angoli opposti della camera, quando tu ti affacci nella nostra stanza con Bianchina che spunta dietro di te.

"Voglio dormire qua" – e sali sul letto con la gatta. Tua madre vi fa spazio in mezzo a noi.

"Marta, questa cosa non è accettabile, io sono contrario."

Ma di fatto l'ospite sono io quindi la mia opinione non conta.

Tu ti metti orizzontale e mi spingi con i piedi sul fianco. Ho gli occhi spalancati come Bianchina che continua a leccarmi il gomito. La prendo e me ne vado sul divano.

Sono fuori posto – ma è questa casa mia? Non lo so più. Mi sento a mio agio solo quando lavoro. Passo la notte con la gatta di Gioè e La Barbera acciambellata sulla pancia. La accarezzo – penso a loro due in carcere e la mia mano si ferma. Lei avanza con le zampe sul mio petto e col musetto umido mi tocca il viso. Le gratto il collo: "Tu sai dov'è Bagarella, vero, micetta?" – miagola, io la stringo chiudendola nel braccio. Affondo il naso nel pelo: "Dimmi un po': dove sta?" – lei si sfila, mi passa la coda sotto il naso e se ne va.

È il giorno dell'anniversario. Ci stiamo preparando. Abbottono la camicia davanti allo specchio e nel riflesso vedo lei che ha infilato l'abito dai piedi e ha ancora la schiena scoperta.

"Sono tornato apposta per la nostra festa. Non sei contenta?"

"Tu sei tornato perché li hai arrestati."

"Lì non è ancora finita, sai?"

"Questa notizia sarebbe il tuo regalo per oggi?"

"Non ci siamo mai fatti regali per i nostri anniversari."

"Appunto."

Ci ritroviamo insieme davanti allo specchio per sistemarci – vedo riflessa dietro i nostri piedi, in fondo, sotto al letto, la valigia delle mie partenze. Il suo braccio destro e il mio braccio sinistro si toccano e poi si distanziano mentre ognuno cerca lo spazio per vedersi per intero. Le do una piccola spinta con il fianco. Lei si ferma un istante e cerca il mio sguardo nello specchio. Alzo l'angolo della bocca e socchiudo un occhio. Lei stringe le labbra e si sistema i capelli dietro le orecchie. Divarica leggermente le gambe, distende le braccia lungo il corpo e senza mai mollare lo sguardo nel mio, risponde con un'altra spinta. Faccio lo stesso anche io e poi di nuovo lei – abbiamo le pupille luccicanti come biglie. La sollevo tra le mie braccia, lei mi serra le gambe in vita, la porto sul letto – ci intrecciamo levandoci di dosso i vestiti appena sistemati.

Quando tua madre incontra per la prima volta i miei colleghi, è come se li conoscesse da sempre. Coinvolge Pietro per spostare un tavolo. Mette le chiavi di casa in mano a Sario: "Puoi prendere le sedie e portarle giù?" Chiede a Totò, che ha portato una bottiglia di moscato, di consegnarla a Gino e preparare un vassoio con i bicchierini.

"Fooofiiifuuu, proprio moglie tua è!"

Tu, Alessandro, giochi con Nannì, ridi a ogni fischio di Totò, vai sulle spalle di Sario, prendi per mano Pietro, zio Pietro. Io non faccio altro che darti ordini o rimproverarti – non lo so il motivo, è più forte di me. Mi dà fastidio qualsiasi cosa fai e come la fai.

"Metti la camicia dentro ai pantaloni" – e tu la tiri fuori ancora di più.

"Se ti dico una cosa, tu la devi fare" – ma tu hai la testa da un'altra parte.

"E guardami quando ti parlo" – questa cosa che non mi guardi mai negli occhi mi manda fuori di testa.

"È un bambino" – Sario sussurra al mio orecchio. "Lascia stare."

"Lui deve rispettare le mie regole, invece mi provoca" – mi passo la mano sulla bocca e dietro il collo. Ruoto la testa. Conto fino a tre e vengo a prenderti per le spalle: "Tu devi fare quello che ti dico, hai capito? Sono tuo padre, Cristo!" – si girano tutti. Tua madre tira il mento verso l'alto, due fessure al posto degli occhi.

Sario mi mette una mano dietro la nuca e mi porta dentro al bar: "Tuo figlio, così lo perdi. Amico devi fartelo, senti a me." Si affaccia Pietro dietro le spalle di Sario: "Sì, non gli puoi rompere così... lui non è come noi che ti dobbiamo sopportare per contratto" – mi fa l'occhiolino. Nannì mi passa il naso sulle scarpe – sente l'odore di Bianchina. Gli do una pacca sul dorso. E lo stesso fa Totò sulla mia spalla: "Cravunà, tranquillo devi stare... A Bagarella, lo prendiamo. Sicuro..."

"Fooofiiifuuu!" – fischiano tutti e tre insieme.

Questo è una famiglia: avere qualcuno su cui poter contare, sempre – il sangue non conta. Dico anche per te, visto che la nostra è tutta squassata – e dopo questo racconto non so se sto solo peggiorando le cose.

I miei fratelli mi si fanno vicino con le spalle, come per abbracciarmi. Dal bancone osservo tua madre: fuori nel cortiletto, sta parlando con Clara, la moglie di Pietro. Hanno le teste che si toccano, tanto hanno da dirsi e da condividere. È in quel momento che inizia tra loro l'amicizia che conosci: due sorelle che si aiuteranno quando io e Pietro siamo lontani – un legame che si farà più stretto quando Pietro si trasferirà con moglie e figlia a Roma. Pietro, Clara, Sario e Totò diventeranno i tuoi zii e con i loro figli passeremo estati e Natali insieme, quando possiamo allontanarci dalle inchieste. Non puoi dirmi che non è stata anche per te una bellissima famiglia allargata. Una famiglia scelta.

Gino ha riempito quattro bicchieri di moscato. Abbiamo appena fatto toccare i calici tra noi quando dal televisore in fondo al bancone arriva la voce del notiziario. Una notizia dal carcere di Rebibbia: il detenuto Antonino Gioè si è suicidato. Si è impiccato in carcere a quarantacinque anni. A pochi chilometri da noi – restiamo impietriti con i bicchieri in mano. Ma com'è possibile? Nemmeno è entrato in carcere che si ammazza così? Come fa uno al 41-bis, costantemente sotto sorveglianza, a suicidarsi? Non diciamo una parola. I miei fratelli scolano i calici, io lascio il mio sul bancone con il vino che ancora si agita nel vetro.

Arriva la voce di tua madre: "Forza, venite, che ci facciamo la foto."

Ce l'hai presente questa foto, sì? Io e miei fratelli con gli occhiali da sole, le facce fredde e tese come maschere di ferro, tu col grugno, anzi, con la smorfia come la mia – tutti gli altri sorridono.

A fine ricevimento sono andati tutti via, resto ancora un po' al bar – penso al suicidio di Gioè. Mi chiedo come sta La Barbera. Fumo una sigaretta dietro l'altra.

Gino mi fa segno che deve chiudere: "Certo, che coraggio tua moglie" – passa lo straccio per terra vicino al mio sgabello – "... contento della novità?"

"Quale novità?"

Sono per le strade di Palermo, adesso. Non riesco a sentire nulla. Le strade per me sono mute. Non sono più le nostre – chi le ha mai viste così, di notte, con i ragazzi a ridere e divertirsi: i loro movimenti sono senza alcun suono. Ho come dei tappi nelle orecchie – mai avuto un attacco di panico senza audio. La vita della città scorre in silenzio. Sniffo un po' l'aria – l'odore non è quello acre a cui sono abituato, come di un cadavere a cielo aperto. È più dolce, irriconoscibile – mi trema lo stomaco.

Cammino rasente i muri. La città mi gira intorno – tutto sembra avvolto da una patina scolorita, come se avessi delle vecchie lenti sugli occhi. Pietro è qualche passo davanti a me. Si volta per accertarsi che gli stia appresso. Ha gli occhi che brillano – è emozionato per essere tornato qui, lo so. Ficca il suo sguardo nelle mie pupille allucinate – sono in panne, lo sa. Ritorna a guardare davanti a sé e il movimento è come rallentato. Ho le gambe molli – vado verso di lui ma il corpo non mi sta dietro.

Siamo nelle luci della notte. Pietro mi parla ma non sento niente – ho l'audio bloccato. Strizzo gli occhi e faccio di no con la testa. Lui stringe le labbra – ha capito. Ferma il suo corpo per un istante e poi fa uno scatto tirando indietro le spalle: vuol dire che ha avuto un'idea.

Mi tira per il gomito e inizia a camminare a passo svelto – mi faccio portare. Attraversiamo il flusso di turisti e di ragazzi. Arriviamo a un chioschetto. Pietro molla il mio braccio e prende un tipo in disparte. Gli parla. Mette i soldi in mano a questo tizio – ma cosa sta facendo? Riceve da lui un mazzo di chiavi. Monta su una vespa, la accende – non ci sto capendo un cazzo. Pietro mi guarda con gli occhi di sempre, quelli del giovane investigatore anni novanta prima di un pedinamento – la patina sbiadita adesso si riaccende di mille colori, vibra.

Salto sulla sella dietro di lui. Lui accelera e il rombo del motore mi fa destare – il boato della città mi esplode nelle orecchie: il traffico la musica le urla il siciliano. Per un istante si mischia al graffiare delle intercettazioni – uno sprazzo degli audio di Gioè e La Barbera mi ritorna alla mente e si insinua nel vociare allegro della città. Pietro fa slalom tra le macchine ma non stiamo inseguendo nessuno. Stringo le ginocchia sulle sue gambe. Non ha dimenticato come ci si muove in città. Come ci muovevamo noi in questa città. Fiancheggiamo il porto, il Foro Italico. La vespa rallenta all'altezza dell'Ospedale civico – no, ti prego: non andiamo lì. Non riesco a parlare. Pietro svolta per davvero e ci infiliamo in via Ughetti. Cristo, è tutto uguale a trent'anni fa – stessa puzza di marcio, di monnezza, le fila di palazzoni, le auto parcheggiate, le insegne luminose e tremolanti dei negozi. Le torri. Pietro ronza davanti al civico 17. Si ferma di fronte al cancello. Attraverso la sua schiena sento i battiti del suo cuore: sono anche i miei. La nostra sintonia non è cambiata – i respiri e i battiti tengono lo stesso tempo come quando lavoravamo insieme.

Faccio salire lo sguardo verso la mansarda. Si accende una luce all'ultimo piano. Compare un'ombra che si ferma alla finestra – mi arriva il flash dello stuzzicadenti, della cimice, del Ford Transit. In questo momento un signore passa davanti al nostro motorino e fende la visione di quella scena e l'intermittenza dei ricordi – sobbalziamo. Pietro riparte. Tira al massimo l'acceleratore. Piega il busto in dentro, la testa puntata nell'aria calda. Aggancio le braccia al suo petto – lo sento ansimare sotto le mani.

Perché siamo tornati qui? Per vedere che nulla è cambiato? Perché farci male così? Se fosse cambiata questa strada, avremmo accettato che noi oggi non serviamo più a nulla? E invece è rimasta uguale. La mansarda, le torri, la via, il tanfo e adesso il cimitero, lo scolo del fiume. Il passato è qui davanti a noi – siamo tornati per ricordarci perché abbiamo vissuto. Mi abbandono sulla schiena di Pietro. Chiudo gli occhi – sento le strade di Palermo nello stomaco, il groviglio dissestato dei vicoli, l'asfalto liscio della via a scorrimento veloce.

Nella mia mente si fa spazio una canzone. *Old Man* di Neil Young.

La canto sulla punta delle labbra, il vento caldo mi entra in bocca.

Old man take a look at my life,
I'm a lot like you...

Quando ascoltai per la prima volta questa canzone, avevo più o meno undici anni – era il periodo in cui decisi di fare questo lavoro. Mio padre mi puntò una pistola sulla tempia – la tempia di un ragazzino: non voleva un figlio sbirro. Decisi di diventare un poliziotto contro la volontà di mio padre. Per andargli contro – e ascoltavo ossessivamente Neil Young.

Apro gli occhi.

Pietro sta puntando la vespa verso Ballarò e io so dove sta andando.

“Come ti è venuto di non dirmi niente!”

“Quando te lo dovevo dire? Mi hai chiamato una volta alla settimana!”

“Marta, non è vero! Erano almeno due.”

“Ho maturato questa scelta da sola. Te ne avrei parlato in questi giorni…”

“Ti rendi conto che è rischiosa una scelta del genere, che mi mette in difficoltà?”

“Ma pensa alle difficoltà che hai creato tu a noi! Io ti ho detto forse di non lavorare?”

“Lì c’è la gente che ho arrestato! E tu vai in carcere a fare l’assistente sociale di questi! Ma capisci che cazzo hai fatto?”

“A parte che non sono quelli che hai catturato tu, e poi quale sarebbe il problema? Ho studiato di notte perché per colpa tua, che ero in pensiero, non chiudevo occhio. Ho studiato, ho vinto un concorso. Faccio il mio lavoro come tu fai il tuo!”

“E con il bambino?”

“Mi aiuta una ragazza del palazzo… Stai tranquillo, è una a posto. Poi c’è Gino, santo Gino.”

“Tu con quella gente non ci devi parlare.”

“E perché? Sono esseri umani come me, come te.”

“Smettila.”

"Guarda che lo diceva Falcone a proposito di Buscetta, eh."

Come cazzo faceva, tua madre, ad avere una risposta per tutto, proprio non lo so. E soprattutto, come faceva a prevedere quello che mi sarebbe accaduto da lì a poco...

Quella sera di fine luglio del 1993, dopo il nostro anniversario e dopo la soffiata di Gino, discutiamo. Lei poi mi massaggia le spalle e mi sussurra all'orecchio: "Noi qui ce la caviamo bene. Tu concèntrati su quello che stai facendo. Io però ho bisogno di fare un lavoro in cui credo. Non voglio aspettare niente e nessuno."

Mi abbraccia e dopo qualche istante la avvolgo anche io tanto stretta da toccarmi le spalle con le mie stesse mani – è il nostro modo per dirci: ce la faremo.

"Senti, Marta..."

"Che altro c'è?"

"Ho bisogno di parlarti di Alessandro."

"Dimmi. Qualcosa non va?"

"Non mi guarda mai negli occhi, non risponde alle domande..."

"Franco, è un bambino."

"Sì, ma secondo me sono comportamenti problematici... è oppositivo nei miei confronti."

"C'è da aspettarselo. State poco insieme."

"Hai visto che quando è in camera ripete ossessivamente una frase anche cento volte?"

"È un rituale che gli dà sicurezza."

"È preoccupante, Marta."

"Ti sei reso conto che sono frasi che ha ascoltato da te?"

"Veramente no."

"E invece è così. È un modo per riempire il vuoto della tua assenza."

"Quindi è colpa mia?"

"Ma perché ragioni in termini di colpa? Vuoi capire i suoi comportamenti. Io te li sto solo spiegando."

“Non è questo.”
“Cosa c’è, allora?”
“Temo sia autistico.”
“Ale non è autistico. È dei Pesci.”
“Pure io sono dei Pesci.”
“Appunto. Quante volte mi guardi negli occhi quando ti parlo? O rispondi alle domande visto che pensi sempre ad altro? Quante volte ti ripeti le stesse cose in testa? Solo che tu non le dici ad alta voce.”
“Marta, tu non vuoi vedere le cose. Non riesco ad avere una conversazione con lui quando siamo da soli.”
“E al telefono ci riesci?”
“A volte sì.”
“E quindi che cosa significa?”
“Che devo partire. Stare lontano…”
“No, significa che devi stabilire un contatto con lui.”
“Non lo so fare, che ti devo dire…”
“Scusa, ma al lavoro non devi leggere il linguaggio del corpo di chi stai pedinando?”
“Sì.”
“E allora fai lo stesso con tuo figlio.”
“Non è la stessa cosa: io qui… sono coinvolto.”
“Hai scelto questa vita, Franco. Devi imparare a fare il padre come hai imparato a fare l’investigatore.”
“Sul campo.”
“Sul campo.”

"Sei pronto, Cravunà?"
"Sì."
La vespa si infila nelle strade di Ballarò. Il mio corpo e quello di Pietro ondeggiano insieme nei vicoli tra le scritte sui muri, i profili scrostati dei palazzi, una lavatrice abbandonata sulla strada, i negozi degli arabi ancora aperti, i turisti che rientrano ubriachi nei loro alloggi – la guida morbida di Pietro mi fa immaginare Sario che ancora gira per questi vicoli e torna a casa dopo il turno di notte. Dondoliamo sulla vespa, di qua e di là, di qua e di là, come per consolarci – un formicaio si è risvegliato lungo il mio sterno.
Il muro del palazzo sporge nel vicolo come una spalla ricurva. Pietro la fiancheggia con il motorino, io ne tocco l'intonaco ruvido con la mano – lascio i polpastrelli a graffiarsi. Pietro ferma la vespa davanti alla palazzina dove c'è casa di Sario. Le pareti sono scrostate e tappezzate di manifesti funebri – i miei occhi non leggono niente, vedo solo macchie di inchiostro. Pietro monta con la vespa spenta sul marciapiede e la lega a un palo. Entriamo nell'androne con le labbra contratte e le spalle altissime. Pietro tiene le mani in tasca, io pizzico continuamente la punta del naso con le dita. Facciamo le scale e dopo due gradini già mi manca il fiato – il livello dell'acqua dentro di me sta salendo all'altezza del petto, devono essere tutte le lacrime che non ho versato in

questi anni. Sul pianerottolo la porta col fiocco viola è aperta. La pianta sulla soglia ha le foglie all'ingiù – sollevo le fronde con una mano: ha bisogno di essere innaffiata. Guardo la pianta per ritardare il più possibile l'incontro con Marina, la figlia di Sario, che proprio in quel momento sta venendo verso l'ingresso, con il marito alle spalle – ha un abito di lino largo sui fianchi e un lungo pendente con una pallina d'argento che le sfiora la pancia. "Zio Franco, zio Pietro, grazie per essere venuti!"

"Non potevamo mancare, Marina."

"Se hai bisogno di qualsiasi cosa, conta su di noi."

Sorride e socchiude gli occhi e in questo sguardo che non si spegne ma che in qualche modo va oltre noi capisco una cosa a cui non ho mai pensato prima di questo momento. Lei è cresciuta fin da piccola con la morte seduta a tavola all'ora di cena. Quando Sario non tornava a casa e restava in ufficio o quando sentiva una sirena di un'ambulanza, Marina scavava dentro di sé un'assenza. Preparava uno spazio vuoto. Da quando il padre le aveva detto che esiste una barricata, da una parte ci sono i giusti e dall'altra ci sono i criminali, da quel momento per lei, bambina, la vita non è stata più la stessa. È come se le fosse entrato un animaletto nello zaino di scuola e di nascosto le avesse continuato a crescere addosso, per anni, attaccato alla schiena. Adesso che ho di fronte una donna riesco quasi a vederne le zampe che spuntano dietro le spalle. Anche per te è stato difficile, Ale, lo so. Ma i figli a Palermo hanno vissuto qualcosa che non si può capire se non si è stati in questa città negli anni novanta. Loro la guerra ce l'avevano in casa. E quell'animale se lo sono portati addosso ogni giorno.

"Lo… volete vedere?"

Mi tocco la punta del naso con le dita. Pietro imbroncia le labbra ed entrambi picchiettiamo con la testa come per dire più volte "Sì."

"Vi faccio strada."

Casa di Sario è un corridoio che taglia l'appartamento in due. È sempre uguale nell'arredo. I mobili e gli oggetti sono tutti degli anni novanta – alla fine di quel decennio la moglie di Sario è morta e la casa sembra essersi congelata, fermata a quell'epoca.

Entriamo nella camera da letto – è tutto buio e color porpora. Alcune persone sono sedute sulle sedie – lumini e candele sono accesi lungo la parete cieca della stanza. Una finestra è aperta sul lato opposto e fa entrare il vociare di Ballarò e l'aria pungente dei vicoli.

Sario è disteso sul letto, vestito con un abito nero. Indossa la giacca. Per la prima volta in vita sua. Ha mezzo volto viola per l'ematoma dovuto all'incidente, come un lato oscuro che ha sempre avuto e che adesso è diventato per tutti visibile – il livello interno dell'acqua mi è arrivato alla gola, è salata, avanza come l'alta marea.

Giovannino è attaccato al feretro. "Zii, lo sapevo che venivate!"

Il ragazzo sistema vicino al corpo del padre un peluche – ricordi quando ti spedii il lupo di pezza? Quello stesso anno Sario comprò al figlio un ariete per spiegargli qual era il suo lavoro: fare sfondamento.

Poggio una mano sulla spalla di Giovannino.

"Sei sicuro di non volertelo tenere, l'ariete?"

"Dici?"

"Conservalo. È un bel ricordo."

"Alessandro ce l'ha ancora il lupacchiotto?"

"Penso di sì" – adesso il petto mi brucia.

"Tuo papà era un grande..." – Pietro stringe le spalle di Giovannino tra le sue mani.

"... un grande rompiscatole!" – diciamo tutti insieme.

"Fooofiiifuuu!"

Il suo fischio è come il sibilo di un proiettile che ci centra in pieno petto – ci giriamo in direzione del suono: stretto in un angolo scuro e nascosto è rannicchiato Totò, i baffi imbiancati e i capelli tirati all'indietro. Gli occhi di ghiaccio si vedono anche al buio.

"Santa Rosalia!" – questa volta a dirlo sono io.

Sorridiamo con gli occhi acquosi. Ci prendiamo per le spalle tutti e tre – la solita presa da rugby. È qualcosa di più dell'abbracciarci in maniera goffa. È ricomporre un unico corpo. Giovannino si aggrappa alle nostre spalle – lo facciamo entrare dentro quel corpo annodato, lo mettiamo al centro. Tutti e tre insieme forse arriviamo alla stazza che aveva il padre – lo sento piangere. Trattengo ancora le mie lacrime. Non potrebbero evaporare?

La voce di Marina, seduta sul bordo del letto, si poggia come una carezza sulle nostre teste.

Sta cantando *Babe I'm Gonna Leave You* dei Led Zeppelin. Tiene la mano su quella del padre.

Al centro del nostro corpo ricomposto si scioglie il pianto di Giovannino – proteggiamo il suo pianto finché non diventa secco. Poi apriamo le braccia, lui va a sedersi vicino alla sorella che finisce il canto – il modo che ha scelto per gridare il suo dolore.

I never, never gonna leave you, babe
But I got to go away from this place…

"Era la ninna nanna che mi cantava papà prima di uscire per andare a lavorare."

Intorno alla gola sento tutti i nostri corpi annodati, stretti – era la stessa canzone che Sario ascoltava in macchina quando la notte era di turno e non tornava a casa.

"È finito tutto" – Giovannino poggia la testa sulla spalla di sua sorella. Cosa posso dire a questo ragazzo se non che ha ragione?

"Ci siamo noi, c'è lo zio Totò" – Pietro prova a fare ordine.

"Sì, ma chi la porterà avanti l'eredità di mio padre? Se solo fossi diventato uno di voi…"

"Tuo padre era fiero di te."
"Ma io volevo fare l'investigatore."
"Giò, questa cosa la devi superare" – Totò gli prende il mento con una mano. "Mica c'è da fare solo l'investigatore nella vita, eh. Hai scelto tu di avere un problema al cuore? No. Allora pensa ad altre strade. Che dici?"
"Tu facile la fai, zio."
"L'eredità di tuo padre, tantissime sono. Aveva il sentimento della giustizia. Sai dove voglio arrivare, no?"
"Eh, lasciamo stare."
"Non lasciamo stare manco per niente."
Marina mette una mano per coprire la bocca e si gira verso me e Pietro: "C'è un concorso per diventare magistrato."
Totò ha il viso di Giovannino tra le mani: "Da domani io vengo qua ogni giorno a vederti studiare. Capisti?" – al ragazzo colano lacrime dense come resina. Totò gli stampa un bacio in fronte.
"Zio Franco, ma che hai fatto alla mano?"
"Niente" – faccio per mettere il braccio dietro la schiena ma Marina mi ha già preso il polso.
"Qui bisogna cambiare la fasciatura, eh. Altrimenti un'infezione ti viene."
Dopo pochi istanti torna dal bagno con disinfettante e benda – pulisce la ferita e avvolge una garza intorno alla mano, la stringe: "Ale come sta? Non risponde ai miei messaggi."

"È permesso?" – sono gli uomini delle pompe funebri nei loro abiti neri anche d'estate. "Condoglianze a tutta la famiglia."
"Grazie" – diciamo noi con i figli.
Ci stringono le mani: "I fratelli?"
"Sì" – rispondiamo tutti e tre insieme.
Sono due, uno giovane e uno più anziano. Si somigliano – devono essere padre e figlio. Il padre dà indicazioni al figlio su

come prendere il corpo per posizionarlo nella bara. Accompagno Marina e Giovannino fuori dalla stanza: "Fate una cosa: portate un po' d'acqua alla pianta fuori. Qui ci pensiamo noi" – se ci fosse un modo, riverserei in quel vaso tutto il pianto accumulato fin qui, senza farmi vedere da nessuno.

"Ho sempre pensato che papà sarebbe morto in qualche attentato" – Marina ha le mani sulla pancia – "e invece se n'è andato così... in un incidente."

La verità è che non ci si prepara mai abbastanza, perché la vita va per conto suo – non le dico niente, vedo lei e il fratello allontanarsi nel corridoio. In questo momento, però, è la parola incidente che mi resta nell'orecchio, risale all'altezza della tempia e si ferma lì, a pungolarmi.

Senza parlarci e senza che nessuno ce lo chieda, affianchiamo i due uomini delle onoranze funebri per dare una mano a portare Sario – così, disteso, sembra ancora più possente.

"Scusate" – il papà si ferma un attimo – "voi del mestiere siete?"

"Più o meno."

"Noi è da una vita che a Sario sappiamo come prenderlo."

Estate del 2007. Tu hai diciannove anni, io sono a Napoli per un'inchiesta. Sto visionando le registrazioni di una telecamera – il pedinamento era molto rischioso, così abbiamo posizionato delle telecamere su alcune auto che si trovavano lungo il percorso della moglie di un boss dei Casalesi –, quando mi chiama tua madre. Da come vibra insistentemente il cellulare capisco che è importante, anche l'ora è insolita – è poco più che mezzanotte.

"Ehi."

"Ehi... ascolta, è tutto a posto..."

"Ma?"

"Ma Ale ha fatto un incidente."

"Un incidente?! Come sta? Cosa è successo?"

"Col motorino. È vivo per miracolo ma sta bene, è fuori pericolo."

"Cristo! Come sono andate le cose?"

"È uscito fuori strada ed è finito sul guardrail. Correva un bel po'..."

"Ma è scivolato? Gli hanno tagliato la strada? Sono rimaste coinvolte altre persone?"

"Non fare lo sbirro con me, per favore! Questo è quello che so."

"Ora dove sta?"

"Al Policlinico."

Esco dall'ufficio, monto in macchina e intanto continuo a parlare con tua madre.

"Col motorino... Dov'era?... Con chi?..." – infilo la cintura e accendo il motore.

"Corso Francia, con Fabio che non ha nemmeno un graffio. Il motorino è distrutto."

"Ma cosa cazzo ci fanno due di Torre Angela a Corso Francia?" – suono il clacson e supero a destra e a sinistra.

"Ma che domanda è, Franco?!"

"Posso sapere cosa ci faceva mio figlio di notte a Corso Francia o no?" – accelero, sono fuori dalla città.

"Se tu gli dici cosa stai facendo a Napoli, però."

"Lo vedi che parli come lui, allora queste cose le ascolta da te!" – scalo la marcia.

"Non puoi fare l'investigatore con tuo figlio, è sbagliato."

"Invece tu puoi fare l'assistente sociale" – entro in autostrada, spingo il piede sull'acceleratore.

"No, Franco, io faccio la madre e tu dovresti..." – la interrompo: "Che hanno detto i medici?"

"Ha un trauma cranico dovuto alla botta, ma niente di rotto. Resta sotto osservazione fino a domani."

Guidando a una velocità esagerata in un'ora e mezza sono in ospedale. Tua madre è in corridoio. La stringo con un braccio.

"È questa la stanza?" – faccio per entrare.

"Aspetta..." – mi poggia una mano sul petto.

"Cosa?" – il mio petto si gonfia.

"Non te la prendere ma..."

"Ma?"

"Non vuole che entri."

"Non te la prendere?! Ma stiamo scherzando? Mio figlio è in un letto d'ospedale e io non posso entrare per vederlo?" – adesso lei usa tutte e due le mani per fermarmi.

"Franco, per favore. L'ha chiesto lui."

“E tu gli hai detto che andava bene?”

“Io non gli ho detto niente, è provato dall’incidente.”

“Tanto provato che la prima cosa che chiede è di non vedere il padre!” – mi siedo con violenza su una poltroncina, si sposta di un metro tanta è la tensione che porto addosso. Prendo la testa tra le mani – ma che sto facendo? Che cazzo di vita è questa?

Tua madre mi accarezza la schiena: “Lo sai perché ce l’ha con te.”

“Perché vivo per il mio lavoro, questo è.”

“No, perché sei mancato il giorno della sua maturità.”

“Ma era un momento delicatissimo dell’inchiesta, Cristo!”

“Franco, dai sempre questa risposta... Sei mancato il giorno del suo compleanno, ai tornei di calcio e in altre mille occasioni. Io ci posso stare, ma per lui è diverso.”

Il petto è talmente gonfio che non riesco più a prendere aria. Sono notti o, meglio, anni che non dormo per il lavoro. Ora mio figlio è vivo per miracolo. Ha visto la morte con gli occhi ma non vuole guardarmi in faccia.

Vado al distributore del caffè. Tengo il dito premuto su “meno” per levare tutto lo zucchero. Infilo le monete e il bicchierino di plastica inizia a riempirsi. Lo afferro molto prima che sia pronto e lo scuoto. Poi le dita meccaniche si aprono. Porto l’espresso alla bocca e lo mando giù in un sorso solo guardando il soffitto – in un istante mi arriva il sapore dolciastro dello zucchero. Impasto la lingua in bocca e cerco un secchio dove sputare. Sferro un pugno al distributore e torno nel corridoio. Faccio avanti e indietro, avanti e indietro. Ho le mani in tasca, tiro fuori alcuni scontrini e mentre sto per buttarli ne tengo uno – farmacia della stazione, una scatola di nimesulide. Lo giro dal lato bianco. Chiedo a Marta una penna.

Scrivo tenendo la carta poggiata sul ginocchio: “*Figlio mio*” – cancello.

“*Ale*” – sbarro anche questo.

"*Sono qui*" – tiro una linea sopra.

Accartoccio lo scontrino e premo il pugno sulle labbra. Non sono capace di scriverti un biglietto – il petto ora non è solo gonfio. Sento qualcosa che mi preme sullo sterno come se avessi una persona seduta sopra.

"Marta, facciamo così" – lei mi guarda portandosi i capelli dietro l'orecchio.

"Ti ascolto."

"Entra e quando Ale si addormenta esci a chiamarmi. Mi affaccio a vederlo un istante mentre dorme. Tutto qui."

Abbassa gli occhi e quando li rialza per metterli nei miei, sono due stagni.

Mentre tua madre è con te, guardo le mie mani – le rughe, i tagli, la pelle che alla luce fredda del neon sembra cadaverica. Mi vedo vecchio, mi immagino anziano e solo. Senza il mio lavoro. Senza mio figlio – la persona seduta sul mio petto in questo momento pesa più o meno quanto te. Marta fa capolino dalla stanza e con la mano mi chiama a sé: "Ti lascio da solo con lui ma mi raccomando, se si sveglia..." – la accompagno con un braccio verso il corridoio: "Stai tranquilla."

La stanza è buia, a illuminare ci sono solo i monitor dei macchinari a cui sei collegato. Mi introduco nella stanza come quando vado a installare una cimice ma adesso la persona da cui non devo farmi scoprire sei tu. Più mi avvicino, più la pressione al petto diventa forte. I suoni dell'ossigeno nel sangue e del respiratore mi fischiano nelle orecchie – i battiti del mio cuore accelerano. Fili collegati alla testa, al torace, flebo alle mani. Hai la testa fasciata, la mascherina dell'ossigeno su naso e bocca. Gli occhi sono due lineette come quando sei nato e li avevi ancora chiusi. Ma non sei più un bambino. Disteso sembri più grande – sei alto quasi quanto me. Vorrei distendermi vicino a te per vedere quanti centimetri ci separano. Raccontarti tutte le volte che ho rischiato di morire. Perché oggi tu hai provato una sensazione che io conosco bene e vorrei sapere per te come è stato, quanta paura hai avuto, se hai provato quell'eccitazione di aver visto una luce ed essere passato dall'altra parte. In questo momento vorrei stendermi vicino a te. E non dirti niente. Stringerti solo la mano.

Avvicino la mia mano alla tua e quando sto per sfiorarti tu muovi le dita. Ritraggo la mano e mi piego sulle ginocchia nel buio della stanza. Non devo essere visto – non se ne esce da questa condizione. La persona seduta sul mio petto sei tu. Questo pensiero mi blocca il torace e il braccio – il cuore va all'impazzata. Esco carponi dalla stanza come una belva cacciata.

"Franco, hai gli occhi all'indietro!"

"Chiama un medico!"

"Che ti senti?"

"Mi sta venendo un infarto!"

E poi sai com'è andata.

Nell'autunno del 1993 stiamo ancora cercando Bagarella e il coordinamento dell'indagine mi porta a stare di frequente a Roma.

È un giorno di novembre e devo accompagnarti a scuola. Tua madre è già al lavoro.

Ti sto preparando la colazione quando squilla il telefono – il mio primo cellulare, quelli con lo sportellino e l'antenna. È il capo: "Lomuto, devi andare al carcere di Rebibbia."

"Ricevuto. Tempo di portare il bambino a scuola."

"No, devi andare adesso" – fa una pausa. Io ti sto versando il latte sui cereali. "La Barbera è con i magistrati: vuole iniziare a collaborare."

"Minchia!" – il latte straborda dalla tua tazza.

"Devi andare a prenderlo tu."

"Calcoli che già sto là" – chiudo la chiamata.

"Papà!" – alzi le manine. Il latte ti è andato addosso.

"Vieni, campione" – ti pulisco con un fazzoletto. "Ora papà deve scappare."

"Ho qualcosa al pancino" – pronunci il labbro in fuori.

"Lo so, è la fame. Farai colazione da Gino."

Ti infilo il cappottino e il berretto con le orecchie all'ingiù. Metto la giacca di pelle. Avvolgo un braccio intorno ai tuoi fianchi e ti tiro su come un sacco di patate per scendere dalle scale più in fretta. I miei piedi non toccano terra – La Barbera si è pentito, ti rendi conto? Tamburello sui gradini, salto scivolando sulla cresta delle rampe.

Sui pianerottoli spingo la mano sul muro per svoltare più velocemente verso le scale. Tu stai orizzontale, voli tipo Superman, tieni le orecchie del cappello con le mani. Adesso lo vado a prendere, vado a incontrare Gioacchino La Barbera. Faccia a faccia. Per la prima volta – penso a tutte queste cose mentre tu mi parli e io non ti sto ascoltando.

"È tutto a posto, campione. Adesso si scende" – siamo alla fine della rampa. Ti metto dritto in piedi. Tu ondeggi un po'. Prendo la tua mano, usciamo dalla torre e in due secondi siamo da Gino.

Spalanco la porta del bar.

"Quando irrompi così, sono cazzi" – Gino gira la testa verso di me, le mani sulla macchina del caffè. Al bancone sono appoggiati quattro tizi che aspettano l'espresso.

Lo chiamo un attimo sul retro. Tu sei aggrappato alla mia gamba: "Senti, Gino, io devo scappare perché ho un'urgenza."

"Forza, che vuoi?"

"Devi portare il bambino a scuola, io non ce la faccio proprio con i tempi."

"Ma come faccio col bar? Scordatelo proprio."

"Non ce l'hai quei cartellini 'torno subito'?"

"A parte che tuo figlio è bianco cadaverico..."

"Sta bene, è che non ha ancora fatto colazione. Dagli da mangiare prima di portarlo."

"Ah pure! Ma poi cosa dico alle maestre?"

"Di' che sei il nonno, che ti frega."

Mi scaccia via con la mano. Ti prende per il collo, da dietro, come fanno gli animali con i loro cuccioli, una presa morbida che per un momento mi ricorda di quando faceva lo stesso con me da bambino, le volte che mio padre mi mollava qui. Mi piego sulle ginocchia e ti afferro le braccia. Non ti dico niente. Un tocco della mia fronte sulla tua. Schizzo via dal bar lasciando la porta a sbattere dietro di me.

“Ma vi ricordate quante porte ha sbattuto Sario?”
“Non gli andava mai bene niente.”
“Alzava le mani al cielo: ‘Santa Rosalia!’, e se ne andava!”
Siamo tutti e tre intorno alla bara – ho invitato Marina, Giovannino e i parenti più stretti ad andare a riposare.
“Quando eri impegnato con La Barbera, sempre a nominarti stava, voleva che su Palermo le cose andassero avanti come le impostasti tu.”
“’U Cravunaru direbbe così… ’u Cravunaru farebbe così… Certe volte ti imitava pure!”
“Che stronzo! E che faceva?”
“Si metteva in piedi e diceva ‘Dobbiamo ragionare come loro, solo così li possiamo fottere’. Poi faceva una smorfia, si toccava il naso. Accendeva una sigaretta e si metteva alla finestra.”
Mi tocco il naso e rido con loro. Le nostre bocche poi vanno all’ingiù, gli occhi si fermano su Sario.
“Siamo rimasti in tre… prima o poi doveva accadere.”
“Be’, potevamo saltare tutti insieme in un attentato.”
“Voi almeno a Roma insieme state, io qua adesso…”
“Quando da Napoli mi hanno trasferito al centro operativo, ho accettato subito.”

"Ma se ti ho convinto io. Tanto noi a casa non ci saremmo stati comunque ma almeno le nostre mogli tra loro si sono aiutate."

"Totò, sei in pensione, non hai famiglia. Vienitene a Roma!"

"Il continente, mai mi avrà!" – sorride, gli occhi trasparenti.

Poggiamo i gomiti sul bordo della cassa di legno. Restiamo in silenzio.

Quando un fratello se ne va, muore una parte di te ma chi compie il passaggio all'altra vita ti lascia qualcosa – non parlo dei ricordi, dell'affetto. Ti lascia qualcosa che tu devi continuare, ma non come un obbligo. È un qualcosa che ti trovi a portare avanti senza sceglierlo – gesti apparentemente insignificanti. In questo momento però è troppo presto: nessuno di noi ancora si accorge dell'eredità lasciataci da Sario.

Dopo che è morto mio padre, tuo nonno, davo spesso da mangiare ai cani randagi – l'ho fatto senza pensarci e ho continuato a farlo nelle città dove mi trovavo per lavoro. Un giorno mentre portavo delle fette di prosciutto a un bastardino mi ha assalito il ricordo di lui a Torre Angela – a volte faceva addirittura la spesa per sfamare i cani sotto il palazzo. E mentre il bastardino leccava il cibo dalle mie mani, ho capito che mio padre, un uomo duro e violento, aveva in realtà un cuore che solo i cani potevano capire.

Ognuno di noi con la sua mano tocca il corpo di Sario.

"Chissà cosa sta facendo in questo momento il nostro trasformista..." – Pietro dà un colpo gentile sulla spalla di Sario.

"Il vestito da prete, sicuro, ha recuperato" – Totò tocca la stoffa dei pantaloni neri. "Altro che via Ughetti, alle porte del Creatore sta bussando."

"E se non aprono, l'ariete sfonderà" – Pietro sorride.

"Secondo me, era grande come un armadio perché dentro portava tutti gli scheletri di Palermo, capito come?"

"Sì, tutti i morti voleva riscattare. Tutta la città..." – Totò batte una mano sul petto del fratello.

"E questo noi del continente non lo potevamo sentire come voi."
"Eh, ma avevate lasciato moglie e figli a casa, e questo noi di Palermo... non lo potevamo sentire come voi."
"Però abbiamo trovato una famiglia più grande" – mi tocco il naso.
"Ho partecipato a molte altre inchieste dopo Palermo, ma nessuna è stata come la nostra, perché questa è stata l'origine di tutto" – guardo i miei fratelli negli occhi. "Mai più provata quella sensazione di essere in guerra."
"Mai più provate emozioni simili" – Pietro ha la voce spezzata.
"Mai più avuto uno come Falcone" – Totò sibila le parole come un lungo fischio.
Poggio una mano su quella di Sario: "Falcone... aveva deciso di non avere figli."
Pietro e Totò fanno lo stesso.
"E invece eccoci qua."

Da Torre Angela a Rebibbia è un attimo per la mia Lancia Thema di servizio, grigio fumo – si mimetizza con la strada, è tutt'una con l'asfalto umido. È sempre quel giorno di novembre del 1993. Ho il cuore che pompa come l'autoradio. Mi guardo nello specchietto retrovisore, sposto il mento con due dita. Mi riconoscerà? Passo una mano sulla barba. Scalo la marcia. Mi dirà qualcosa? Io dovrò stare in silenzio.

Alzo il volume a palla – sta andando *What Is Love*, una canzone che si infila nei miei pensieri e li porta da te.

I know we're one, just me and you
I can't go on…

Ti immagino con Gino all'entrata di scuola.

Mi sto perdendo i momenti con te, accompagnarti a scuola, prepararti la colazione. Pure ora che sono a Roma. Infilo gli occhiali da sole, anche se la giornata è grigia. Svolto al semaforo. La strada sale. Il blocco del carcere si impone davanti ai miei occhi, lungo la strada ne costeggio il muro bianco sporco ricoperto di filo spinato – lo stesso che sento salirmi dentro la colonna vertebrale: è l'adrenalina. In questo momento, sto dove voglio stare, mi dico. Non mi perderei nemmeno un battito del mio lavoro.

Si apre il cancello e sono dentro Rebibbia. Spengo la radio. Supero la prima cinta – per un istante immagino tua madre nella sezione femminile. Il motore dell'auto è un brontolio che accompagna i miei pensieri – non bastavo io, pure lei adesso. Marta ancora non lo sa, ma non passerà molto tempo che, come io faccio la vita dei latitanti, lei farà quella delle carcerate. Trascorrerà più tempo in un penitenziario che a casa, prenderà le loro abitudini, i loro ritmi. Arrivo alla seconda cinta, quella della reclusione. Mi dirigo verso un edificio separato dal resto: il reparto G7 di alta sicurezza. Parcheggio la Lancia Thema nel posto che mi hanno assegnato.

Sistemo la giacca di pelle. Schiarisco la voce. Cancelli, porte, grate si aprono e si richiudono alle mie spalle. Attraverso ambienti, stanze, corridoi.

Quando ero alla Criminalpol, avevo accompagnato alcuni pentiti ma non era niente rispetto a quello che sto per fare adesso. Ora è diverso. Quest'uomo l'ho pedinato, inseguito, intercettato. Sono entrato nella sua vita, sono diventato Gioacchino La Barbera per poterlo catturare. E adesso la sua collaborazione può diventare un tassello fondamentale per tutta l'indagine. Dimostrare la responsabilità di Cosa nostra nella strage di Capaci, colpire l'ala militare dell'organizzazione prendendo Leoluca Bagarella.

Ci sono agenti della DIA che hanno dedicato anni della loro carriera alla gestione dei pentiti – che non vuol dire semplicemente trasportarli da un luogo all'altro, vuol dire vivere in casa con loro, proteggerli, occuparsi di tutto ciò di cui possono aver bisogno. Con conseguenze non da poco: i pentiti hanno un'identità vecchia ma non ne hanno ancora una nuova – un mio collega ha passato per anni Pasqua e Natale con la famiglia del pentito che gli era stato assegnato, ha anche fatto da padrino di battesimo a sua figlia. E ovviamente nessuno aveva mai insegnato a questi agenti come si gestisce un pentito. Soluzioni e procedure sono state escogitate e provate sul campo, si è imparato facendo – mentre tu, agente della DIA, passavi giorno e notte con ex mafiosi, uomini della 'ndrangheta, camorristi. Perché sapevi che era la cosa giusta da fare.

Per questo in quel momento, mentre aspetto di incontrare Gioacchino La Barbera, so che non si tratta di una semplice operazione di trasferimento.

Tintinnano le chiavi. Schioccano i lucchetti – il filo spinato continua scorrermi lungo il collo, la schiena, le braccia, le gambe.

Eccolo. Siamo uno di fronte all'altro – ci guardiamo. Siamo entrambi snelli, coi capelli lunghi e scuri. Abbiamo più o meno la stessa età. Il viso segnato allo stesso modo. Ci assomigliamo – ma abbiamo scelto strade opposte. E adesso si incrociano qui, nel braccio di massima sicurezza.

La Barbera ha un lampo negli occhi: mi ha riconosciuto. Non ci diciamo una parola. Restiamo in silenzio anche per tutto il percorso in macchina – lui è seduto dietro, in mezzo a due agenti.

Si apre il cancello del muro esterno e siamo fuori dal carcere.

Percorro cinquanta metri e vedo tua madre alla fermata dell'autobus.

La riconosco subito dal vestito e dal gesto di portarsi i capelli dietro le orecchie.

Vado a passo d'uomo. Marta sta ridendo con un secondino. Lei si scosta, lui le tocca i capelli – non si accorgono di me anche perché guido un'auto di servizio.

Vorrei tirare il freno a mano, scendere dalla macchina e attaccare la guardia al muro – ma devo mantenere la calma, devo essere lucido. Ho in macchina uno degli autori della strage di Capaci, che sta per *saltare il fosso*. Non posso fare cazzate – ingoio a vuoto, mando quello che ho visto nel fondo del mio stomaco insieme a Cristo solo sa quanti altri non detti. Mi schiarisco la voce. Penso solo a La Barbera.

La mia guida è senza scossoni, come se stessimo navigando sull'asfalto. Non ho un tic, una smorfia, niente. Il mio corpo è fermo, presente, il volto disteso come un foglio bianco. Percorro via Nomentana. Incrocio lo sguardo di La Barbera nello specchietto retrovisore e da quel momento iniziamo a parlarci con gli occhi. La sua testa annuisce in maniera impercettibile: ti ho riconosciuto subito, non appena ti ho visto al carcere, vuole dirmi. Abbasso lo sguardo e lo rialzo subito come a rispondergli: sì, sono io. 'U Cravunaru. Scalo la marcia, mi fermo al semaforo. Sempre nello specchietto noto che rilassa il volto, lo vedo come sollevato. E sai qual è il motivo? Perché per lui avere di fronte uno che lo conosce bene come può conoscerlo un investigatore, in quel momento è una sicurezza.

Svolto in via Carlo Fea ed entro con la Lancia Thema nel cancello della sede. Salgo su in ufficio con La Barbera ammanettato e gli altri due agenti al seguito. Lo consegno al capo che cerca il mio sguardo – sbatto gli occhi per fargli intendere che fin lì è andato tutto bene. Sarà un colloquio lungo.

Decido di andare in strada. In ufficio riesco a starci poco, specie quando bisogna aspettare. Accendo una sigaretta dietro l'altra. Cammino lungo la via e mi infilo dentro Villa Mirafiori. Mi siedo sul prato davanti alla facoltà di Filosofia in mezzo agli studenti che si scambiano appunti e libri mentre mangiano un panino. Per età potrei essere un fuoricorso o un assistente. Ascolto i loro discorsi.

"Avete capito qualcosa della lezione di oggi sul *Discorso sul metodo*?" – una ragazza apre il quadernone ad anelli.

"Diciamo che Cartesio voleva cercare la verità attraverso la filosofia" – risponde un tipo con la barba e un morso di panino in bocca. "Semplice, no?" Gli altri ridono.

"... la verità come evidenza," – si inserisce una signorina con una matita infilata tra i capelli – "ricercare ciò che non può essere soggetto ad alcun dubbio."

Ma il ragazzo con la barba va avanti: "Eh, ma la realtà è sempre ingannevole e fa apparire reale ciò che non è" – tendo l'orecchio per non perdermi il concetto. "L'unica certezza per l'uomo è dubitare... Perché dubitando, per lo meno, è sicuro di esistere."

Penso al mio lavoro. A me che devo dubitare di tutto e di tutti, stare attento che i sensi non m'ingannino nonostante la pressione a cui sono sottoposto – un piccolo errore e salta tutto, l'inchiesta o, peggio ancora, la vita delle persone. Gli studenti continuano a discutere sul pensiero del filosofo. Mi accendo una sigaretta.

Le loro voci si fanno indistinte per la mia mente che è in affanno a cercare un'evidenza, anche una sola, nell'inchiesta, che non possa essere soggetta al dubbio. Mi torna in mente Giovanni Falcone che diceva – questo ti stupirà – che gli uomini di Cosa nostra ragionano allo stesso modo. In certi momenti, i mafiosi gli sembravano gli unici esseri razionali, spietatamente razionali, in un mondo popolato da folli. Pensa che Sciascia sosteneva – e a Falcone piaceva ripeterlo – che "in Sicilia si nascondono i cartesiani peggiori".

Spengo la cicca sotto la suola e metto il mozzicone in tasca. I ragazzi si distendono sul prato, usano gli zaini come cuscini e i manuali di filosofia come vassoi per il caffè. Parlano già di altro. Non avrei mai pensato che qualche tempo dopo saresti stato uno di loro. E ti saresti seduto su quell'erba dov'era tuo padre il giorno in cui La Barbera si è pentito.

In quel momento squilla il cellulare. È il capo: "Vuole parlare con te."

Mi alzo da dove sto seduto, senza dare nell'occhio. Man mano che mi allontano da Villa Mirafiori, aumento la velocità del passo e quando sono in strada corro verso la sede.

Appena sono di fronte alla stanza, mi fermo un istante. Butto fuori l'aria e mi sistemo la giacca di pelle. Busso mentre apro la porta.

"Vieni, vieni" – il capo mi invita a entrare. Sono entrambi a proprio agio, non si avverte alcuna tensione nell'aria. La Barbera è senza manette – piccoli dettagli che mandano messaggi precisi. Resto in piedi sul lato corto del tavolo. Ho le braccia lungo i fianchi, il petto in fuori – le spalle non riesco a tenerle basse ma evito di incrociare le braccia.

"Non c'è bisogno di presentazioni" – il capo muove la mano da me a La Barbera e viceversa.

L'uomo di Altofonte mi punta gli occhi addosso come un'arma: "Hai moglie? Figli?" – la domanda mi gela.

Tu pensa, una domanda che per tutti è innocua nel mio mondo può essere una minaccia, una dichiarazione di guerra o una prova di carattere. Qualunque di queste sia, non mi sottraggo. Guardo il capo per sapere se posso rispondere – mi fido ciecamente di lui. Mi fa cenno di sì con la testa.

"Una moglie, un figlio."

La Barbera si alza. Passa le mani sulle gambe. Il capo drizza la schiena sulla sedia. L'uomo di Altofonte mi viene incontro – il mio cuore accelera. Mi abbraccia. Io rimango impassibile, il corpo fermo – ma i battiti, quelli no, non li posso fermare.

Molla la presa e mi guarda a un palmo dal naso: "Sono contento di non averti ammazzato quel giorno. Al Padre Eterno te ne stavi andando tu, insieme ai colleghi tuoi."

"Sicuro che sarei morto io?" – il capo poggia la mano sul lato corto del tavolo, come a dirmi di essere meno irruento.

"Tu non sai chi c'era là. Cosa avevamo là" – i suoi occhi dicono il vero – "Brusca, Bagarella, Messina Denaro, altri capi mandamento. Mitra avevamo. Fucili, bazooka. E un lanciamissili. Mi sono spiegato?"

"Allora c'hai ragione" – bisogna sempre dire la verità, specialmente a un affiliato a Cosa nostra. "Ci avreste ammazzati. Ma stai certo che qualcuno di voi si sarebbe fatto male."

Può farti sorridere una frase del genere, Ale, noi quattro con le pistole contro il gruppo di fuoco di Cosa nostra armato fino ai denti. Considera anche però che Totò Riina ai suoi diceva di stare attenti perché noi sapevamo sparare, capito come?

In quel momento, nella mia tasca, vibra il cellulare – i primi cellulari avevano una vibrazione che ti faceva letteralmente sussultare, ma mi trattengo. Lo lascio dov'è.

L'incontro va avanti ancora per qualche minuto. Adesso La Barbera si rivolge al capo – è uno istruito, parla bene, sa esprimersi. Mentre interagiscono tra loro, ripenso all'abbraccio che mi ha dato. Capisco che con quel gesto ha voluto mandare un messaggio al mio capo, come a dire: sono intenzionato veramente a collaborare. Quando parli con questi personaggi, devi tenere sempre presente il sottotesto: ogni frase, ogni gesto, ogni silenzio nasconde un messaggio. Nel mondo di Cosa nostra non puoi permetterti di trascurare niente – tutto è carico di significato.

Il cellulare nella mia tasca continua a vibrare. Il tempo con me è terminato. Il capo mi fa segno che posso andare.

Esco dall'ufficio, monto in macchina. Ancora il cellulare che vibra. Rispondo. È tua madre: "Sono a scuola e il bambino non c'è, non è mai entrato! Dove cazzo sei?" – i cellulari sono comodi, per carità, ma ti trovano sempre. E questo i mafiosi lo sanno benissimo.

Stiamo dormendo appoggiati sul bordo della bara, quando l'uomo delle pompe funebri, quello più anziano, entrando si schiarisce la voce. Ci svegliamo e ci mettiamo in piedi. Il figlio del becchino indossa un paio di scarpe nere in vernice, sono nuove e da come si muove intuisco che siano nuove per lui anche queste azioni. Le punte in vernice spuntano sotto una lastra di zinco che lo copre per intero. Dietro di loro ci sono i figli di Sario.

"Dobbiamo chiudere" – l'uomo più anziano taglia l'aria con la mano.

"Ascolta, Totò, porta Marina e Giovannino a fare colazione" – gli stringo il braccio. Cerco il suo sguardo. Chiudo piano le palpebre e con la testa indico il corridoio.

"Ma io voglio…" – non lo faccio proseguire.

"Ti conosco, Totò. Salutalo adesso."

Totò fa qualche passo verso la bara. Si china con la testa sul petto di Sario, ha le mani tra le gambe, le ginocchia strette, il corpo piegato. Non la smette di deglutire. Leggo sulle sue labbra un fischio senza alcun suono: un soffio. Chiudo gli occhi. Quando li riapro, Totò si sta allontanando, mentre Marina e Giovannino si siedono con il viso all'altezza del padre. Bisbigliano. Dicono delle cose sulla punta delle labbra, incomprensibili.

Non scendono lacrime dai loro occhi, si sente solo il gocciolare di queste parole.

Marina ha tra le mani i guantoni da boxe di Sario. Li sistema nel feretro. Lei e Giovannino si prendono per mano. Totò li raccoglie tra le sue braccia, li accompagna in cucina.

Pietro ha la voce bloccata, il collo completamente incassato nelle spalle. Porta un bacio con la sua mano sul petto di Sario e si mette alla finestra.

"Ci vediamo presto" – è il mio saluto a quella faccia da schiaffi-trasformista-ariete-Santa Rosalia-investigatore di razza-fratello di un Sario, mentre la lastra di zinco mi passa davanti.

Dalla cucina arriva il profumo di caffè e latte e si mischia all'odore bruciato delle viti che vengono saldate ai bordi della cassa di legno. Sario rinchiuso in una bara troppo stretta per contenere tutto il suo corpo. Tutta la sua vita – non riesco a respirare, non posso prendere aria, non entra. E non posso nemmeno buttarla fuori perché vorrebbe dire rompere questa sacca d'acqua che mi preme sulla gola.

Il pensiero di finire chiuso anche io in questo modo mi afferra il collo e lo stringe. Già che ci siamo, Ale, io te lo dico – voglio essere cremato. Voglio passare da così come sono a cenere, direttamente. Polvere. Come la polvere da sparo. Come la polvere sospesa nell'aria – la prima cosa che vedi quando filtra un raggio di sole.

Batto uno, due, tre pugni sulla lastra di zinco – sfonda ancora una volta, fratello mio.

Per i vicoli di Ballarò la bara di Sario cammina sulle spalle mie, di Totò, di Pietro e di Giovannino.

Le mie gambe tremano. Quando mai abbiamo camminato liberamente in questo quartiere? Lo possiamo fare da morti, ora che non serviamo più a niente.

Alcuni passanti si fanno il segno della croce al nostro passaggio. Ma lo sapete chi c'è in questa cassa? Sapete cosa ha fatto per questa città e per questo Paese? Nessun riconoscimento, nessuna medaglia, nessun funerale di Stato – non l'avremmo nemmeno voluto. Chiuso qui dentro c'è un agente della DIA, una vita nell'ombra.

Mentre arriviamo sul sagrato della chiesa, il mio cuore si ferma per un istante.

All'entrata della navata principale ci sono il capo, nel suo completo di lino verdegrigio, e la capa, sempre bionda, sempre elegante. Perché lo Stato dimentica, ma gli uomini delle istituzioni, no.

Novembre 1993.

"Perché non l'hai portato a scuola?" – vorrei attaccarlo al muro, Gino, in quel momento.

"Ma perché non l'hai portato tu?" – tua madre invece vorrebbe attaccare me.

"Perché dovevo andare a calcetto... Perché, secondo te?"

"Era bianco cadaverico e aveva mal di pancia!" – Gino alza le mani in alto e le fa cadere sulle gambe. È seduto su uno sgabello, le spalle curve in avanti. "Ti giuro che stava qua in magazzino a giocare... Tempo di fare due caffè ed è sparito."

"Se gli è successo qualcosa, Franco, guarda..." – lei si volta di scatto prendendosi il viso tra le mani.

"Marta, ascoltami... fai mente locale: i posti dove gli piace andare, le case degli amichetti" – la stringo tra le braccia. "Tu devi andare in tutti questi posti. Adesso. Ok? Lo troviamo, non ti preoccupare."

Per le strade di Torre Angela, più che camminare, salto quasi sul posto – devo scaricare. Fermo la gente, entro nei negozi: "Avete visto un bambino di cinque anni? È alto così, ha un berretto marrone con le orecchie di un cane, all'ingiù, gli occhi grigi come i miei" – niente, nessuno ha visto niente. Mi infilo nel parchetto con lo scivolo, in edicola, al banco delle caramelle dell'alimentari.

Ma cosa sto facendo? Devo pensare come un bambino se voglio trovarlo. Dove andrebbe mio figlio? Come ragiona? Cosa gli piace? Mi viene un vuoto allo stomaco: non so niente di te. Ti conosco troppo poco – il cuore accelera. In queste situazioni il fattore tempo è fondamentale. Mi guardo intorno e vedo solo pericoli: motorini che sfrecciano, spacciatori agli angoli, alcuni ragazzi che si azzuffano, un autobus che passa. Se è salito su un mezzo, quando cazzo lo trovo? – mi dico. Le torri hanno mille finestre, i palazzoni mi girano intorno – mi manca l'aria. Squilla il telefonino.

"Marta?"

"Non c'è da nessuna parte. Dobbiamo chiamare la polizia."

"Ma sono io..." – non finisco nemmeno la frase. Riaggancio. Picchietto le guance con le mani. Vorrei prendermi a sberle. Cristo. Spingo le mani contro il muro. Chiudo gli occhi. Cosa avrei fatto io alla tua età? A cinque anni dove me ne sarei andato?

Per essere padre devi ricordarti del bambino che sei stato – questa storia che ti sto raccontando ti servirà anche per questo.

Guardo l'orologio. È quasi un'ora che ti sei perso. Soffio l'aria nei pugni. Entro nella torre a fianco alla nostra e salgo i gradini a due a due – il cuore sale in gola alla stessa velocità. Mi fermo a ogni pianerottolo con gli spacciatori e le prostitute che mi guardano.

"Chi non muore..." – mi fa uno col berretto sugli occhi. Lo solleva perché io lo guardi meglio. Lo conosco da quando sono nato, lui come gli altri.

"Sto cercando mio figlio, l'hai visto?" – voglio evitare polemiche. La priorità è trovare te. Nella palazzina dove sono cresciuto, che è soprattutto la loro.

"Niente so" – e fa il gesto di cucirsi la bocca. "Buon lavoro, sbirro" – il bivio che ha diviso la mia strada dalla loro adesso è visibile e largo come il corridoio che ci separa. Ho scelto il mio lavoro. Ho cambiato palazzo – questo era un vero ghetto. Qui dentro sarebbe stato un inferno quotidiano. Ma Torre Angela, no, non l'ho voluta lasciare.

Mi dirigo dritto sul tetto della torre. Il fiuto mi dice che stai lì. Salgo velocissimo come se avessi una fune legata al petto che mi tira su. Sì, Ale è sul tetto – continuo a ripetermi. Sono quasi arrivato, un'altra rampa e ci sono. E vuoi che io venga a prenderti lì. È così – questo pensiero mi brucia all'altezza dello sterno.

Apro la porta in lamiera, salto sulle travi, supero le antenne, giro il bordo della centralina elettrica e ti vedo seduto su un blocchetto di cemento, il berretto marrone con le orecchie di un cane, all'ingiù. Sento un mulinello nel petto come se la fune si stesse riavvolgendo all'interno. Mentre ti vengo incontro, chiamo tua madre: "L'ho trovato... l'ho..." – ma non finisco la frase, faccio cadere la mano col telefonino. Chiudo lo sportellino con la gamba. Coperto da una parabola, un uomo è seduto sul blocco dietro di te. Ha un cappotto una taglia più grande, la sciarpa. È di spalle – metto la mano alla pistola nella cintola. Avrà l'età di Gino, più o meno. Ti sta toccando la spalla – sfilo la pistola. Mi muovo come un lupo che punta la preda: non posso sbagliare. Mi avvicino. Tiro il caricatore. Gli arrivo dietro e gli punto la pistola sulla schiena all'altezza del cuore. E dico subito a te: "Piccolo, è tutto a posto!"

"No, papà!" – urli tu e porti le mani alla bocca.

L'uomo si gira e si mette in piedi. Ho ancora la pistola puntata contro di lui, le mani mi tremano. Ha una smorfia sul viso rugoso, il massimo del sorriso che riesce a fare. Il vento gli sposta i capelli lunghi sugli occhi grigi. Dimostra più anni di quelli che in realtà ha. Mio padre.

Mette le mani in alto: "Adesso stiamo pari" – anche lui non si è scordato di quando mi puntò la pistola alla tempia. Ma io ero un ragazzino, Cristo.

Ci metto un po' ad abbassare la pistola e infilarla nella cintola. Vengo da te: "Come stai, campione?" – tu annuisci. Ti tocco, guardo se sei tutto intero. “Ti sei voluto fare un giro sul tetto da solo?” – tiro le orecchie del cappello. Ti prendo in braccio. “Sì. Ma poi ho incontrato lui e mi ha detto che è mio nonno. Papà, ti rendi conto?” – poggio la mia fronte sulla tua.

“Manco dirgli che esisto?” – non ha perso quell’accento napoletano, una vita che sta qua.

“Adesso lo sa e adesso se lo dimentica” – mi dispiace aver detto così quel giorno ma, fidati, meglio non avere niente a che fare con uno come lui.

“E dimenticati pure tu una volta le cose che sono successe, no?”

“Se ti sei permesso di prendere mio figlio oggi, se gli tocchi...” – mi interrompe.

“Frena, frena. L’ho incrociato per le scale, stava salendo su e l’ho seguito perché il tetto è pericoloso” – tu ti inserisci: “Sì, è vero!” Gli vai incontro e lo abbracci. Lui ti accarezza, ti dà un bacio sulla testa. Con me non l’ha mai fatto.

Mi punta gli occhi grigi come la canna di un fucile: “Il passato prima o poi viene a romperti i coglioni. Ricordatelo.” Alza le mani, volta le spalle e se ne va.

Oggi, con i fantasmi che mi perseguitano, mio padre che è morto e io non sono nemmeno riuscito a piangerlo, posso dire che aveva ragione. Non fare come me, figlio mio, non farlo.

"Totò?"
"Eh."
"Volevo dirti che… non sei solo."
"Lo so. Ho Dio che mi guarda."
Abbassiamo la testa per non ridere. Siamo all'ultima fila della navata centrale, chiesa di Ballarò. Il prete sta celebrando la messa. Pietro è inginocchiato sulla panca con le mani in preghiera – lui e Sario erano gli unici ad avere un Dio dalla loro parte.
"Ascolta, è una cosa seria."
"E io serio sono."
"Adesso hai una famiglia a cui pensare."
"Ma se Sario è morto e voi state a Roma."
"Ci sono i figli di Sario."
"Ma io per loro ci sono, certo. 'U zu' Totò."
Mi mordo le labbra per non sorridere. Devi sapere, Ale, che 'u zu' Totò era come chiamavano Totò Riina i suoi uomini più fedeli.
Torno serio: "Forse non hai capito."
"Cosa c'è da capire?"
"Devi essere qualcosa di più."
"Un cane da portare a passeggio?"
"E dai, Totò…"

"Tanto lo so dove vuoi arrivare... Loro sono grandi oramai."
"Ma di un padre c'è bisogno per tutta la vita."
"Ma io non so come si fa."
"Perché io invece..."
"Con Ale ancora non vi parlate?"
"Già... ma adesso stiamo parlando di te."
"Che dovrei fare? Spiegatemelo, ispettore."
"Marina è incinta. Non penso ti sia sfuggito questo dettaglio, vecchio levriero che non sei altro."
"Sì, prima di Sario lo avevo capito, veramente."
"Devi occuparti di lei, non ha nemmeno la madre. Avrà bisogno di qualcuno che le sia vicino. Qualcuno che le ricorda il padre, capito come?"
"Più o meno. Minchia, è un attimo e divento pure nonno!"
Sorrido e gli poggio una mano sulla spalla. "E Giovannino, lui cerca proprio un punto di riferimento. Voleva essere uno di noi, questo lo sappiamo."
"Sarei un poco invadente."
"Avevano un padre che era un ariete, non penso che ti dovrai fare di questi problemi. Allora, Totò, capisti quello che ho detto?"
"Sssh" – Pietro ci scaccia come mosche. "State disturbando la funzione."
Alziamo le mani.
"Anzi, già che ci siete, cercate di convertirvi in tempo, perché dall'altra parte ci dobbiamo ritrovare tutti e quattro insieme."

Gennaio 1994.

"Le cose stanno così" – il capo si accende una sigaretta. "Bisogna riscontrare le dichiarazioni di La Barbera" – mi avvicina il pacchetto di cicche. "E lui per effettuare i sopralluoghi vuole te" – sfilo una Merit. Il capo mi allunga l'accendino. Aspiro mentre brucio la cicca.

"Cominciamo con Capaci."

La stanza del centro operativo di Roma in pochi istanti diventa una cappa di fumo.

Secondo te, Ale, perché l'uomo di Altofonte nei sopralluoghi vuole la mia presenza? È molto semplice. Se hai imparato a ragionare come gli uomini di Cosa nostra, sai che nel momento in cui loro saltano il fosso hanno bisogno di avere al loro fianco una persona di cui si fidano – è fondamentale per la loro sicurezza. Mi spiego meglio: La Barbera era uno che, i pentiti, li ammazzava – come d'altra parte facevano gli altri affiliati di Cosa nostra. Quindi nel momento in cui inizia a collaborare sa cosa gli aspetta e quali rischi corre. E i sopralluoghi o i processi sono sempre operazioni molto delicate. Per questo vuole una persona di cui si fida.

Tu dirai: e come fa a fidarsi di te che lo hai fatto arrestare? È proprio questo il punto. Lui sa che io conosco il loro codice d'onore e il loro modo di pensare. Ma c'è un altro aspetto. Durante il colloquio gli ho detto di avere una moglie e un figlio, e lui in quella risposta ha visto un mio segnale di apertura. Ha capito che anche io mi sono fidato – mi sono dovuto fidare per il bene dell'inchiesta. In quel momento, senza dircelo, abbiamo stretto una specie di patto di fiducia.

"Marta, devo partire."

"Me lo avevi detto, sì. La valigia è sempre pronta, sotto il letto."

"Bene, grazie."

"Che c'è? Perché mi guardi così?"

"Così come?"

"Come se devi dirmi qualcosa e non riesci."

"C'è qualcosa con quel secondino?"

"Chi?"

"Dai, che ti ho visto alla fermata dell'autobus."

"E che ci facevi fuori dal carcere? Mi spiavi?"

"Marta, per me il carcere è un luogo di lavoro come lo è per te."

"Comunque, no. Tom è un collega."

"*Tom*. Siamo già ai diminutivi."

"Non sono l'unica a chiamarlo così."

"Immagino lo chiami così anche la moglie."

"Non sei divertente."

"Marta, non farmelo scoprire perché non ci metto niente."

"Ma sei geloso?"

"E anche se fosse?"

"Non ti conviene essere geloso: non ci sei mai."

"Senti, io ho il fiuto di un cane e te lo sento addosso se hai un altro."

Mi mette l'angolo del collo sotto il naso: "E adesso cosa senti?"

Non ci ho capito più niente.

La valigia era sotto il letto e noi sopra.

Un furgone blindato parte dal carcere di Roma e punta verso Capaci. A bordo ci siamo io, La Barbera e altri due agenti che si alterneranno tra controllo del pentito e conduzione del mezzo. Un paio di macchine fa da scorta. La Barbera ha il corpo incollato allo schienale, gli occhi fissi.

"Gioacchino, tutto bene?" – gli domando, e chiamandolo per nome cerco di tranquillizzarlo, di stringere ancora di più il rapporto di fiducia che ci lega. Tieni presente che ho un fucile a pompa in mano.

"Un po' di mal d'auto" – arriccia la faccia.

"Quand'è così, bisogna sempre avere qualcosa di solido nello stomaco" – tiro fuori un panino dallo zaino. "Tieni." Lui guarda il panino e poi guarda me. Allora metto il fucile a tracolla e sgrano gli occhi verso il collega – deve essere vigile e restare sempre armato. Scarto l'involucro, prendo il panino con due mani e lo faccio a metà. Metto i due pezzi davanti a lui. Ne sceglie uno. Addento l'altro che resta nella mia mano. Dopo che ho mandato giù un paio di bocconi, Gioacchino inizia a mangiare. Non avevo fame. Ma era un gesto di condivisione importante perché La Barbera si fidasse di noi.

In quel momento mi sembra che stia fissando alcuni peli bianchi che ho sul maglione. Poi alza gradatamente gli occhi e li pianta nei miei – ha capito che ho preso la gattina? Mi resta una sensazione di formicolio addosso per qualche istante.

"All'inizio niente sapevo. Che si trattava di un attentato contro Falcone e queste cose qua" – racconta non appena arriviamo con il furgone in Sicilia. Sono elementi che ha condiviso con i magistrati e con i miei capi e su cui siamo stati informati anche noi agenti, ma quando è il momento dei sopralluoghi la mente dei pentiti inizia a ricostruire. "L'ho saputo durante il trasporto dell'esplosivo. Nino Gioè mi disse che l'obiettivo era il magistrato. Mi ricordo che chiesi a lui come sarebbe andata a finire, anche rispetto a quello che volevano fare gli altri. E lui sai che mi rispose?"

Scuoto lievemente la testa.

"O morti ammazzati o all'ergastolo, disse" – fa un ghigno.

Il Ducato accelera sull'autostrada che da Messina ci porterà a Punta Raisi. Costeggiamo la parte settentrionale dell'isola – il mare d'inverno in Sicilia ha il colore del piombo e diventa nero come il petrolio man mano che scende il buio. A notte fonda arriviamo a Capaci, sul pezzo di autostrada che nel frattempo è stata ricostruita.

La Barbera continua a raccontare cose come se non parlasse a me, ma avesse solo bisogno di liberarsi, di dare ordine ai pensieri – è qualcosa che gli è utile anche in vista del processo. "L'esplosivo, l'ho trasportato io. Caricammo dodici, tredici bidoncini, da venti, venticinque chili l'uno. Mai ne avevamo utilizzato così tanto. L'esplosivo era di due tipi. Uno granuloso, l'altro di tipo farinoso. Per avere una esplosione maggiore dovevamo mescolare i due tipi di esplosivo. Così mi dissero. Il travaso, lo facemmo in un villino qua vicino a Capaci."

"Ti ricordi dove sta questo villino?" – stringo il fucile a pompa tra le mani.

"Sì, prendiamo l'uscita e poi vi dico dove andare" – fa segno con la mano di svoltare a destra.

In questo modo si fanno i riscontri, capito come? Ogni cosa che dice, va verificata sul luogo.

"Ho partecipato anche all'inserimento dell'esplosivo nel cunicolo che avevamo scelto."

"Portaci, per favore."

"Torniamo indietro e prendiamo la stradina che costeggia l'autostrada."

Seguiamo le sue indicazioni. "Ecco, fermi qua."

Scendiamo dal furgone. Lui resta dentro.

"Gioacchì, devi dirmi il punto esatto. Vieni fuori. Ci siamo noi."

Esce dal furgone e quasi a occhi chiusi punta il dito nella notte verso una macchia scura che dovrebbe essere un'apertura. Accendo la torcia. Sembra una tana per animali.

"Non fu semplice, eh. Stretto era. Quando entrai, mi mancò l'aria. Pensai che eravamo noi a morire là dentro. Poi si infilò Gioè e riuscì ad arrivare fino al centro dell'autostrada."

"Avevate qualcosa per aiutarvi?"

"Uno skateboard con le ruote, agganciato a una corda, e una torcia."

Adesso i miei occhi si sono abituati al buio e cominciano a vedere.

"Queste operazioni le facevate di notte, immagino..."

"Per evitare di essere scoperti. Una volta ci è mancato poco... una notte una pattuglia di carabinieri si fermò vicino al canale di scolo dell'autostrada mentre stavamo sistemando l'esplosivo."

"E non si sono accorti di niente?"

"No, perché uno di loro era sceso per pisciare. Poi se ne andarono subito. Ma Bagarella già pronto a sparare stava."

"Quindi dove siamo noi adesso è il punto dove avevate caricato il cunicolo con l'esplosivo, giusto?"

"Giusto."

"E poi?"

"Poi io me ne andai anche perché il mio compito era seguire il corteo delle macchine di Falcone" – stringe le spalle e si strofina le mani sulle braccia. "Posso rientrare?" – gli faccio segno muovendo la punta del fucile di salire nel furgone.

"Quindi eri tu a seguire l'auto del magistrato..." – accendo la luce nel Ducato.

"Sì, dovevo comunicare con Brusca la velocità con cui procedevano le auto. Quella di Falcone era una Croma bianca. Noi eravamo pronti per una velocità di 160-170 chilometri orari, ma quel giorno le macchine andavano molto più piano" – ha la voce ferma. Non muove un muscolo del viso.

Ti ricordi quando durante l'inchiesta avevamo richiesto i tabulati telefonici? Ecco, in mezzo a tutte le chiamate avevamo individuato il cellulare di La Barbera. Il tabulato mostrava a quali cellule si era agganciato mentre parlava al telefonino e ci aveva permesso di localizzarlo, di tracciare una mappa dei suoi spostamenti. Ora, vediamo che quello che La Barbera ci sta raccontando corrisponde al percorso ricostruito grazie ai tabulati. È un'evidenza investigativa. Capito il metodo di lavoro? Facciamo deduzioni, andiamo per esclusione, dubitiamo di tutto ciò che non è certo. Cartesio sarebbe contento di tuo padre.

"Andiamo per di qua" – ci fa segno con la mano di imboccare la corsia dell'A29 che da Punta Raisi torna verso Palermo. "Prendete lo svincolo di Carini. Ecco, vedete il bar Johnny Walker?" I fari del Ducato illuminano l'insegna del chioschetto.

"Qui comincia una via che costeggia l'autostrada per circa due, tre chilometri. Io, tutta la feci."

A bordo del furgone, con l'uomo di Altofonte, ripercorriamo la strada di quel 23 maggio.

"Io ho seguito la Croma di Falcone per questo tratto del percorso. Vai ancora avanti. Ecco più o meno in questo punto, non mi ricordo se qualche metro prima o qualche metro dopo, ho dato indicazione di far scattare l'ordigno" – fa una pausa. Mette i suoi occhi nei miei. "E poi ci fu il botto, l'esplosione."

Vedi, la differenza tra noi e loro è che noi siamo costretti a rispettare le regole: qualunque infrazione alle regole, anche la più piccola, noi lo paghiamo – loro no. Nel momento in cui La Barbera parla di come si sono posizionati, del telecomando, dell'esplosione, io ancora ho in braccio il fucile a pompa. Avrei voluto sparargli in testa.

Invece lascio i colleghi a sorvegliare il pentito. Poso il fucile. Mi metto al posto della guida. Giro la chiave. Il furgone parte – il viaggio continua.

Primavera del 2001.
"Ale, hai preso il borsone?"
"Sì."
"E la giacca a vento?"
"Sì."
"Scarpini e parastinchi?"
"Sì, papà, ho tutto."
"Come stai, Ale? Sei agitato?"
"Sei più agitato tu, papà."
Giro la chiave della macchina e partiamo. Direzione Napoli.
"Ale, mi raccomando. Devi essere naturale, capito come?"
"Sinceramente, no."
"Non sentirti come uno che sta facendo un provino in una squadra che non conosce."
"Ma io *sto* facendo un provino in una squadra che non conosco."
"Devi essere uno del Napoli. Devi pensare come pensano loro, mi spiego?"
"Più o meno."
"Li hai già visti giocare, no?"
"Un paio di volte."
"E che tattica di gioco hanno?"
"Marcano a uomo."

"Bene, quindi ognuno pedina un giocatore della squadra avversaria."

"*Pedina*, papà?" – ridi.

Sorrido anche io: "Voglio dire: gli sta addosso."

"Ecco, meglio."

"E poi?"

"Si parlano senza dirsi nulla, coi movimenti, non so spiegarmi."

"Ti spieghi benissimo. Allora quando stai sul campo cerca i loro sguardi. Cerca l'intesa con il capitano della squadra. Devi fargli capire che stai giocando per lui e per la squadra."

"Ma io vengo da un altro tipo di gioco."

"Sì, ma ti vogliono per un provino nel Napoli, quindi vuol dire che hanno visto delle potenzialità... Ale, mi stai ascoltando?"

"Sì, sì."

"Io ti parlo e tu stai giocando con la macchina fotografica?"

"Solo qualche scatto al paesaggio."

"Ti dicevo che devi mostrarti parte della squadra, ma anche che..."

"Devo dimostrare che sono un fenomeno, non che sono come loro. Capito, papà?"

"Il fenomeno lo puoi fare se hai una squadra che è con te. Senza il gruppo a sostegno non vai da nessuna parte."

"Papà?"

"Sì?"

"Posso chiederti una cosa?"

"Dimmi."

"Oggi, per favore, non fare lo sbirro."

Prima della partita, il mio cuore va per conto suo – in confronto andare a installare una cimice è più rilassante. Ho i tuoi scarpini sulle gambe. Ci passo sopra il grasso di foca facendo attenzione a coprire tutti i lati.

"Papà, che fai?"

"Serve per ammorbidire la pelle degli scarpini" – mi guardi con gli occhi lucidi come l'acciaio. "Li rende anche impermeabili all'umido del prato" – tiri su un angolo della bocca. Anche io faccio lo stesso.

Mi siedo negli spalti in mezzo ad altri genitori. Ho il cappuccio della felpa tirato sulla testa, le mani nelle tasche dei jeans. Mentre ti stai scaldando, per un attimo ti volti verso di me e mi fai un cenno – i nostri sguardi s'incrociano. Penso a quello che mi hai chiesto: di non essere me stesso. Non è che uno un giorno è uno sbirro e un giorno no, avrei dovuto risponderti. Ma in quel momento era importante lasciarti tranquillo. Comunque io sono sempre io e infatti quando sono sulle gradinate inquadro subito i soggetti loschi, gli atteggiamenti sospetti. Mi abbasso il cappuccio sugli occhi. Lascio libere solo le pupille. Ma le orecchie sentono tutto. Il padre di un altro giocatore mi è a fianco e comincia a urlare contro di te tutte le volte che tocchi palla: "Ma chi è quello? Facesse il ballerino con quei piedi! Vattene da dove sei venuto, figlio di nessuno!" – ecco, io gli avrei tirato un pugno. Ma devo rispettare le regole, sempre – questo è essere uno sbirro.

Nei minuti finali della partita, quelli decisivi anche per il tuo provino, mi arriva una telefonata. È tua madre. Rifiuto la chiamata ma lei chiama ancora e ancora. Rispondo. Piego il busto, con un dito nell'orecchio e nell'altra mano il cellulare per sentire cosa mi sta dicendo Marta. È in quel momento che tu segni in porta e lo stadio esplode. Chiudo gli occhi. Capisco di aver perso l'azione in campo. Mi tiro su. Aggancio lo sportellino sulla gamba. Tu mi stai guardando dal campo, immobile con gli altri giocatori che ti saltano sopra.

Ti aspetto all'uscita dello stadio poggiato alla macchina. Ti vedo arrivare. Ti vengo incontro. Tu inizi a correre e mi lanci il borsone addosso: "Ma cosa sei venuto a fare se stai al telefono per quel cazzo di lavoro? Una volta, dico, una volta che sei venuto con me, e hai rovinato tutto!"

"Ale..."
"Ma non riesci proprio a stare con me? Io ho segnato, mi giro per guardarti, per vedere se eri contento e tu dove stavi? Al telefono!"
"Ale, calmati."
"No, papà, non voglio sentire niente! Non voglio sentire parlare dell'inchiesta, che è importante, che lo faccio per questo mondo! Tanto il mondo è una merda."
"Non dire così, che succede?"
"Non mi hanno preso. Lo volevi sapere? Non mi hanno preso! Mi hanno detto che gioco da solo!"
"E io cosa ti avevo detto?"
"Ma non me lo puoi dire cinque minuti prima di entrare in campo. E una volta che ho segnato stavi al telefono! Era meglio se non venivi come tutte le altre volte..."
"Ale, ascoltami. Calmati un attimo."
"Non mi calmo, no, Frankie!" – questo è l'anno in cui inizi a chiamarmi Frankie quando non mi sopporti.
"È successa una cosa importante."
"Non parlarmi di quel maledetto lavoro, per favore."
"Non si tratta di lavoro."
"Che c'è, allora?"
"Gino ha avuto un infarto."

"Mi fa male il braccio. Un infarto mi sta venendo!"

"No, ti si è solo addormentato."

Sono a letto, nello stesso letto, con Gioacchino. In un posto protetto, dopo il sopralluogo a Capaci.

È l'inverno del 1994. La Barbera e io dobbiamo riposare prima del prossimo riscontro. Insieme ad altri agenti devo occuparmi della sicurezza del pentito, della sua incolumità: i suoi non devono scoprire che adesso è in Sicilia, perché potrebbero ammazzarlo. In questo momento viene prima la vita di Gioacchino La Barbera della mia, capito come?

Questo piccolo appartamento in cui ci appoggiamo tra un sopralluogo e l'altro si trova a Palermo. Mi coordino con gli agenti per i turni di guardia. È necessario sorvegliare sempre le entrate in caso di attacchi esterni.

Entro in camera, c'è un letto matrimoniale. La Barbera mi guarda. È appena uscito dal bagno – un bagno senza finestre e senza alcun oggetto che possa essere trasformato in arma.

"Ora possiamo andare a dormire" – con la mano indico il letto in comune.

"Minchia, era meglio il carcere" – sorride lui, amaro.

Ci sdraiamo sul materasso. Dobbiamo passare la notte così. Rimango con gli occhi aperti a lungo e sento che anche lui è sveglio. I nostri corpi sono tesissimi. Lui quasi non respira. Per un momento mi sembra che ci sia tra noi una sfida: chi cede al sonno per ultimo. La tensione di entrambi si modifica a ogni rumore che arriva da fuori. I nostri corpi reagiscono alla stessa maniera al rombo di un motore, al fascio dei fari che dall'esterno attraversa la stanza, al calpestio di passi in strada. Poi i suoni si affievoliscono, la città si deve essere addormentata o i nostri sensi devono aver preso familiarità con l'ambiente. Dai buchi delle tapparelle passa la luce elettrica dei lampioni. Qualche linea gialla che si disperde nel buio della nostra stanza. Il respiro di La Barbera si fa più pesante: piccoli soffi ravvicinati, poi espira il fiato dalla bocca come una resa. Aspetto qualche minuto. Sento il suo peso abbandonarsi sulle molle del materasso. Dorme. Infilo una mano nello zaino al bordo del letto. Tiro fuori il registratore. Metto su le cuffie. Premo play.

Va la voce di un giornalista: *Ma lo Stato merita tutto questo sacrificio? Per quale idea dello Stato lei sta lottando?*

Falcone risponde: *Non per una diversa idea di Stato. Diciamo che è per la società di cui lo Stato non è altro che un'espressione.*

E per che tipo di società sta lottando?

Per il tipo di società che vorremmo che ci fosse, dove fenomeni di questo genere non dovrebbero esserci.

Una specie di lezione?

Non intendo insegnare niente a nessuno, proprio a nessuno.

Con le cuffie nelle orecchie penso a te, al fatto che io invece, una cosa, voglio insegnartela. Come si fa a dormire nello stesso letto con uno degli assassini di Giovanni Falcone? – ti chiederai. In nome di un forte sentimento della giustizia. Vedi, la giustizia non è un sogno ma un progetto che richiede sacrificio, rigore, un grande sforzo di immaginazione. Sul mio lato del materasso in quel momento io rappresento lo Stato.

Penso a te nel lettino, al tuo cappello con le orecchie di cane da cui non ti separi più, nemmeno per andare a dormire, da quando sono venuto a prenderti sul tetto. Eravamo alti sulla città, io e te. Mi addormento così.

Al mattino, La Barbera mi preme sul fianco per svegliarmi. Sobbalzo dal materasso.

"Mi fa male il braccio. Un infarto mi sta venendo!"

"No, ti si è solo addormentato il braccio."

Vede il registratore e le cuffie: "Che musica hai lì dentro?" – non arriva alcuna provocazione dal suo tono di voce. Poteva dire: *che musica ascoltano gli sbirri* oppure *quelli come te*? Ci sarebbe stato del disprezzo. Lui invece vuole veramente sapere.

Esito un momento. Poi stacco la cuffia, alzo il volume e premo play.

Ma certamente che c'è speranza – il volto di Gioacchino sussulta.

La mafia non è affatto invincibile. È un fatto umano e come tutti i fatti umani ha un inizio e avrà una fine.

La voce di Falcone fa tremare la stanza. Spengo il registratore.

"Roba rock, insomma" – la sua voce non è modificata da alcuna emozione.

"Sì, musica immortale" – nella mia, invece, la si sente tutta.

"Devo andare in bagno" – si passa una mano tra le gambe.

Giro la testa per chiamare l'agente che è sull'uscio. La Barbera si chiude in bagno. Dopo qualche minuto apre la porta: "Senti, puoi venire un attimo?"

Mi avvicino a lui tirandomi su i jeans – è un modo per tenere la mano vicino alla pistola che è ficcata nella cintola posteriore. Gli porgo l'orecchio.

Lui abbassa la voce: "Ho difficoltà a pisciare. Mi fa male, mi brucia."

Cristo. Stamattina abbiamo altri riscontri nei luoghi degli omicidi.

Mi poggio allo stipite della porta e abbasso la testa: “Ci penso io. Tu resta qui con i miei colleghi.”

Scambio due parole con gli agenti ed esco dall’appartamento.

Chiamo Sario: “Fratello, tutto a posto?”

“Siamo sul pezzo, Cravunà! Tu sempre a divertirti, eh?”

“Sì, guarda! Senti, sto a Palermo e mi serve una guardia medica. Non per me, sto bene. Ma ci devo andare io...”

“Chiaro. Ora ti mando Totò. Ti porta da uno che si fa i fatti suoi.”

Cinque minuti dopo, Totò passa a prendermi su via Porta di Castro. Quando la sua macchina si ferma al semaforo rosso, apro lo sportello e mi infilo dentro.

Gli do una pacca sulla gamba: “Agente, dove mi porta?”

“In uno dei quartieri più belli di Palermo.”

Mi giro verso il sedile posteriore. Accarezzo il levriero tenendogli le orecchie tra le mani: ha i movimenti affaticati, la lingua di fuori, un rantolo quando respira.

“Ma che ha Nannì? Non sta bene?”

Totò si gira verso di me. Scuote la testa. I suoi occhi chiari si riempiono di rosso.

Poi guarda dritto davanti a sé. Col mento in dentro, ingrana la marcia, supera la stazione e svolta in via Roma. Imbocca alcune strade in direzione del mare. La sua auto si infila tra i palazzi arabo-normanni. Abbasso il finestrino – entra un forte odore speziato: alcuni ambulanti preparano cartocci di lumache marinate. Siamo dentro uno dei quartieri più antichi di Palermo, risalente al periodo della dominazione islamica. Alcuni bambini corrono dietro la nostra macchina – immagino Falcone da piccolo, tra loro. Falcone è cresciuto in queste strade. Qui giocava a pallone con Borsellino. Era un ragazzo della Kalsa.

Totò mi lascia davanti a una palazzina in pietra color sabbia. Il cartello indica: *Studio medico, 3° piano*. Faccio le scale. La porta è aperta. Nella sala d'attesa è seduto un signore anziano. Penso a mio padre vecchio e io che non lo assisterò se non recupererò il rapporto con lui, ma non ho tempo per questo pensiero – lo anestetizzo con l'odore di disinfettante che arriva dalla stanza e si infila nelle narici.

"Se avete fretta, passate avanti" – il signore ha un giornale tra le mani.

"Sicuro?"

"Sì, sì, solo una prescrizione mi serve. Posso aspettare."

"Vi ringrazio molto."

"Avanti il prossimo" – arriva la voce del medico. Dal timbro sembra un uomo sulla sessantina.

Entro e resto in piedi sulla soglia: "Buongiorno."

"Prego, accomodatevi" – con la mano indica la sedia davanti alla sua scrivania. Sono ovviamente da solo. A Palermo si dà del voi per educazione ma in questo momento io so di essere un voi: sono io che devo fingere di avere i sintomi di Gioacchino. Investigatore e pentito da proteggere nella stessa persona, nella stessa corazza.

"Ditemi tutto."

"Ho un problema a urinare, sento un bruciore."

"Avete un'alimentazione corretta?"

Penso ai caffè, alle sigarette, ai pasti saltati e so che è la stessa vita che ha condotto La Barbera: "Non proprio."

"Siete in un periodo di stress?"

"Giusto un po'."

"Va bene. Cercate di condurre una vita un po' più regolare. Intanto vi segno Monuril. Una bustina, preferibilmente la sera."

"Nella scatola quante bustine ci sono?"

"Due. Ma voi una ne dovete prendere."

"Certo, era per avercela in casa se mi dovesse tornare il bruciore."

"Voi vi chiamate?"

"Ehm. Pier Paolo Russo" – tanto è la ricetta bianca e non serve il codice fiscale.

"Grazie, davvero. Saluti" – sfilo il foglio dalla mano del medico e corro in farmacia.

Quando torno nell'appartamento, trovo La Barbera disteso sul letto con i due agenti in piedi.

"Gioacchino, ecco qua. In questa scatola ci sono due bustine. Scegline una, l'altra la prendo io. Per primo" – riempio due bicchieri d'acqua. Lui scarta, prende una bustina. E dà l'altra a me. Strappo l'apertura. Ingoio la polvere mandandola giù con l'acqua. Apro la bocca e muovo la lingua per fargli vedere che l'ho ingerita. In questo modo lui sa che non voglio avvelenarlo – come per il panino nel primo viaggio a bordo del furgone. Ora tocca a lui.

Capito come funziona? Tu devi usare la loro mentalità. Per questo fin dall'inizio lui si è fidato: ha capito che io ho capito. Ed è questa la professionalità – lo spirito di servizio – il sacrificio personale. Tu scindi il tuo pensiero su quella persona, su quello che ha commesso, dal tuo dovere. Non ragioni in termini di buono-cattivo, amico-nemico. La differenza tra noi e loro, abbiamo detto, è che noi rispettiamo le regole, giusto? E in quel momento l'istituzione ti impone di tutelare la persona, perché è preziosa ai fini della giustizia. Non c'è un rapporto personale. Non c'è emotività. Non sono andato dal medico perché mi dispiaceva per La Barbera – non si tratta di questo. Io sono solo un umile servitore dello Stato. E se per fare il mio dovere devo ingerire un farmaco di cui non ho bisogno, allora lo mando giù senza starci a pensare.

Ma oltre a essere un servitore dello Stato, sono anche il marito di tua madre, che in quel momento mi sta chiamando al cellulare – da come vibra il telefonino capisco che è importante.

Faccio segno agli agenti e vado in salone a rispondere.

Mi accendo una sigaretta.

"Marta?"

"Non so da dove cominciare" – mi va il cuore in gola.

"Comincia intanto a dirmi se tu e Ale state bene."

"Sì, ma per miracolo" – tira su col naso.

"Marta, cosa è successo?" – aspiro mezza cicca.

"Stanotte stavamo dormendo e la gattina stava sempre a miagolare e a graffiarmi i polsi."

"Arriva al punto, per favore."

"Lei veniva da me e da Ale, da Ale e da me. Il miagolio era tanto fastidioso che ci ha svegliati. E fortuna che siamo stati svegliati perché..."

"Perché?"

"... stava andando a fuoco la cucina, Franco!" – la voce si rompe. "Se Bianchina non ci avesse svegliato, saremmo morti. Carbonizzati."

La gattina. *Quella* gattina. Ha salvato la mia famiglia. Cristo.

Mi guardo nello specchio del corridoio. Aspiro la sigaretta e sputo fuori sul mio riflesso – vengo coperto da una nuvola di fumo.

Una settimana fa.

Accompagno tua madre a una visita medica – negli ultimi dieci anni da quando sono rientrato a lavorare su Roma e ancora di più ora che sono in pensione cerco di esserci nelle situazioni in cui sono stato sempre assente.

"Franco, non c'è bisogno che entri."

"Voglio sentire quello che dice il dottore."

Lei annuisce.

"Prego, accomodatevi" – il ginecologo mi porge la mano: "Il marito immagino."

"Sì, molto lieto."

"Bentrovata, signora. Ha portato con sé tutta la documentazione?"

"Certamente" – tua madre consegna nelle mani del medico una cartellina.

Il dottore controlla le ultime analisi e le ultime ecografie. Si fa pensieroso, arriccia l'indice sulla bocca. "Ha seguito la terapia che le ho prescritto?"

"Sì"

"E come va questo senso di stanchezza? Qualche miglioramento?"

"Non proprio."

“Vorrei visitarla ancora una volta” – va a lavarsi le mani in un piccolo lavandino tra la scrivania e il lettino. “Può spogliarsi e lasciare le sue cose dietro il séparé.”

Tua madre compie i gesti in maniera lenta. Quando si stende sul lettino, il medico cosparge di gel una sonda e con questa le entra dentro mentre con l’altra mano cattura le immagini sul monitor – minuti che mi sembrano infiniti.

“Abbiamo fatto. Si può rivestire” – torna a lavarsi le mani e si rimette seduto.

Marta arriva qualche istante dopo. Sta annodando il fiocco della gonna intorno alla vita.

“Dunque, questo senso di stanchezza che lei avverte può essere imputato a diversi fattori.”

“Quali?” – irrompo con questa domanda e tua madre mi poggia una mano sulla gamba.

“Vede, signore, la menopausa è una fase molto delicata nel ciclo biologico di una donna. Ma qui non si tratta di questo, che è un processo del tutto naturale. Come facevo presente a sua moglie durante l’ultimo controllo, mi avevano insospettito alcune formazioni sulle pareti dell’utero che mi avevano fatto ipotizzare un’origine tumorale.”

“Sì, è per questo, dottore, che sono voluto entrare oggi. Per capire la gravità della situazione.”

“Le analisi e gli esami che mi avete portato oggi non confermano questa ipotesi.”

Tua madre fa cadere la testa in avanti.

“La percentuale di donne che nel corso della…”

Lo interrompo: “Va bene, dottore, ma lei ne è sicuro? Esiste un riscontro di quanto lei dice?” – il metodo delle inchieste non è poi così diverso da un’indagine sul proprio corpo.

“Sì, l’esame istologico parla chiaro. Non è un carcinoma.”

“Ma può trasformarsi in un tumore?” – la voce di tua madre sibila nella stanza.

“Non credo.”
“Non crede o lo esclude?” – prendo la mano di Marta.
“Signora, sono un medico, non ho la palla di vetro.”
“Scusi, le rifaccio la domanda di mia moglie in un altro modo: nella sua esperienza quante di queste formazioni poi nel tempo si sono rilevate un tumore mentre all’inizio non lo erano?”
“Non saprei dire, la domanda è mal posta” – in pratica non ha risposto.
“Se effettuiamo controlli periodici e costanti, non avrete niente di cui preoccuparvi.”
“Dottore, posso chiederle la gentilezza di allegare un suo referto alla cartellina degli esami?” – voglio proporre a Marta di chiedere un secondo parere a un altro medico, non appena siamo fuori di qui.
“Certo. Signora, dovrebbe ridarmi tutti i dati perché sto scrivendo dal portatile e non dal computer centrale. Quelli anagrafici li prendo da qui” – copia le informazioni dalla cartellina sulla scrivania. “Le chiedo invece: malattie importanti?”
“No.”
“Gravidanze?”
“Sì, una.”
“Aborti?”
Silenzio.
Mi giro a guardarla.
“Signora, le ho chiesto: aborti?”
Marta si gira e mi guarda: “Sì. Uno.”
Cristo.

Al cimitero di Santo Spirito noi tre siamo defilati sotto un albero per lasciare i parenti di sangue a salutare Sario. La cappella di famiglia di Sario costeggia insieme alle altre via Ughetti.

Il capo si avvicina: "Ragazzi."

Sorridiamo con le nostre barbe brizzolate. Saremo per sempre i suoi ragazzi.

"Capo, l'arabo ancora lo parla?" – Totò non perde occasione di scherzare.

"No, perché non ho trovato altri agenti che mi hanno fatto incazzare come voi" – ci dà pugni affettuosi sui bicipiti.

"Frankie" – mi dice la capa e quanto vorrei che avesse ancora qualche richiesta da sottopormi.

"Comandi."

"Venite lì per un ultimo saluto a Sario."

"Preferiamo stare un po' qua all'ombra, sa com'è..."

"Non siete cambiati."

"Già."

"Una squadra così non l'ho mai più..." – non riesce ad andare avanti.

Abbiamo tutti gli occhiali da sole.

"Uno di noi che viene seppellito proprio dietro via Ughetti, che destino" – Pietro si poggia con una spalla al tronco dell'albero.

"Questo momento la mia mente l'ha già vissuto altre volte" – la voce del capo con la vecchiaia ha perso ruvidità. "Tornare qui è stato come scendere negli inferi" – prende la mano a Totò: "Non per Palermo, amo questa città." Totò mette la sua mano su quella del capo e annuisce: tutti abbiamo inteso il senso di quelle parole. "Tanta nostalgia. E la sofferenza non si può raccontare..."

"Tra noi non ce n'è bisogno" – Pietro va ad aggiungere la sua mano a quelle già strette.

"E invece forse sarebbe arrivato il momento" – non so come mi sono uscite queste parole.

"Frankie" – la capa si è commossa.

"Allora una cosa ve la dico. Voi avete fatto la Storia senza prendere medaglie, e questo lo sappiamo, restando invisibili, sempre. Pensavate, però, di aver lasciato dietro di voi solo cose luminose. E invece vi sbagliate."

Ci irrigidiamo. Siamo impreparati. Un errore dal nostro passato? Quando? Che cosa? E soprattutto perché proprio adesso?

"C'è un'immagine che non vi ho mai mostrato perché poteva ledere la vostra reputazione professionale."

"Capo, parli chiaro" – tolgo gli occhiali da sole.

Il capo mette la mano nella tasca interna della giacca. Tira fuori lentamente quattro foto. Ce ne consegna una a testa – la stampa ingiallita, la carta spessa e ruvida. Le mie dita non riescono a stare ferme.

Non ci posso credere: noi quattro di notte addormentati sulla scrivania dell'ufficio tra i cartoni di pizza, le radio, i rapporti sulle intercettazioni sparsi sul tavolo. Quella non è stata l'unica notte che abbiamo passato in ufficio – troppe volte non abbiamo fatto in tempo a tornare a casa o in albergo per dormire. Ma quella notte, la ricordo perfettamente per le confidenze che c'erano state tra di noi. Non l'avevo mai vista, non avevamo una foto insieme di quegli anni. Eppure, eravamo consapevoli che stavamo costruendo il legame più importante di tutta la nostra vita.

Lacrime nere serpeggiano nelle rughe delle guance. Stiamo tutti a tirare su col naso. Il capo è riuscito a farci piangere.

"Totò, prendi anche quella che sarebbe stata per Sario" – e con la foto in mano punta in direzione di Marina e Giovannino.

"Comunque, ragazzi, io vi voglio bene ma mi avete fatto fumare non so quanti pacchetti di sigarette in quegli anni. Facevate sempre di testa vostra."

"Però abbiamo fatto sempre bene, capo" – alzo entrambi gli angoli della bocca.

I suoi occhi dicono tutto: "Ora che siete in pensione che fate?"

Ci guardiamo tutti le punte delle scarpe.

"State morendo dentro come me?"

Primavera del 2001.

Arriviamo all'Ospedale Sandro Pertini direttamente dallo stadio di Napoli. Ti ricordi quel cielo infiammato dal tramonto? – vedevo tutto rosso in quel momento.

"Papà, cardiologia è per di qua."

Il cuore mi è salito nella testa e pulsa al posto del cervello. Le tempie stanno per esplodere.

Faccio per entrare nella stanza quando vedo un dottore fuori in corridoio.

"Scusi, dottore" – lui alza la testa dalla cartellina su cui sta scrivendo.

"Senta, sa dirmi di Luigi Marchetti, come sono le sue condizioni? Possiamo entrare a vederlo?"

"Lei chi è? Un familiare?"

"Il figlio" – tu ti nascondi dietro di me. Ma se ci pensi non ho detto mica una bugia.

"È fuori pericolo ma suo padre dovrebbe fare controlli annuali. Un secondo infarto non lo tollererebbe."

Supero il dottore prendendoti per mano e irrompo nella stanza.

"Oh, Gino, che scherzi ci fai?"

"Siete venuti, belli miei."

"Ti stai stancando troppo, Gino. Non devi più fumare e bere caffè, me lo prometti?"

"Nemmeno tu, però."

"Guarda, se ti succede qualcosa... gli do fuoco a quel bar."

"Questo è il modo che ha papà di dirti che ti vuole bene."

"E che dobbiamo fare, Ale. È fatto così."

"Senti, Gino, io stavo pensando... appena finisco la scuola, posso venire a darti una mano al bar..."

I miei occhi si riempiono di lacrime. Ti metto un braccio sulla spalla.

"Poche cose buone hai fatto, Franco" – Gino ti prende la mano.

"Lo so."

"Venite qua, ragazzi miei."

Poggiamo le fronti su quella di Gino che ha il petto pieno di fili.

"Se mi succede qualcosa, stavo pensando che il bar potreste..."

Lo interrompo: "Adesso non dire niente, non pensare a queste cose. Voglio solo che ti riposi, capito?"

"Papà, Gino, guardate qui!" *Clic.* Fai una foto.

Prima di finire sottoterra nel cimitero alle spalle di via Ughetti, c'è stato un altro momento in cui Sario è sceso nel mondo dei morti – a scavare nel terreno tra i corpi ammazzati. È l'inverno del 1994.

"Aveva un carattere molto forte. Un colpo in fronte gli abbiamo sparato." La Barbera si pizzica la punta del naso. "Mettersi contro 'u zu' Totò non gli è convenuto, a Vincenzino" – Vincenzino sarebbe Vincenzo Milazzo, boss di Alcamo. Con Gioacchino iniziamo la fase del riscontro omicidi: lui ci racconta chi hanno ucciso, noi andiamo a cercare le evidenze investigative per verificare che quanto ci dice sia vero, e dobbiamo farlo in fretta – se hanno già saputo che ha iniziato a collaborare possono far sparire tracce, corpi, prove. Siamo in ufficio a Palermo in presenza del capo che tamburella la penna rossa sulla scrivania: "E perché si è messo contro Totò Riina?"

"Non condivideva la piega che stavamo prendendo. Siamo dopo l'*attentatuni*, ok?"

Il capo annuisce.

"Uno di noi gli tende una trappola, a Vincenzino. Lo invita per una mangiata, in un casolare dove si lavorava la droga. E quando arriva lì, ci trova tutti. Stavamo tutti, stavamo."

"Tutti chi?" – il capo segna delle stanghette senza guardare il foglio.

“Dunque, Brusca, Messina Denaro, Bagarella, io e la buonanima di Gioè” – abbassa lo sguardo. A me prudono le mani. “Gioè era proprio amico di Milazzo ed è lui che gli spara un colpo in fronte” – Gioacchino fa il gesto della pistola con pollice e indice e poi richiude le dita in un pugno. “Ma era perché lo volevano torturare e Nino chiese la grazia di fare una cosa veloce.”

“Il corpo si trova in questo casolare?” – il capo muove la testa verso di me: bisognerà fare un sopralluogo. Sbatto gli occhi per dirgli che sono pronto.

“No, no, Messina Denaro occultò il corpo di Milazzo e di altri morti ammazzati in una fossa” – fa il gesto di scavare con le mani, sulle sue dita nessun tremore.

“Una fossa dove?”

Srotolo la cartina della Sicilia sulla scrivania. La Barbera muove l’indice nei dintorni di Alcamo. Lo passa sulla strada a zigzag che scende dal Monte Inici e percorre un sentiero ai piedi della montagna – la mia mente segue quel percorso sulla mappa e immagina chiome pungenti di pini, sentieri sterrati, grotte, tane di volpi.

“Il punto è questo” – il capo gli passa la penna. “Qui c’è una curva” – Gioacchino disegna sulla mappa. “Subito dopo una quercia, si apre un terreno brullo. Più o meno dieci passi dalla strada. La fossa sta là.”

La Barbera consegna la biro al capo mentre continua a raccontare: “Quel giorno ammazzammo pure la compagna di Milazzo. Aveva un parente nei servizi.”

Il capo sta infilando il tappo sulla punta della penna.

“Siccome, però, che noi, le donne, non le spariamo, allora l’abbiamo strangolata. Era pure incinta, ma di pochi mesi, eh” – la punta della penna sfugge al tappo e segna di rosso la mano del capo. Come un taglio da parte a parte.

A bordo della Peugeot bianca io e i miei fratelli andiamo verso la montagna – una natura selvaggia e silenziosa come è quella di certi uomini che abitano da queste parti. La Barbera è rimasto in ufficio – non vogliamo esporlo a inutili rischi.

"Più sappiamo di Cosa nostra, più mi sembra difficile trovare Bagarella" – Pietro si passa una mano sulla fronte e getta lo sguardo fuori dal finestrino. Stiamo attraversando l'entroterra dei Corleonesi riscaldato dalla luce obliqua del crepuscolo – il sole non starà ancora per molto con noi. Ingrano la marcia.

"È qui che ti sbagli: nei sopralluoghi che sto facendo con La Barbera per riscontro omicidi, entro sempre più dentro al loro modo di pensare. Fidati, il cerchio si sta stringendo" – spingo il piede sull'acceleratore.

La Peugeot attraversa con il suo muso storto le campagne di Piana degli Albanesi e San Giuseppe Jato. Il rombo del motore erompe tra gli alberi muti e scuri.

"'U Cravunaru c'ha ragione. Noi che siamo nati in Sicilia allora non dovremmo proprio fare gli investigatori..." – dallo specchietto retrovisore vedo Sario che gira la testa verso Totò per chiedergli di continuare il discorso: "... chi nasce qui pensa che niente cambierà. Io invece sono sicuro che a don Luchino, lo prendiamo. Vero, Nannì?" – il volto di Totò sparisce dalla visuale dello specchietto. L'ha affondato nel pelo del levriero irlandese che rantola da far tremare i vetri.

Sposto lo specchietto per guardare meglio Totò mentre gli parlo: "Ma che ha detto il veterinario? Si può fare qualcosa? È molto dimagrito" – Sario si schiarisce la voce in modo rumoroso.

Totò strizza gli occhi. Si nasconde dietro il sedile di Pietro.

Affondo il piede sul pedale. Pietro ha la mappa tra le mani: "Prendi la stradina che costeggia il monte. Vai ancora avanti. Ecco, la curva..." – rallento – "... la quercia... il terreno brullo."

Scendo dalla macchina, mi guardo intorno e faccio segno agli altri di uscire. Dal cofano tiro fuori due pale: "Dobbiamo essere veloci. Se ci fanno un agguato qui, finisce male" – io e Sario ci togliamo i giubbotti. Facciamo dieci passi dalla strada e iniziamo a scavare con la foga di due animali del bosco. Pietro e Totò restano a protezione del punto di scavo per controllare che non venga nessuno.

Solleviamo cumuli di terra, ma dopo un'ora ancora niente.

"Ma siamo sicuri che stanno qui?" – Sario si asciuga il sudore e tira su la testa.

Pietro con la mano fa segno di fermarci: "Attenzione! Due uomini sulla montagna. Ci stanno guardando."

"Tu e Totò andate a controllare" – metto una mano sulle reni. "Io invece chiamo il capo perché qui sta facendo buio e non abbiamo trovato niente."

Tiro fuori il telefonino e compongo il numero con le unghie di terra e le dita rosse per i geloni.

"Capo, qua non ci sta niente."

"Meglio se parli direttamente con lui" – sento un fruscio: la mano di La Barbera ha afferrato il cellulare che gli è stato passato.

"Gioacchì, abbiamo spalato ma non c'è un cazzo. Sei sicuro che il punto è quello giusto?"

"Sissignore. Stanno là. Ma è assai profondo."

"Vabbè, ci penso io" – chiudo il cellulare e poggio una mano sulla spalla di Sario: "Dobbiamo procurarci una pala meccanica. Subito. Adesso, ariete, tocca a te. Io da qui non me ne vado finché non ho trovato i corpi" – guardo l'ora: rimanere qui esposti a lungo può essere molto pericoloso.

Sario si asciuga il sudore dalle sopracciglia. Se ne va sotto la quercia per fare alcune chiamate. Il sole intanto sta per sparire dietro il monte.

Pietro torna insieme a Totò: "Non abbiamo trovato nessuno, tutto regolare."

Molto tempo dopo invece verrò a sapere che quelli appostati sulla montagna erano uomini di Cosa nostra. Ci avevano visti durante l'operazione e avevano cercato il capo mandamento per poterci sparare – se devi uccidere qualcuno delle forze dell'ordine devi avere l'approvazione del capo mandamento. Ma non l'avevano trovato. Se l'avessero trovato, ci avrebbero distrutto a colpi di bazooka. Questa distanza temporale tra il momento in cui vivi una situazione e le informazioni che poi arrivano a completare e a rendere chiara quella situazione dovrebbe chiamarsi consapevolezza. Nel mio caso è sempre la consapevolezza di essere scampato alla morte. Vieni colto da una tensione a posteriori, quando praticamente non è più necessaria, capito come? E ti fa andare in tilt il cervello.

Sario ha il cellulare all'orecchio. Gesticola con una mano, poi abbassa la testa e picchietta con la punta del piede sul tronco. Allora chiude la telefonata e compone un nuovo numero – non riesco a sentirlo, è troppo lontano, ma vedo tutto il suo corpo parlare. Tira il petto in fuori, gira l'indice nell'aria. Si tocca il naso. Chiude lo sportellino del telefono sulla gamba, sferra un calcio alla quercia. La richiesta è complicata. L'operazione sarà rumorosa, e tutti hanno paura per sé e per i propri parenti – temono ritorsioni da parte di Cosa nostra. Ma Sario prima o poi sfonda. A un certo punto, infatti, sfila il berretto e lo lancia in aria: ha trovato la pala meccanica.

Il caterpillar arriva di sera. Noi lo aspettiamo con i fari della macchina spenti. Quando nel buio compare questo strano animale giallo, lampeggio con gli abbaglianti per fargli segno che siamo lì.

"Oh, come andiamo?" – Sario va incontro al suo contatto.

"Finché c'è da mangiare..." – al buio non riesco a vederlo, sento la voce di un ragazzo.

"Pino, giusto?" – mi affaccio nella piccola cabina del mezzo e trovo un uomo magro e nemmeno tanto giovane, stretto nelle spalle, il corpo rigido ma non per il freddo.

"Sissignore" – solleva e riabbassa la visiera del cappello.

"Grazie per essere venuto fin qui a quest'ora."

"Per Sario, questo e altro" – intanto Sario lo ricopre di manate affettuose che servono a entrambi per scaricare la tensione. "Io qua però non sono mai venuto" – poggia l'indice su naso e bocca.

Alzo entrambi i pollici.

Accendo le luci della Peugeot per illuminare il fosso. "Allora, Pino, noi abbiamo iniziato a scavare con le pale ma bisogna andare più in profondità."

Annuisce con la testa e aziona il braccio che si alza come in segno di saluto.

Il rumore del caterpillar riempie tutta la montagna e rimbalza tra i monti. Abbiamo i minuti contati.

Dal bordo della buca con una torcia seguo lo scavo – ho una macchina fotografica al collo. Pietre, radici e poi solo terra che si fa sempre più umida e nera. Ma quanto giù li hanno seppelliti questi corpi? – immagino Messina Denaro a scavare con i suoi per sotterrarli.

Mi spingo con il braccio nel fosso per illuminare un pezzo che luccica che non è terra, non è radici. È un pezzo di busta nera, di quelle dell'immondizia.

Sventolo le braccia e le metto a croce. Il caterpillar si spegne.

"Senti, Pino, mi devo calare nel fosso."

"Eh?"

"Fammi scendere giù."

"Troppo pericoloso è. Se succede qualcosa, io non..." – nemmeno finisce di parlare che Sario è nella cabina. Lo copre tutto con la sua corporatura. Poi si gira e si poggia una mano sul petto come a dire scendo io. Scuoto la testa. Lui apre le braccia e dà come un colpo di testa nell'aria verso di me. Gli faccio cenno di venire.

"Sario, devo andare io là sotto. Se c'è un margine di rischio, me lo devo prendere io."

"Proprio per questo, se succede qualcosa è meglio che succeda a me. Per due motivi. L'inchiesta."

"Non se ne parla proprio."
"E perché Pino mi conosce e si fida di me. Ha detto che fa entrare solo me là dentro."
Ancora oggi non so se il secondo motivo fosse vero o se per mio fratello fosse più importante tenere me al sicuro. Ma so che quella per Sario è stata la prima discesa sottoterra.
Sario salta nella pala del caterpillar, una torcia stretta in pugno e la fotocamera al collo. Il motore si accende e il braccio meccanico si cala giù. Seguo i suoi movimenti – scatta una foto sul pezzetto di busta nera – e per un istante mi dimentico di respirare, forse per rispetto dei morti. Ed è proprio per rispetto dei morti e per non danneggiare le prove che Sario comincia a scavare con le mani – il caterpillar potrebbe frantumare gli scheletri, se i corpi sono lì. Leva la terra intorno al bustone. Le zolle cascano nella mano meccanica con un tonfo metallico. Sario solleva la testa e mi fa segno di lanciargli una vanga.
Con colpi decisi rimuove il terreno intorno. Muove la luce della torcia – la busta si allunga. Può esserci solo che un corpo lì dentro.
Conto fino a tre. Salto giù anche io.
"Testa dura sei..."
"Tieniti pronto con la macchina fotografica."
Intorno adesso nemmeno un rumore, mi sento mille occhi addosso come se i morti ci stessero guardando. Apro la busta con le mani. Ora anche il cuore si è fermato. Appare un teschio. Un teschio con un buco in testa. Vincenzo Milazzo è qui.

Sulla Peugeot di notte rientriamo verso Palermo.
"Santa Rosalia!" – la voce di Sario fa tremare i finestrini.
Non sento più Nannì ansimare ma sento Totò piangere – soffiare forte e veloce l'aria dalle narici. Forte e veloce. Ci ritroviamo tutti a fare lo stesso, a versare lacrime e a singhiozzare per quel cane – noi che nel cuore siamo sempre stati randagi. Andiamo

avanti per qualche chilometro con i nostri fiati che appannano i vetri, quando mi fermo a un incrocio nella notte più totale.

"Totò, dove vuoi che andiamo?"

"Al Monte Pellegrino."

Prendo velocità sulla strada – il buio sembra non finire più, è nero come la fossa, come la busta dell'immondizia. Sembriamo scesi nel sottosuolo. Apro il finestrino perché quell'aria dolciastra e amara insieme esca dalla macchina e voli alto nella notte.

Alzo il volume della radio – resta accesa anche quando ci fermiamo nella pineta ai piedi del Monte per spalare, tutti e quattro insieme. Leviamo pietre, sassi, terra rocciosa finché la fossa è pronta. Totò ha Nannì tra le braccia. Gli sportelli della Peugeot sono aperti – da lì arriva *Ashes to Ashes* di David Bowie.

I'm happy, hope you're happy too
I've loved all I've needed to love...

Infilo le cuffie e gli occhiali. Inserisco il caricatore. Impugno la pistola. Chiudo l'occhio sinistro. Premo il grilletto. Colpisco il punto rosso della sagoma di cartone.

Il bersaglio si muove velocemente e Pietro gli spara in testa. Ritorna verso di me e poi schizza verso Totò che lo colpisce al cuore.

In questi momenti sparare è come piangere – l'unica cosa che mi può scaricare.

Siamo al poligono di tiro dopo aver seppellito Sario.

"Mi tremano le mani" – fu il mio commento all'istruttore di tiro durante il servizio di leva. Era la prima volta che sparavo.

"Devi imparare a controllare l'esplosione tra le dita."

"Per poco non mi partiva pure il braccio."

"Per prima cosa presta attenzione al respiro. Deve andare insieme all'arma. Immagina la pistola come un'estensione del tuo corpo."

Mi venne naturale allargare leggermente le gambe e tenere le ginocchia morbide.

"Bravo, così. Non aggrapparti al grilletto, premilo dolcemente. E controlla l'esplosione con tutto il corpo, non solo con le mani. Contieni il colpo dentro di te."

Negli anni e con l'esperienza ho capito che più ti eserciti a sparare al poligono, più impari a controllare l'arma e a capire quando è opportuno usarla. Quando ti dicono che stai partendo per Palermo, che lì è in corso una guerra e che ti troverai di fronte persone che se devono ammazzare, ti ammazzano, esercitarti al poligono diventa una terapia per controllare la tensione, addestrarsi alla velocità, mantenere la concentrazione.

Si alzano tre bersagli e spariamo insieme nello stesso istante. Come fossimo un unico corpo che respira. Centro. Centro. Centro.

Le spalle si sciolgono. Il liquido che ho dentro evapora e diventa sudore dietro la schiena e all'altezza del petto.

Quella scossa che ti dà lo sparo e che tu devi contenere con il tuo corpo ti sveglia, ti rimette su strada, capito come?

Chiedo altre munizioni.

Quando abbiamo finito, sfiliamo cuffie e occhiali. Ci tocchiamo le spalle. I nostri corpi sono elettrici, dei vecchi corpi elettrici che hanno bisogno di sentire che sono ancora vivi, di ricordarsi come si fa.

A noi resta solo il tiro a segno – il poligono è la nostra riserva indiana.

Una settimana fa.

"Marta, come hai potuto non dirmi una cosa così importante?"

"Riguardava innanzitutto me."

"Ma c'era mio figlio o mia figlia lì dentro!"

"Sì, ma è il mio corpo, capisci, Franco?"

"Dovevi parlarmene, e invece hai fatto tutto da sola!"

"Alessandro l'ho cresciuto io, va bene? Un altro figlio o un'altra figlia, non ce l'avrei fatta. Voleva dire non lavorare più e io il mio lavoro non volevo lasciarlo."

"E secondo te questa cosa non l'avrei capita se me ne avessi parlato?"

"Non lo so."

"Che vuol dire *non lo so*?"

"Tu non ci sei stato. Nei momenti importanti non c'eri. Che ne so se avresti potuto capire?"

"Uno non c'è perché lavora e tu non solo mi tieni fuori ma mi nascondi una cosa del genere? Marta, Cristo Santo!"

"Era una cosa che anche io volevo dimenticare, forse per questo."

"Aspetta... La gravidanza era mia, vero?"

"Come ti permetti?"

"O era di quel secondino di merda?"

"Ancora con questa storia? Sei paranoico."

"Io non sono mai andato con un'altra donna, lo sai?"

"Era troppo rischioso per il tuo lavoro. E il tuo lavoro viene prima di tutto."

"Ma non ti viene in mente che veniva prima l'amore per te?"

"Scusami... perdonami, Franco... avrei dovuto dirtelo... Sono stati anni difficilissimi."

"Ti rendi conto di come l'ho saputo? Dimmi in che anno è successo."

Silenzio.

"Che anno era?"

"Maggio 1994."

“Marta?”
“Sì?”
“Come va?”
“Mmh, bene.”
“Che succede? Hai una voce strana.”
“Niente, niente. Ti passo Ale.”
“Papà, papà! Dove sei?”
“Ehi, campione. Diciamo che sono al mare.”
“Voglio venire anche io!”
“Eh non puoi...”
“Perché? Voglio venire!”
“... perché qui c’è Scilla. Tu sai chi è Scilla?”
“Mmh, no.”
“Un mostro marino.”
“Com’è fatto?”
“Ha sei teste di cane e, al posto delle gambe, code di serpente.”
“Che paura! Tu l’hai visto?”
“Non ancora.”
“Stai attento, papà!”

È il maggio del 1994. Guardo dall’alto il mare di Scilla. Sono con te al telefono – chiudo la chiamata quando La Barbera si avvicina. Muove le braccia e le gambe rigide come pezzi di legno.

Domani dovrà testimoniare in un processo a Reggio Calabria: l'imputato è Totò Riina. Ha voluto che ad accompagnarlo fossi io – sono un investigatore ma devo fare anche questo.

Gioacchino incrocia le braccia dietro la testa. Guarda la linea del mare che al tramonto ha preso un colore livido.

"Eccola, là" – indica la Sicilia. "Scilla guarda l'isola ma adesso è l'isola a guardare me." Apre la bocca per far entrare il vento di maggio. Si poggia con le mani sulla ringhiera del balcone.

"Ma da qui è anche il continente che guarda la Sicilia, eh" – raccolgo i capelli in un codino. Parliamo di rapporti di forza guardando scogliere.

"Entriamo" – poggio una mano sulla sua spalla – "fra un po' i colleghi ci porteranno da mangiare."

Sul tavolo di un appartamento protetto sulle rocce di Scilla sono poggiate le vaschette di alluminio, la nostra cena. Gioacchino mangia peperoni ripieni e pesce spada quasi senza masticare – sembra non saziarsi mai.

"Vacci piano, sennò stanotte non dormi."

"Tanto non dormirò comunque."

Di notte infatti continua a girarsi nel letto. Io sono sveglio, in poltrona. Lo guardo dimenarsi come un mostro marino, lo stesso che si agita dentro di lui e nel mare fuori.

Durante il viaggio in direzione Reggio Calabria, La Barbera ha la schiena incollata al sedile, collo e braccia immobili.

"Tutto a posto, Gioacchì?"

"Mi risale qualcosa nello stomaco."

"Sono i peperoni."

"Eh, mi sa di no."

Nell'aula di tribunale quando lo chiamano per testimoniare, l'uomo di Altofonte si alza e si accomoda sulla sedia. Io sono in piedi un passo dietro di lui. Di fronte, dietro le sbarre è seduto Totò Riina – ha lo sguardo di pietra. In quel momento io non ho il mefisto. Non è questione di spavalderia.

Se vogliono, non ci mettono niente a sapere chi sei, anche se hai il passamontagna. In quel momento io con la mia faccia, dietro un pentito e davanti al capo dei capi, rappresento lo Stato – ho trentadue anni.

Gioacchino si schiarisce la voce. Il microfono fischia.

Quella è l'ultima volta che vedo La Barbera.

Un anno fa. L'ultima volta che ti ho visto.

Sono andato da poco in pensione. Fantasmi mi perseguitano giorno e notte per ricordarmi quanto ero vivo – quanto mi sono sentito vivo – tutte le volte che ho rischiato di morire.

Che fine fa uno che è stato invisibile tutta la vita, quando gli dicono da un giorno all'altro che può tornare a essere Franco Lomuto? Chi è Franco Lomuto adesso?

Sono perso in mezzo a questi pensieri, a letto, a mezzogiorno, quando sento sbattere la porta, i tuoi passi che si dirigono nella stanza, la zip di una valigia che si apre – un suono per me inconfondibile. Ante di armadi che si spalancano, fruscio di vestiti, cassetti che si chiudono. Ogni rumore traccia un percorso nella mia mente e il corpo lo segue – mi tiro su e vengo da te.

"Ehi, che fai?"

"Niente."

"Come niente? Stai riempiendo una valigia..."

"Allora perché chiedi?"

"Mmh, ho capito... Sei in partenza. Dove stai andando?"

"Me ne vado da qui."

"E perché? E dove poi? A casa tua ci sono i lavori."

"Starò da Chiara, ma non è questo" – appallottoli le magliette e le lanci nella valigia. "Nello stesso spazio con te io non ci so stare. Questo è. Sono cresciuto così."

Dobbiamo abituarci, vorrei dirti – mi si seccano le parole in gola.

"La tua presenza mi manda ai matti, davvero."

Chiudo gli occhi.

"Viene tutto giù e io non posso permettermelo... meglio se stiamo lontani" – continui a prendere jeans, camicie, calzini e a infilare tutto in valigia. "Io non so cosa hai fatto in questi trent'anni... dove sei stato, chi sei. E nemmeno tu sai niente di me."

In questo momento vorrei dirti come si fa una valigia, che quella roba va piegata, pressata con le mani, incastrata senza stropicciarla, ma tu adesso mi guardi e sposti il peso da un piede all'altro, da un piede all'altro, con una maglietta in mano – non ti accorgi che la stai avvolgendo intorno alle nocche: "E poi, dillo, fosse per te staresti con la tua vera famiglia, la DIA. Ma che cos'è questa DIA? Mi hai fatto chiamare per una vita *zii* persone che non sono i tuoi fratelli!"

"*Sono* i miei fratelli" – adesso le parole escono a fiume. "C'è bisogno di un rapporto di sangue? O è quanto hai condiviso? Quanto puoi contare su certe persone?"

"Ecco, appunto, dov'eri quando dovevo contare su di te? Tu hai fatto l'eroe ma io volevo solo uno che mi aspettasse sveglio la sera quando tornavo a casa."

Continui a spostarti sui piedi come fossi su un ring: "Ti ricordi il giorno dell'incidente, quando non volevo vederti?"

Annuisco. Non so dove mettere le mani.

"Anche quella volta volevi essere tu al centro della scena e non hai manco avuto un infarto."

"Sembri dispiaciuto che non sono morto" – infilo le dita nelle tasche dei jeans.

"Perché con un morto avrei potuto fare i conti" – la tua voce è impastata di saliva, i tuoi occhi grigio fuliggine. "E invece sei un'assenza che ricompare ogni volta come un fantasma" – fai sempre così: quando ti impedisci di piangere, le lacrime ti escono dalla bocca.

"Ale, mi stai dicendo che non vuoi più avere alcun rapporto con me?"

Annuisci con la testa – se non riesci a dirlo quel sì, significa che una parte di te non lo vuole questo taglio – se stai saltando su quei piedi è perché dentro di te hai una guerra. È così?

"Proprio adesso che possiamo stare più tempo insieme?"

"Pure tu con tuo padre non c'hai più parlato!"

"E vuoi fare lo stesso errore mio?"

Premi entrambe le mani sul cumulo di vestiti. "Io mi devo salvare" – chiudi la valigia. "Non voglio essere come te" – fai scorrere la zip. "Frankie" – un brivido mi attraversa la schiena.

Vorrei chiederti di prendermi a pugni sul petto, uno, due, tre ganci, di farmi male. Sopporto più il dolore fisico, sai? – e poi anche i pugili sul ring, durante il combattimento, per qualche secondo, si abbracciano.

Invece, restiamo uno di fronte all'altro, senza alcun contatto. Abbiamo la stessa fisicità. Siamo snelli, i capelli lunghi. Gli stessi occhi di lupo. Sento battere il tuo cuore all'unisono col mio. Abbassi lo sguardo, la valigia in mano. Un istante e poi te ne vai.

“Frankie” – quando la capa mi chiama così, ci sono comandi in arrivo. È il maggio del 1995. Sono a Roma nella sede centrale. Entro nella sua stanza. Lei sta raccogliendo i capelli biondi con una penna. Avvicina sul tavolo nella mia direzione un foglietto di carta piegato a metà. Mi guarda – prima di prenderlo e leggere quello che c’è scritto lì dentro, devo ascoltarla.

“Allora, Lomuto, ieri a Rebibbia ha tentato il suicidio Emanuele Di Filippo. Mai sentito parlare di lui?”

Mi siedo sulla punta della sedia, teso come un arco: “È quello che negli anni ottanta faceva parte del gruppo di fuoco di Ciaculli?”

“Esatto, poi ne è uscito e si è occupato, sempre per conto di Cosa nostra, di traffico di droga, contrabbando di sigarette e riscossione delle estorsioni.”

“E perché si voleva ammazzare?”

“Non regge la detenzione. Vuole collaborare.”

“Bene. Quali novità per noi?”

“Aspetta, vacci piano. Intanto devi sapere in che contesto familiare è inserito” – la capa sfila la penna dai capelli. “Sua sorella ha sposato Nino Marchese, uno dei killer più spietati di Ciaculli e fratello di Vincenzina Marchese, la moglie di Leoluca Bagarella.”

"E ha deciso di saltare il fosso..." – inizio a tamburellare con le dita sul tavolo a pochi centimetri dal bigliettino.

"Sì, e ai magistrati ha rivelato che suo fratello Pasquale vive come un latitante, anche se non è un ricercato: è uno degli uomini di fiducia di Bagarella."

"Minchia" – afferro il pezzetto di carta in un pugno. "E qui immagino ci sia qualche dritta su dove possiamo trovare questo Pasquale..."

"Sì" – la capa punta la penna in direzione del mio pugno. "Più precisamente ci sono le indicazioni che ha dato Emanuele per individuare il casale dove si nasconde Pasquale. È a Misilmeri e lì si nasconde insieme a Salvatore Grigoli, uno degli assassini di don Pino Puglisi" – Ale, don Puglisi era il parroco di Brancaccio che lottava per sottrarre i ragazzi del quartiere ai tentacoli di Cosa nostra.

La sera stessa sono su un aereo per Palermo – il biglietto nella tasca dei jeans, l'ho già imparato a memoria.

Totò viene a prendermi a Punta Raisi: "Allora, Cravunà, ti porto a casa?"

"E da quando l'albergo dovrebbe essere casa mia?"

"Ma io intendevo l'ufficio" – gli do uno scappellotto sulla nuca e gli faccio segno di andare. Verso le torri ovviamente.

Intorno alla scrivania spiego l'operazione ai miei fratelli e ad altri agenti.

"Insomma, nuova cosca, nuova microspia" – Sario mi guarda attraverso la punta della cimice.

"Ma sempre don Luchino dobbiamo prendere" – Pietro infila la pistola dietro i jeans. Gli lancio le chiavi della Peugeot.

Il paraurti schiacciato questa volta si addentra di notte nelle campagne di Misilmeri – il bigliettino con le indicazioni incollato sul cruscotto. Finita la strada con i lampioni, spengo i fari dell'auto – ci infiliamo in una via sterrata. Pietro accende la torcia sul foglietto di carta: fra qualche chilometro dovremmo trovare il casale. Eccola, infatti, la costruzione in pietra imboscata tra grandi alberi – ci appostiamo per vedere i movimenti lì intorno. Qualche ora, poi stacchiamo e ritorniamo l'indomani. Andiamo avanti così per un paio di giorni. Osserviamo la zona e i soggetti che entrano ed escono per individuare il momento giusto per piazzare la microspia.

Riusciamo a posizionarla, la installiamo – siamo di nuovo a bordo del Ford Transit, ma stavolta tra monti e macchia mediterranea, a fare ascolto.

Ora, Ale, seguimi, perché accade una cosa strana ma non insolita per chi fa un lavoro come il nostro. Io e Sario siamo in turno insieme, le mani sulle cuffie per non perderci un fiato di quello che dicono – se esce fuori qualche indizio su Bagarella dobbiamo intercettarlo subito.

A un tratto Sario tira il mento in dentro: "Non capisco che sta succedendo."

"Aspetta" – premo la fronte contro il pugno. "Mi sa che è... sì, cazzo, è un'interferenza!"

"Santa Rosalia," – Sario sfila le cuffie e le lancia in un angolo. "La cimice sta trasmettendo su una frequenza diversa!"

Era successo questo: Grigoli è in salotto, sta guardando la TV tranquillo sul suo divano ma all'improvviso sente in onda, nell'audio del televisore, la voce della moglie che sta nella camera da letto. Capito che roba? Ovviamente ci mette un secondo a capire che si tratta di un'interferenza e che in casa sua c'è una cimice – lo sento in diretta bestemmiare e lanciare la roba per aria, smontare tutta casa per cercare l'ambientale: la trova nascosta nell'interruttore della luce e la fa a pezzi.

L'operazione è bruciata – ci viene chiesto di arrestare Pasquale Di Filippo, il fratello di Emanuele. È il 21 giugno del 1995. Il giorno stesso dell'arresto Pasquale prende la sua decisione – si pente di fronte ai nostri dirigenti e ai magistrati.

Dopo qualche ora il capo mi chiama – io sto come un randagio, faccio avanti e indietro nel corridoio. Lui resta sull'uscio, la porta socchiusa dietro di sé: "Lomuto, senti un po'. L'autista di Bagarella dovrebbe essere un certo Tony. Ti dice niente questo nome?"

"Tony Calvaruso!" – schizzo via come una freccia e mi ficco tra gli scaffali del nostro piccolo archivio – sento il ghigno di soddisfazione del capo alle mie spalle. Sfilo il faldone, scorro il dito tra i dossier – ci deve essere per forza un fascicolo su questo soggetto, Cristo. "Sì!" – stringo il pugno. Ho trovato la cartella. La apro – sono seduto per terra tanta la fretta di fare tutto e subito. Tra le mani ho i rapporti sui pedinamenti e – proprio quello che volevo – alcune foto. Ne scelgo una dove si vede meglio il suo volto, visto che non ha segni particolari – è un personaggio piuttosto anonimo.

Ora ti starai chiedendo, giustamente: come facevi ad avere una cartellina su Tony Calvaruso?

Autunno del 2013.

"Direttore, in questi anni in DIA abbiamo costruito un metodo unico per le inchieste. Adesso, con la mia esperienza, non voglio occuparmi di sequestro beni."

"È uno dei settori più strategici."

"Non metto in dubbio l'importanza delle operazioni, di come si colpiscano le mafie e quanto entri nelle casse dello Stato..."

"Ma?"

"Ma io voglio fare inchieste, battere la strada, catturare latitanti. Ce ne sono da prendere, eh! Uno su tutti: Matteo Messina Denaro."

Sembro un ragazzino dall'entusiasmo, ma quando faccio questo discorso ho più di cinquant'anni e zero voglia di sedermi dietro una scrivania.

"Ovviamente, direttore, porterò a termine gli incarichi che mi ha affidato, volevo solo essere sincero con lei. Ma adesso se permette ho un impegno a cui non posso mancare."

Ci stringiamo la mano.

Salgo in macchina. Il mio respiro sembra indifferente al traffico congestionato di Roma: l'aria entra ed esce senza intoppi o rallentamenti. Solo il cuore si fa sentire un po' di più quando svolto in via Carlo Fea. Rallento un istante davanti la vecchia sede della DIA per parcheggiare poi di fronte Villa Mirafiori. Attraverso il cortile. Questa volta non mi fermo a sentire i ragazzi stesi sull'erba. Non potrei più essere per età uno di loro. Entro in facoltà e cerco l'aula magna. Mi fermo sulla porta. Ho la luce del giorno dietro di me. Tu sei in piedi davanti alla commissione, di spalle rispetto a dove sono io. Indossi una giacca a costine di velluto blu notte su una maglietta grigia. Una slide a parete proietta il titolo della tua tesi: *Visibile e invisibile. L'essente nei Presocratici.*

Ti ascolto parlare. Mi aspettavo una tesi su Cartesio, sul metodo. Sarebbe stata una cosa di cui parlare insieme, forse. Invece hai scelto un argomento che riesco a capire solo adesso che sono in pensione. Hai voluto indagare l'assenza. Sarebbe stata una cosa di cui parlare insieme. Che ci avrebbe unito. O separato per sempre.

Tu discuti ed esponi la tua ricerca e io non ascolto più il contenuto di quello che dici. Mi concentro sul timbro della tua voce, sull'intonazione sicura, il fiato regolare. Ho gli occhi sui tuoi gesti, sul modo di muovere la mano, di spostare il peso sui piedi, di cercare il contatto visivo con i professori, di abbassare le spalle quando capisci che la tensione te le sta tirando su. Hai il controllo della situazione. Se mettessi le mie parole e la mia voce sul tuo corpo, in questo momento potresti essere me da giovane mentre spiego un intervento per un'inchiesta.

Raccogli il filo del microfono e nel tirarlo su, ti giri un istante verso la platea. Ti fermi a parlare perché mi hai visto – sono una sagoma nera in controluce poggiata allo stipite della porta. Capisci subito che sono io – ti schiarisci la voce e riprendi a parlare.

Scrosciano gli applausi quando hai finito.

Stringi la mano ai professori. Saluti tutti. Abbracci tua madre, la tua ragazza e poi anche me.

"Non dovevi venire."

"Invece eccomi qua."

"Che ti è sembrato? Forse sono cose troppo inconsistenti per te..."

"E perché? L'invisibile è il mio mestiere" – ti do una pacca sulla spalla. Tu sorridi.

In questi giorni che ero da solo a casa prima di partire per Palermo, ho cercato la tesi nella libreria della tua stanza. L'ho aperta per la prima volta. Ho letto la dedica: *A mio padre.*

Dicembre del 1994.

Sono all'aeroporto di Palermo, mi sto per imbarcare su un aereo quando un collega – uno che faceva parte della scorta di Ninni Cassarà, il commissario della squadra mobile e collaboratore di Falcone, poi ucciso da Cosa nostra – mi fa segno che una persona con lo zaino e il berretto nero è un membro della cosca di Brancaccio. Noi in quel periodo stiamo proprio indagando su quel gruppo, sempre per arrivare alla cattura di Bagarella. Il mio collega se ne va, io seguo il soggetto per capire quale aereo prende. Attraversa il controllo bagagli e io faccio lo stesso. Prende le scale mobili e si mette in fila al gate numero 2 dove sta per partire un volo diretto a Roma. Lo stesso aereo su cui devo salire anche io – mi metto in fondo alla fila e chiamo in sede centrale: "Venitemi a prendere a Fiumicino con due macchine. Atterro alle 13.30."

Durante il volo è seduto una decina di fila davanti a me. Mentre siamo in crociera, si alza e percorre il corridoio verso il mio sedile in direzione del bagno – faccio in tempo a infilare occhiali da sole e cappuccio della felpa. Quando atterriamo, in aeroporto non lo perdo mai di vista. Abbiamo entrambi il bagaglio a mano – non dobbiamo aspettare valigie sul nastro. Si ferma a un bar del terminal per prendere un panino – io faccio lo stesso nel caffè di fronte che ha uno specchio sulla parete. Gli do le spalle, ma per tutto il tempo lo posso osservare nel riflesso. Paga il conto e se ne va – io lascio una banconota da cinque mila lire sul piattino della cassa.

Mantengo sempre una distanza di circa cinque metri da lui. Il tizio passa attraverso le porte scorrevoli ed è fuori dal terminal. Io prendo l'uscita accanto e dal marciapiede individuo subito le macchine dei miei colleghi. Il soggetto monta su una Ritmo verde bosco – io salto dentro alla Lancia di servizio e do indicazione ai colleghi di non perdere quell'auto, di seguirla a scavallamento per non dare nell'occhio. Facciamo il raccordo, superiamo praticamente tutta Roma e arriviamo a Tor Bella Monaca. È un quartiere, come sai, dove è difficile poter passare inosservati, per questo rimaniamo a distanza – riesco solo a vedere il civico dove entra il soggetto.

In due giorni faccio verifiche con l'ufficio di Roma, mettiamo i telefoni sotto controllo e tramite l'ascolto individuiamo le donne dei fratelli Graviano, i boss del quartiere Brancaccio, a quel tempo latitanti. È da questa attività di monitoraggio che spunta tale Tony Calvaruso – richiedo una serie di riscontri su di lui. Scopriamo che alla fine degli anni ottanta Calvaruso ha gestito per conto dei Graviano un locale notturno insieme a Tullio Cannella. Poi viene arrestato nei primi anni novanta per favoreggiamento della prostituzione e frode al commercio.

Rientro a Palermo – io e i miei fratelli lo pediniamo e lo fotografiamo. Gli stiamo addosso per bene – tanto che facciamo un presidio al suo matrimonio nel caso in cui qualche latitante si fosse presentato per fargli gli auguri. Cosa esce fuori da questa attività? Che Calvaruso è un personaggio di spessore minore – gestisce la sua attività, non desta sospetti. Lo lasciamo perdere.

Ma quando, il 21 giugno del 1995, Pasquale Di Filippo fa il suo nome, noi abbiamo tutto su di lui.

Con il faldone sulle ginocchia ho tra le mani la foto di Calvaruso. La consegno al capo che la mostra a Pasquale. Non fa in tempo a poggiargliela sulla scrivania che lui dice sicuro: “È lui.”

Ecco, vedi, questa è un’altra procedura del metodo che abbiamo creato in DIA: collezionare fascicoli organizzati per fare collegamenti ed essere subito operativi alla bisogna – quando un affiliato sta per saltare il fosso, il fattore tempo è determinante, basta che trapelino anche poche informazioni perché la mafia si riorganizzi.

In poche ore, così, passiamo in rassegna tutti i dati che abbiamo su Tony Calvaruso. Il più importante: abita al centro di Palermo in piazza Tosti e gestisce un negozio di abbigliamento per uomo in corso Tukory, dietro il mercato di Ballarò.

Fuori dal poligono di tiro ci sciogliamo le spalle e montiamo sulla Golf nera di Totò.

"Totò, questa che è, una 1900?" – accarezzo il cruscotto.

"Sì" – gira la chiave nel quadro. "Dici che va bene per un pedinamento su corso Tukory?"

Sorrido e scosto la testa verso il finestrino. Pietro, dal sedile posteriore, batte col pugno sullo sportello: "Eh magari."

"Mi potrebbe venire un attacco di panico a ritornare su quella strada."

"Ancora con questi attacchi di panico stai, Cravunà?"

"Che devo fare, mi vengono."

"E se fossi rimasto qui a Palermo come avresti fatto?"

"Sarebbe stato meglio: avrei fatto i conti ogni giorno con questa cosa."

"Lo stai facendo comunque. Ma nel modo peggiore."

"È quello che gli dico sempre anche io, Totò."

"Cravunà, non te l'ho mai detto" – ingrana la marcia. "Tu tra noi sei quello che ha pagato il prezzo più alto."

"Non è vero."

"E invece è così" – si volta verso di me, serio. "Hai avuto la responsabilità di tutto e di tutti."

"Era il mio ruolo."

"Sì, ma immagino cosa stai affrontando ora che è finita."

"È questo che mi distrugge. Che è finita."

"Si sente da qua dietro che hai la tachicardia" – Pietro mette una mano dietro il mio sedile.

"I ricordi fanno male" – mi passo una mano sugli occhi.

"Io senza i ricordi sarei già morto" – dallo specchietto laterale vedo il braccio di Pietro uscire fuori dal finestrino per toccare l'aria di Palermo.

"Tu, invece, Totò?"

"Io, cosa, Cravunà? Adesso, senza Sario, come se mi avessero tagliato una gamba mi sento. Per il resto evito il più possibile di fare alcune strade. Corso Tukory ad esempio, ma è difficile non finirci."

"Lo credo bene, è un'arteria della città."

"Eh ma quando ci passo mi parte il cervello" – Totò svolta a destra.

"Ma adesso perché stai andando proprio lì?"

"Perché insieme è diverso. Ne abbiamo bisogno tutti e tre oggi. Fidati."

"Io avevo due sogni nella vita" – Pietro si sistema al centro del sedile posteriore per vedere meglio la strada. "Quello di tornare qui a Palermo in queste strade e quello di andare alla scuola di Polizia dove mi sono arruolato. Adesso nemmeno c'è più la scuola."

"Pietro, pensa quanto stai male: due luoghi che non esistono..."

"Esistono nella mia testa però."

"Eh, nelle nostre teste esistono molte cose" – Totò parcheggia davanti a quello che trent'anni fa era il negozio di Tony Calvaruso.

Il cuore mi batte forte. Mi tocco la fasciatura sulla mano: "Vorrei salvare tutto su una memoria esterna e portare questa vita fuori dal mio cervello."

Primavera del 2005.

Sto lavorando a un'inchiesta sui Casalesi nel Nord Italia. Mi viene in mente un'idea artigianale perché l'approccio originario – quello del 1992, trovare soluzioni senza mezzi ma solo attivando il cervello – non l'ho ancora perso.

Sono appostato in macchina durante un pedinamento. Il soggetto esce dal suo ufficio per andare in pausa pranzo. Proprio dopo che ha chiuso la porta e ha fatto il primo passo, un mio collega complice lo urta – è al telefono, si scusa e se ne va. Lo urta, e la valigetta del tizio si apre: non si accorge che gli sono caduti una cartellina e un mazzo di chiavi. Aspetto che sia sufficientemente lontano. Mi avvicino agli oggetti per terra e lascio tra questi una chiavetta USB. Rimonto in macchina e resto a osservare. Lui torna dalla pausa, trova le sue cose sul marciapiede, le raccoglie, inclusa la chiavetta, ed entra in ufficio.

Avrà pensato che quella pen drive fosse sua. E infatti la inserisce nel computer. Ma attraverso quel dispositivo noi della DIA entriamo nel suo PC – dal nostro ufficio riusciamo a seguire i suoi traffici, vedere i contatti, monitorare conti, dati, corrispondenze. Grazie a tutte queste informazioni riusciamo a piazzare una microspia in un cantiere disabitato.

È stata un'operazione delicatissima. Per questo sono teso

come le linee di contatto che fanno sfrecciare il treno diretto a Roma – nel fine settimana successivo a questo intervento vengo a casa, ultimamente riesco a tornare da voi più spesso del solito. Un pensiero mi ossessiona per tutto il viaggio – ho l'impressione che qualcuno mi abbia visto lasciare la chiavetta per terra. E *loro* ci mettono due minuti a sapere chi sei.

Sul mio computer di casa trovo una chiavetta identica a quella nell'operazione – il cuore mi salta in gola. Con gli occhi sbarrati vengo da te e tua madre: "Chi è entrato in camera?"

"Nessuno a parte noi, Franco."

"Quali sono le ultime persone che sono venute a trovarvi? Quando siete usciti, avete chiuso sempre le finestre? Ale, chi stai frequentando in questo periodo? Marta, a parte la moglie di Pietro chi hai portato in questa casa? Sono venuti tecnici, idraulici, elettricisti? È fondamentale sapere se si è introdotto qualcuno in questa casa!" – non do il tempo a nessuno di rispondermi che sono già fuori, per strada.

Butto la chiavetta nel bidone dell'immondizia come se stessi lanciando una bomba a mano.

Ansimando, risalgo in casa – ho i capelli sul viso, la barba incolta, gli occhi allucinati.

Tua madre è abbandonata sulla poltrona.

Tu sei in piedi, impietrito: "Papà, era un mio regalo per te!" – corri via da casa, sbattendo la porta.

Cristo.

Mi affaccio alla finestra: un camion dei rifiuti sta raccogliendo l'immondizia dal cassonetto.

Mi precipito giù dalle scale. All'uscita dalla torre vedo il camion ripartire. Monto in macchina. Lo inseguo. Lo sorpasso e gli taglio la strada.

Scendo dall'auto e salto nel retro del camion.

"Ma che stai facendo, oh?" – il netturbino esce dalla cabina e sventola le mani: "Chiamo la polizia, eh!"

"E chiamala!"

"Ma sei tutto matto, esci da là!" – arriva anche il suo collega.

"Qui dentro c'è il regalo di mio figlio e io devo riprendermelo..."

"Sto chiamando le guardie!"

"Ho quasi fatto..."

Dall'ammasso di sacchetti tiro fuori la chiavetta. Gli operatori ecologici indietreggiano al mio passaggio.

"Ma vattene, va'!"

"Tutti a noi i matti, eh?"

Ricoperto di monnezza, puzzolente, rientro a casa.

"Franco, ma che ti sta succedendo?"

"Ale, dov'è?"

"Non lo so. Devi controllarti. Ci hai spaventati."

Vado verso la camera da letto ma tua madre si mette davanti: "Vai a farti una doccia, non puoi stare così in casa."

"Marta, devo vedere cosa c'è qui dentro. Adesso. O mi scoppierà il cuore" – le punto la chiavetta davanti. Lei si sposta e abbassa la testa.

Tolgo la maglia e i jeans e in mutande vadò a sedermi alla scrivania. Infilo la chiavetta nel computer. Apro la cartella. C'è il file di un video. Doppio *clic*.

Parte una canzone. La riconosco subito.

Non ci posso credere. L'hai fatto per me. Il mio cuore batte a ritmo con la musica.

Le nostre foto della trasferta a Napoli – ecco, cosa facevi con quella macchina fotografica – arrivano nello schermo sulle note di *Precious* dei Depeche Mode.

Tu che guardi in camera. Io sullo sfondo mentre guido.

Io che parlo muovendo le mani.

La mia mano sul cambio. La tua poggiata sulla gamba, a pochi centimetri dalla mia.

Tutti e due con gli occhiali da sole mentre guardiamo la strada.

Io che mi fermo a fare benzina.
Tu che fai una linguaccia.
Noi che mangiamo un panino in macchina.
Tu che stai per entrare nello spogliatoio e io dietro che ti aspetto.
Io che passo il grasso di foca sui tuoi scarpini.
Il ritorno verso Roma al tramonto.
Tu che dovresti essere triste e invece hai una smorfia per sorriso.
La foto di noi due in ospedale abbracciati a Gino che fa il segno della vittoria.

Precious and fragile things
Need special handling...

21 giugno del 1995.

Dopo l'arresto di Di Filippo, l'operazione decisiva si svolgerà tutta nel giro di settantadue ore.

"Calvaruso è uno anonimo, di poco spessore" – Pietro solleva la cartellina e la fa scivolare sulla scrivania. "Come può Bagarella avere un braccio destro così?"

"Proprio per questo può essere l'uomo giusto" – Sario raccoglie il fascicolo e tira fuori una foto. "Gli insospettabili sceglie, Cosa nostra."

"E se è l'uomo giusto, lo scopriremo presto" – Totò sistema gli auricolari della sua radio.

"*Dobbiamo* scoprirlo presto. Oggi è stato arrestato Pasquale Di Filippo. Da domani voglio tutti gli uomini su Calvaruso: lo dobbiamo controllare ventiquattr'ore su ventiquattro."

Dobbiamo agire in tempi strettissimi e spingere il più possibile l'azione prima che si sappia che Pasquale ha iniziato a collaborare – in quei giorni noi praticamente siamo un branco di lupi, stiamo sempre su strada, abbiamo tutti i sensi accesi, ci parliamo con gli occhi, annusiamo ogni dettaglio, siamo tesi verso la preda, proteggiamo il gruppo.

"Nel quartiere Ballarò si conoscono tutti. La regola la conoscete: o ci muoviamo come loro o ci sgamano" – è piena estate, cerchiamo di nascondere, tra jeans e maglietta, radio, cavetti, auricolari, pistole.

Tieni conto che con questi ritmi noi stiamo lavorando già da tre anni ma in quel momento, quando sentiamo di essere a tanto così dall'obiettivo finale, nessuno mostra stanchezza, anzi, adrenalina e lucidità accendono tutti gli agenti – caffè, panini, sigarette, camomille, poco sonno, tantissima energia.

Il giorno dopo l'arresto di Di Filippo passiamo in macchina davanti casa di Calvaruso, Sario sta guidando la Peugeot. Quando si trova davanti a un furgone dell'esercito, rallenta – è un blindato messo su strada per l'operazione Vespri siciliani. È posizionato davanti all'abitazione del procuratore Pignatone, impegnato proprio in quegli anni a catturare latitanti. Giriamo entrambi la testa lentamente e poggiamo lo sguardo sul blindato. Poi ci togliamo gli occhiali da sole e ci fissiamo nelle pupille: "Cravunà, alla stessa cosa stiamo pensando?"

Viene richiesta l'autorizzazione per sostituire nel blindato il militare dell'esercito di guardia con un nostro agente che dall'interno del furgone possa monitorare le entrate e le uscite dell'abitazione di Calvaruso.

Nelle prime ventiquattro ore capiamo subito che Tony è un personaggio molto guardingo. Gli stiamo addosso senza farci vedere – lui si guarda costantemente le spalle, cerca di non avere abitudini fisse: una volta esce a piedi, una volta in macchina, una volta con la moto.

Mettiamo anche sotto sorveglianza la sua utenza cellulare. Dall'ascolto esce fuori una telefonata ricevuta dalla moglie che gli chiede cosa stia facendo. Lui risponde: "Sto andando da papà." Chiedo un riscontro all'uomo nel furgone: a quell'ora e in quel giorno quali sono stati gli spostamenti di Calvaruso? L'agente nel blindato controlla i suoi rapporti: Calvaruso stava entrando a casa sua in piazza Tosti. Il padre non abita nel suo stesso stabile. Il cerchio comincia a stringersi.

"*Papà* potrebbe essere Bagarella..." – dico io. Gli occhi mi brillano, sono grigio acciaio.

"... e potrebbe abitare nello stesso residence di Tony" – conclude Sario mentre si gratta la barba.

Arriviamo così al 24 giugno del 1995.

Inizio estate del 2003.

Sono a Roma, nella sede centrale della DIA. Mi trovo in ufficio a fare nottata quando chiama tua madre.

"Ale non è tornato a casa stanotte. Sono molto preoccupata."

"Dammi il numero del suo amico, come si chiama...?"

"Fabio. Te lo mando."

Compongo il numero di questo ragazzo. È quasi l'ora dell'alba. Sta sicuramente dormendo. Faccio squillare a lungo.

"Mmh... Sì?"

"Fabio, sono il papà di Ale."

"... ma che ore sono?"

"Senti, dove si trova Ale?"

"Mmh... non lo so."

"Era con te ieri sera?"

"Sì... l'ho lasciato alle due di notte... alla fermata dell'autobus."

"Quale?"

"Stazione Termini."

"Era fatto?"

"Signor Franco..."

"Fabio, vengo e ti attacco al muro se non mi dici..."

"Ok, ok. No, aveva bevuto un po' ma non è questo..."

"Cos'è? Roba di donne?
"Già."
"Chi è?"
"Una ragazza del centro."
"Ok, Fabio, vengo a prendere il tuo motorino."
"Ma signor Franco, io..."
"Lasciami anche un altro casco."

Attraverso tutto il centro di Roma con lo zip Piaggio di Fabio. I vicoletti, le piazze di Trastevere, il ghetto. Ma dove ti sei cacciato? Un ragazzo è disteso a pancia sotto su una panchina. Cristo, la felpa è la tua. Salto giù dal motorino. Rivolto il corpo, tolgo il cappuccio dalla testa e prendo il suo volto tra le mani. Non sei tu. Butto fuori l'aria, tossisco. "Ehi, sveglia!" – gli do qualche sberla in faccia. Lui riesce a malapena ad aprire un occhio. "Tutto a posto?" – emette un respiro rauco. "Fammi di sì con la testa... ecco, così, bravo..." Lo metto seduto e riparto con lo zip, più veloce che posso. Sulla strada vorrei sentirmi un ghepardo ma in questo momento sono un moscerino che si muove, impazzito, quando qualcuno vuole schiacciarlo. Dove cercarti? Che ti è successo? Quando ti trovo in una città così? Non riesco a ragionare. I pensieri angosciosi – è in fin di vita in una casa privata o ha preso un treno ed è sparito? – grondano dalla mia fronte in un sudore che mi riga viso, collo, maglietta.

Sta albeggiando sul Tevere quando ti vedo seduto sul bordo di Ponte Sisto, i piedi che penzolano sul fiume. Cristo. Sputo per terra.

Parcheggio il motorino e mi avvicino a te.
"Ehi..."
"Papà, che ci fai qui?"
"Avevo voglia di fare colazione con te."
"Ma tu non eri quello che diceva sempre la verità?"
"Ho detto la verità. Una parte della verità."

Sorridi e abbassi la testa.

"Che succede, Ale?"

"Niente, papà... solo... Io non so tenere i rapporti con gli altri... non lo so fare."

"Con gli altri o con le donne?"

"Con tutti."

"È la cosa più difficile, col tempo imparerai."

"Non lo so, credo sia un difetto alla nascita. Dopo un po' ho bisogno di andare via, capito come?"

Quel *capito come* mi entra come un tizzone lanciato nel petto e comincia a bruciare. Deglutisco. Butto gli occhi nel Tevere, poi li alzo lentamente verso i tetti.

"Guarda l'alba, Ale. Guarda Roma. È una che sa trattare i suoi cittadini? No. Eppure la si ama incondizionatamente. E lei ogni giorno vede albe e tramonti. Supera ogni notte da millenni."

"E quindi?"

"E quindi fai come Roma. Sentiti il centro della tua vita."

"Papà?"

"Dimmi."

"La colazione, la paghi tu."

"Solo questa volta però."

Ronziamo sullo zip di Fabio per le strade del centro mentre Roma si sveglia. Percorriamo il lungotevere. Non c'è un filo di vento. I platani non muovono una foglia, stanno come dormendo. Saliamo verso il Gianicolo per guardare la città dall'alto – questa volta non da un tetto di Torre Angela. Tu mi stai dietro e hai le mani sulle ginocchia. Io accelero perché tu sia costretto a mettermi le braccia intorno al petto. Tu resisti stringendo le gambe contro le mie e io sgaso di più. Infili le mani lungo i miei fianchi, le tieni lasche finché non do degli scatti al motore e tu ti abbandoni. Le braccia intorno a me, la guancia sulla mia schiena.

“Eccoci qua, proprio come il 24 giugno del 1995” – Totò spegne il motore di fronte al negozio di Calvaruso.

“Eh, mi sta salendo un’ansia…” – unisco le mani in preghiera davanti alla bocca.

“Un tempo la chiamavamo adrenalina” – sento il ginocchio di Pietro dietro la schiena.

Totò tira fuori dalla tasca dello sportello un CD: “Qui ci sono tutti i nostri pezzi degli anni novanta” – allarga le narici. “In tutto questo tempo mi hanno tenuto compagnia.”

“Vuoi farmi scoppiare il cuore?”

“No, ispettore, vorrei solo provare un po’ le sensazioni del 24 giugno.”

“Io mi ricordo tutto. Non c’è notte che la mia mente non riviva le azioni di quel giorno. Avete presente la preghiera che si fa prima di andare a dormire?”

“Pietro, trent’anni e ancora non hai scaricato tutta la tensione. È per questo che continui ad allenarti.”

“No, Cravunà, mi alleno per sentirmi pronto. Come tu tieni sempre la valigia già preparata sotto il letto.”

“E qualche volta la disfo e poi la riempio.”

“E io faccio in modo di passare ogni giorno da corso Tukory…”

“Ma avevi detto che lo evitavi.”

"Eh, ho detto così perché non sapevo che pure voi inguaiati come me state."

Afferro la mano di Totò e da dietro Pietro mette sopra anche la sua. Stringiamo la presa.

"Vi ricordate come eravamo posizionati?"

"Certo, ispettore. Tre macchine dislocate lungo corso Tukory. Io e Sario. Totò e un altro agente. Tu con un altro collega."

"L'ora, la stessa di adesso era: tardo pomeriggio. Il giorno anche" – Totò infila il CD nell'autoradio. "L'anno era il 1995." Preme play.

Siamo al pomeriggio del 24 giugno del 1995. San Giovanni. Dislocati lungo corso Tukory con tre macchine. L'auto di Pietro e Sario si trova proprio davanti al negozio di Calvaruso.

"È arrivata una Y10 color viola... Tony sta scendendo dalla macchina... è entrato nel negozio" – Sario fa una pausa. Poi con voce ferma comunica: "Alla guida un uomo con i baffi. Ragazzi, al novanta per cento è lui. È Bagarella" – Sario è l'unico di noi ad aver visto Bagarella dal vivo a un processo.

Il momento è arrivato – ora tocca a noi. Il mio respiro è caldo come l'estate di Palermo. Chiamo in ufficio, la gamba tamburella sotto il volante: "Capo, quasi sicuramente siamo dietro alla macchina di Bagarella."

"Minchia! Dove siete esattamente?"

"Davanti al negozio di Calvaruso."

"Non potete procedere! Rientrate."

"Ma come?!"

"Se lo fermate davanti al negozio di Calvaruso e poi non è Bagarella, Calvaruso può chiedersi: 'Perché proprio qui? Qualcuno ha fatto il mio nome?' Quindi fermatevi... Lomuto, mi stai sentendo? Rientrate!" – seguono imprecazioni in arabo.

In quel momento si scarica il telefono. Cristo.

Devo decidere da solo. Stringo le labbra – mi passano per la mente mille variabili e la frase detta dal capo il giorno dell'insediamento nel 1992: *non possiamo sbagliare.*

"Bagarella ha aggiustato lo specchietto retrovisore, forse mi ha visto" – Sario ha la bocca attaccata alla radio. "È compromesso il pedinamento."

Non ci penso un istante: se è vero che il boss ha capito di essere seguito allora tanto vale giocarsela. "Seguiamolo! Siete d'accordo, ragazzi?" Gli altri rispondono via radio: "Sì." "Sì." "Sì."

Nella testa di ognuno di noi c'è una convinzione: Sario ha detto che è lui? Lo fermiamo, punto e basta. *È lui. È lui. È lui.* Continuiamo a ripeterci nella mente. Come faccio a saperlo? Semplice. Noi che venivamo da Polizia, Arma dei Carabinieri e Finanza adesso – dopo tre anni in cui ci siamo divisi il sonno, abbiamo sofferto e combattuto insieme – siamo tutti d'accordo perché siamo diventati un corpo unico che ragiona allo stesso modo – questa è la DIA. Lo volevi sapere, adesso lo sai, figlio mio.

Monta l'adrenalina – devo mantenermi lucido, fare quello che mi riesce meglio: l'investigatore di razza.

Iniziamo il pedinamento e il cuore comincia a pompare – il capo è contrario e noi che siamo giovani sottoufficiali e ispettori ci stiamo prendendo una responsabilità enorme. Non è la paura di fermarlo ma è la paura di sbagliare.

Gli stiamo dietro nelle vie di Ballarò – per strada, davanti ai negozi, fuori dalle case c'è troppa gente. Un intervento qui rischia di diventare una strage perché siamo noi contro loro. Dobbiamo andarcene da qui – sono freddo nelle decisioni ma il sudore mi scende lungo la schiena.

"Ragazzi, portiamolo fuori zona."

"Ricevuto."

"Ricevuto."

Iniziamo un pedinamento forzato nei vicoli come se volessimo spingerlo fuori.

Perdo la macchina di Pietro nello specchietto retrovisore ma mi arriva la sua voce via radio: "Guardiamoci intorno" – Pietro ha svoltato e adesso è ritornato in testa, davanti alla mia auto. "Probabile che abbia macchine di scorta al seguito" – nella mia mente si compongono mappe, dinamiche, azioni.

Lo lasciamo proseguire ancora non solo per mettere in sicurezza le persone in strada ma – Pietro lo ha capito – anche per guardarci le spalle: ci serve per capire se è seguito da qualcuno dei suoi. Durante il pedinamento quasi gli tocchiamo la macchina da dietro – lui sembra non accorgersi di nulla. Sento il rombare delle nostre macchine anche nello stomaco. Penso, tra tutte, a una variabile: quando sei in borghese e fermi un boss, questo può pensare che tu sia un rivale di un'altra cosca, che vuole ucciderlo – stringo la mano sul cambio.

La Y10 viola esce dai vicoli. Superata via Basile si immette in viale delle Scienze, una strada larga e trafficata – la dinamica dell'operazione adesso cambia, si adatta al contesto urbano intorno.

Torno immediatamente dietro Bagarella. A seguire ci sono la macchina di Pietro e poi quella di Totò.

"Ragazzi, rallentiamo. Facciamo da tappo sul traffico dietro di noi. Lasciate che Bagarella mi distanzi."

"Ricevuto, Cravunà. Così vediamo se ha macchine al seguito."

Non arriva nessuno dei suoi. È il momento dell'azione.

"Si sta immettendo in viale della Regione Siciliana. Pietro, chiudilo tu."

Pietro sorpassa la mia Peugeot e la Y10 di Bagarella.

Dà un colpo di sterzo e tira il freno a mano.

La Golf nera di Totò ripercorre le stesse strade di quel 24 giugno – stiamo in silenzio, a parlare per noi adesso è la musica di quegli anni. Nelle nostre teste, nei nostri occhi scorrono le comunicazioni radio di trent'anni fa, le manovre delle auto, i movimenti dell'azione.

Enjoy the Silence dei Depeche Mode.

Ordinary World dei Duran Duran.

Why Should I Cry for You? di Sting.

Old Man di Neil Young.

Babe I'm Gonna Leave You dei Led Zeppelin.

Ashes to Ashes di David Bowie.

Totò accosta e tira il freno a mano nello stesso punto in cui lo fece Pietro nel 1995. L'autoradio adesso spara a tutto volume *The Long Goodbye* di Bruce Springsteen.

"*My soul went walkin' but I stayed here*, dice il boss" – do un pugno allo sportello.

"L'uomo del New Jersey, uno di noi è!"

24 giugno del 1995.

La manovra di Pietro taglia la strada alla Y10, la mia Peugeot la ferma da dietro – Bagarella si trova su una bretella dove non può andare né a destra né a sinistra: in pratica è bloccato da tutte le parti. Pietro ha il freno a mano tirato. Ora scende dalla macchina, arriva sul cofano della Y10, punta la pistola dritto su Bagarella – il boss di Cosa nostra capisce immediatamente chi siamo: gli uomini di una cosca rivale gli avrebbero subito sparato dal finestrino.

"Fammi vedere le mani! Fammi vedere le mani!" – Pietro continua a tenergli l'arma puntata addosso. Esco anche io dalla macchina con la mia pistola, la muovo intorno alla scena – il momento è delicato: "Guardiamoci intorno, ragazzi: se ha una scorta, finisce male." Scendono anche gli altri agenti dalle macchine – tutti tranne Totò.

Sario afferra il latitante e con tutta la forza che ha lo tira fuori dalla macchina: "Amunì, Bagarella: qua finisce la tua storia!"

Questa scena, dalla mia testa e da quella dei miei fratelli, non se ne andrà più via. Sta sempre lì e qualche volta riprende a girare, mi mette in circolo una sensazione unica di pienezza, soddisfazione, riscatto, che illumina la fronte, fa brillare gli occhi, marca il tempo nel petto.

Don Luchino, impassibile, non dice una parola. Non dà segni di sorpresa o smarrimento. Non è armato. Si è fatto crescere i baffi.

Le macchine intorno ci superano come se nulla fosse. Palermo continua a vivere.

Sario infila le manette al boss e lo carica nella Peugeot. Si siede dietro con lui e gli punta la pistola sul costato. Richiamo gli altri alla calma: "Andiamo in ufficio e guidiamo piano: non esiste che facciamo un incidente in questa situazione!" – fin quando non lo consegniamo ai dirigenti, siamo ancora nel pieno dell'operazione: non possiamo commettere il minimo errore.

Ci dirigiamo verso le torri. Chiamo il capo dal cellulare di un collega – guardo don Luchino dallo specchietto retrovisore.

"Dove cazzo siete?! Avete spento tutti i telefoni! Vi avevo chiesto di rientrare!"

"Sì, capo, stiamo rientrando..."

"Tutto 'sto tempo?!"

"Abbiamo avuto un attimo da fare... L'abbiamo preso."

"Ma chi?"

"Bagarella, capo, l'abbiamo preso."

Altro che arabo, forse anche il fenicio ha parlato tante sono le bestemmie di gioia che ha pronunciato in quel momento.

Poi riprende fiato: "Allora, dai, ragazzi, tornate... entrate dal piazzale."

Aggrotto la fronte. Metto giù e comunico con gli altri via radio: "Il capo vuole farci entrare dall'ingresso principale..."

"No, e perché? Cos'è, un'entrata trionfale?" – Pietro ha la voce rauca, alterata dall'adrenalina ancora alta.

"Esatto."

"Entriamo dal garage" – sono le prime parole di Totò da quando abbiamo preso Bagarella. "Come abbiamo sempre fatto a fine turno."

Eravamo fatti così: in quel momento avevamo vinto, era sufficiente questo, non volevamo festeggiamenti. Con in macchina il capo dell'ala stragista di Cosa nostra, l'uomo-simbolo degli attentati, noi preferiamo il retro, il sottoscala, l'ombra. Nessuna telecamera, niente luci, microfoni.

"Ma voi, sempre di testa vostra, dovete fare?!" – il capo ha gli occhi all'ingiù per la commozione. Poi si volta. Compone un numero dal telefono della scrivania: "L'abbiamo preso, Alessà, l'abbiamo preso" – parla col figlio di Boris Giuliano. "Abbiamo preso l'assassino di tuo papà."

Ti ricordi il collega nel furgone? Lui aveva ascoltato via radio tutte le nostre conversazioni e aveva sentito che non stavamo pedinando la classica Fiat punto grigia – a Palermo ce ne sono migliaia. Ma noi eravamo all'inseguimento di una Y10 color viola.

"Ho fatto un riscontro sui miei appunti di entrate, uscite e passaggi. Quella Y10 viola è uscita da qua: il garage sotto casa di Calvaruso!"

Da lì a poco effettuiamo una perquisizione dentro casa di don Luchino – il capo si era raccomandato: "Deve essere un'operazione perfetta. Non voglio si ripetano gli errori che ci sono stati per il covo di Riina, chiaro?"

Troviamo armi, soldi, una parrucca, una videocassetta di *Via col vento*, il documentario *Le voci di Cosa Nostra.*

Il covo si trovava proprio di fronte alla casa del procuratore Pignatone, capito come? I mafiosi sanno ragionare – cartesiani sono. Scelgono i posti più insospettabili.

Nelle ore successive alla cattura noi siamo in corridoio, stremati, tanto era calata l'adrenalina che sembrava ci avessero preso a botte. Bagarella è sotto interrogatorio. Totò ci viene incontro. Ha una busta in mano, gli occhi trasparenti: abbiamo preso uno stragista spietato, l'autore dei più gravi delitti mafiosi degli ultimi anni, tra i responsabili della morte di Giovanni Falcone.

Infila le mani nella busta e ci consegna un panino a testa. Nel sacchetto ne resta uno: "È per Bagarella." A fine interrogatorio Totò glielo porge.

"*Io 'u paninu vostru nun ne manciu*" – Bagarella si volta, lancia uno sguardo che taglia in due la stanza e arriva fino a noi in corridoio.

Io il vostro panino non lo mangio.

La canzone di Bruce Springsteen continua a suonare.

"Secondo voi, adesso dove vi sto portando?" – Totò punta in direzione del mare.

"Pani câ meusa?" – rispondiamo insieme io e Pietro.

Totò ride, percorre un paio di strade e si ferma davanti al chioschetto di un ambulante nei pressi del porto. Il mare di Palermo quando il sole se ne sta andando mi leva il fiato: il buio della sera incombe e cade tutto su di me. Divento nero fuliggine – 'u Cravunaru. Proprio in quel momento si accendono i lampioni: un cono di luce si staglia su di noi. A differenza di trent'anni fa che eravamo sempre vestiti di scuro, ora abbiamo io una camicia bianca, Totò una maglietta giallo ocra, Pietro un pantalone azzurro.

L'ambulante spacca in due i panini con i semi di sesamo e li riempie con la carne raccolta da un pentolone.

"Vi ricordate com'è fatto il panino, no?"

"Sì, Totò" – il mio sguardo lo prega di non continuare.

"Nel caso in cui lo dimenticaste: fettine sottili di milza sono, unite a polmone di vitello e cartilagini della trachea del bue" – lo riempiamo di pacche: "Falla finita!"

Mangiamo i panini unti con le schiene poggiate alla macchina.

"Totò, ma tu perché quel giorno offristi il panino a Bagarella?"

"Come perché, Pietro?" – ho il boccone pieno: "Per noi un gesto del genere è normale."

"Lo so, non intendevo questo" – Pietro apre una lattina di birra.

"Ho capito la domanda... Ci penso spesso a quel momento" – Totò resta con metà panino tra le mani. "Avevo bisogno, credo, di mostrargli chi fossero gli uomini al servizio dello Stato... cioè, noi ci comportiamo bene anche con chi nella vita ha deciso di delinquere. Volevo dirgli, semplicemente: 'Noi non siamo come voi'" – prende un sorso dalla lattina di Pietro: "Falcone avrebbe fatto lo stesso."

"Non so se vi ho mai raccontato di quando ho fatto colazione al bar vicino alle torri il giorno dopo la cattura di Bagarella..." – io e Totò smettiamo di masticare: non ci vogliamo perdere nemmeno una parola.

"Il barista mi fissava con gli occhi lucidi come a dire 'lo so che lo avete preso voi'" – Pietro si scola tutta la birra. "Fu la prima volta in tre anni che mi offrì cornetto e cappuccino."

"Tu invece te lo ricordi, Cravunà, quanto ci hai fatto emozionare l'ultimo giorno a Palermo?" – Totò mi spintona con la spalla.

"Certo, e chi se lo scorda" – lo guardo di traverso, sollevando per un attimo entrambi gli angoli della bocca: "Da oggi però chiamatemi Franco."

24 giugno 1995.

È sera. Avrei il cellulare ma decido di andare a una cabina telefonica. Compongo il numero di casa.

"Pronto?"

"Marta."

"Ehi, che succede?"

"L'abbiamo preso..."

"Come?"

"È finita."

"Non ci posso credere..." – il suo fiato entra nella cornetta. Riesco a sentire il suo respiro caldo all'orecchio. "Ma quanto siete bravi? Sono fiera di te, Franco..."

"Torno a casa."

Al suo capo del filo sento solo i rumori della casa e il traffico di Torre Angela che entra dalla finestra. Dall'altro, Marta sente il vociare in siciliano dei passanti e qualche auto che suona il clacson. Poi un tocco morbido copre i suoni – ha poggiato le labbra sulla cornetta. Anche io faccio lo stesso – premo la bocca sul ricevitore. Le città intorno sono sparite in un bacio invisibile tra l'isola e il continente. Lei tira su col naso. Piange ma ride allo stesso tempo e sento i tuoi passi che arrivano e le mani che prendono il telefono e quelle di tua madre che restano attaccate.

"Papà?"
"Ale, papà torna a casa."
"Evviva! Per quanto tempo?"
Non mi viene da dire "per sempre" – so che non sarà così.
"Torno... Vieni a prendermi in stazione? Ci vieni con il peluche del lupo?"
"Sono grande oramai per il peluche... Però va bene!"
"In stazione?" – tua madre è sorpresa.
"Sì, voglio prendere il Gattopardo. Tornare come sono partito."

Alle torri sono riuniti tutti gli agenti della DIA. Brindiamo, i bicchieri di plastica in alto sotto la luce del neon. Le bocche sono all'insù, gli occhi in direzione opposta. Abbiamo preso Bagarella. Ma abbiamo la gola annodata, le spalle alte, alcuni di noi gli occhiali da sole anche se è sera. È tempo di salutare Palermo, di salutarci.

"Ho preparato una cosa per voi" – poso il bicchiere di plastica sulla scrivania. Prendo il mio registratore dallo zaino. Lo attacco alle casse che Peppino, il ragazzo dei cavetti, mi ha aiutato a portare nella stanza. Sparo il volume al massimo. Abbasso le luci. Dalla finestra entra un vento caldo insieme alla voce di Falcone:

Si è istituita una rete di solidarietà, di amicizia, di comune credo negli stessi ideali che sicuramente prescinde dalla mia persona e che non sarà disperso.

Le mani degli agenti che schiacciano i bicchieri di plastica. Le braccia sulle spalle dei fratelli. Le teste piegate in basso con le lacrime che vorremmo arrivassero fin sottoterra.

Prima di lasciare le torri, passo dal parcheggio – voglio dare l'ultimo saluto alla mia compagna di strada. Poggio la mano sul cofano – riesco quasi a sentire il verso del motore, tanto lo conosco bene. Do una pacca sulla carrozzeria ammaccata e rigata come il mio viso, stanco e con qualche ruga in più. Mi accorgo solo adesso che, col paraurti schiacciato, la maschera frontale sembra quasi contrarsi in una smorfia. Sorrido.

Raccolgo jeans magliette felpe giubbotto mutande registratore rasoio e pistola. Non è tanta roba ma ci metto più del tempo necessario. Ogni cosa che sollevo è pesantissima. Nello specchio del bagno vedo di sfuggita un uomo invecchiato. Sono io. Sono passati solo tre anni.

Nella camera svuotata sento lo scoccare dei secondi dell'orologio a parete. Le lancette mi battono il tempo in gola. La stanza senza i miei oggetti in giro sembra più piccola. Chiudo tutto nella valigia. Faccio correre la lampo – mi vengono i brividi. Sto per uscire dalla stanza numero 42 per non tornare più. Apro la porta. Mi fermo. Torno indietro per vedere se ho dimenticato qualcosa nell'armadio. E poi nel bagno, e sotto il materasso. Ho la maniglia stretta nel pugno. Sto di nuovo per varcare l'uscio. Penso a voi due, perché tornare da voi è l'unica cosa che non mi fa rimpiangere di dire addio a questa città.

"Cristo, me lo stavo dimenticando!" – lascio cadere la valigia e corro verso il comodino. Con le ginocchia per terra giro la chiave, infilo la mano in fondo e tiro fuori il mio stuzzicadenti. Lo passo tra le dita per alcuni istanti. C'è un combattimento ad attendermi. Sorrido. Lo metto nella tasca del jeans. Tu sei oramai troppo grande per questo gioco. Sorrideremo insieme.

Prima di uscire una volta per tutte dalla stanza, vado ad aprire la finestra come si fa nelle camere dove c'è un morto per consentire alla sua anima di volare via. Do un'ultima occhiata all'angolo in strada col bar e il viavai di passanti. Esco a passo svelto e quando sbatto la porta alle mie spalle, stringo gli occhi per sentire quella chiusura all'altezza del petto. *Clic.*

Corro giù per le scale. Consegno la chiave al proprietario dell'albergo.

"Me la dovete lasciare però..." – sussurra il signore.

"Avete ragione, scusate" – continuo a stringere in mano il portachiavi con il numero della stanza.

"Spero vi siate trovati bene..." – con un pettinino si porta i capelli su un lato.

"Molto. Tre anni non sono pochi."

"... come ENEL avete avuto parecchio da fare, immagino" – mi fa l'occhiolino.

Abbasso lo sguardo. Lui continua: "Siete proprio sicuri che non ci siano ancora luci da accendere a Palermo?"

"Ce ne sono, ce ne sono. Non è finita qui" – allargo le narici. "Ma ora devo tornare."

Annuisce a labbra strette. Si regge al bancone con le mani: "Quando volete venire qui con la famiglia, siete miei ospiti."

"Vi ringrazio, siete molto gentile."

Spalanca le braccia, mi prende la testa, mi stampa un bacio in fronte.

Quel giorno Palermo sembra diversa. Silenziosa. Come se volesse ascoltare il mio saluto. Abbiamo tanto da dirci a modo nostro. Vago per le strade senza meta respirando a pieni polmoni. Voglio portare con me tutta l'aria di questa città. Più inspiro, più mi sale un formicolio agli occhi. Non riesco a piangere. Per tutta la giornata non mi accendo nemmeno una sigaretta. A sera mi trovo con i miei fratelli vicino al porto per un panino con la meusa. È un momento che non sembra vero. Ridiamo e parliamo del più e del meno come nulla fosse. Siamo stretti nei nostri vestiti scuri, siamo diventati le nostre stesse ombre. Gli occhi sono talmente carichi da sembrare chiusi. Nessuno di noi può reggere quel saluto. Ce ne andiamo ognuno per la propria strada dicendoci: "A domani." Come se ci rivedessimo il giorno dopo in ufficio. Io invece sto andando in stazione, Pietro in aeroporto. Non torneremo un'altra volta. In lontananza sento Totò fischiare: "Fooofiiifuuu!"

Monto sul Gattopardo, entro nel vagone. Il treno sembra fischiare solo per me: mi sta salutando. Mi sta dicendo: "Siete stati bravi. Grazie." Continua ancora a fischiare, treno, per favore.

Durante la notte dormo abbracciato alla valigia. Vorrei che il viaggio non finisse mai.

Adesso come trent'anni fa è tempo di salutarci. Non ci abbracciamo, non ci diciamo niente. Ci lasciamo con un "a domani" come se ci rivedessimo il mattino seguente in ufficio. È il modo migliore per tenere a distanza emozioni che ci farebbero scoppiare il cuore.

Totò monta in macchina. Lo vediamo allontanarsi con la sua Golf nera come la notte. Io e Pietro torniamo a piedi verso l'albergo.

Svoltiamo su un piazzale e ci troviamo di fronte una vecchia cabina telefonica. Si erge come un totem degli anni novanta, tutto rovinato, la fascetta arancione sbiadita, i vetri consumati. Pietro sferra un pugno su un pannello laterale della cabina, l'ammacca, poi continua a camminare. Io entro dentro, passo attraverso le ante fatiscenti. La cornetta penzola, il cavo sfilacciato. La afferro. La poggio sull'orecchio. Pietro si ferma, si volta lentamente. Mi vede dentro il totem. Chiudo gli occhi. Mi sembra di sentire la voce di tua madre.

In questo momento mi arrivano le sue parole, trent'anni fa: *Concèntrati sul tuo lavoro – Non preoccuparti per me e il bambino – Tieni duro – Guarda che non torni a casa se non li prendi – Sono fiera di te*. Lei è stata sempre il luogo sicuro a cui attraccare, il faro che mi ha guidato in questa dannata tempesta. Ma sono troppo arrabbiato con lei per poter ammettere che era la mia luce – sai che forse non gliel'ho mai detto? È una settimana che non ci parliamo. In questo momento riesco solo a pensare ai momenti brutti – sono quelli che mi fanno accettare la distanza da lei. Ma in questa città il flusso di ricordi è un fiume che leviga anche un sasso appuntito come me.

Prendo il cellulare. Mando un vocale a Marta, nell'altra mano ho il ricevitore arancione: "Ciao… sono… sono a Palermo. Ho trovato una cabina e… è strano non poterti più chiamare da qui, come facevo un tempo…" – do un colpo di tosse. "Stavo pensando… In questi trent'anni non ti ho mai detto grazie… per il sostegno che mi hai dato… per come hai cresciuto Alessandro… da sola. Mi sa di no, non te l'ho mai detto. Allora, grazie… Pensa che coglione, sto con una vecchia cornetta in mano."

Guardo Pietro al di là del vetro della cabina. Sa cosa sto facendo. Stringe le labbra, per lui è oramai troppo tardi per chiamare sua moglie – Clara ha un altro compagno. Ci guardiamo attraverso questa lastra consumata, entrambi con una patina addosso, quella che abbiamo sempre ma che solo adesso riusciamo a vedere. Le braccia incrociate sul petto e le mani aggrappate alle scapole, Pietro si sta abbracciando da solo. Io, con un cellulare in una mano e una cornetta nell'altra, sto parlando da solo. Metto un passo fuori dal totem. Supero la barriera di vetro. E la patina degli anni novanta scompare.

Sono nella stanza 42, albergo Universal. Lo stesso di trent'anni fa.

Mi metto alla finestra col vetro rotto. Annuso ancora un po' l'aria di Palermo, entra dritta nei polmoni. Mi sale l'istinto di passare il naso per terra tra i cocci come farebbe un animale – mi viene in mente il lupo incontrato sulla strada quel giorno del 1992. Capisco solo adesso cosa voleva dirmi con i suoi occhi gialli, prima di scomparire: di tenere lo sguardo al suo stesso livello, più basso rispetto a quello degli uomini, più vicino a quello di chi vive nel bosco. E a quello dei cuccioli da cui tornare quando la caccia è finita.

Prendo il telefono. Con i gomiti sul davanzale stringo il cellulare in una mano, sospeso sulla città che continua a vivere. Scrollo le icone con il dito e vado su Facebook. Ho un profilo senza foto a cui non si può chiedere l'amicizia. Non scrivo mai nulla. Non ho il mio nome e cognome. Mi chiamo Renato Cartesio.

Tu invece hai il profilo aperto. Vado a cercare le tue foto. In una sei in compagnia del tuo capo. Lui ti stringe la mano sulla spalla, tu hai un angolo della bocca all'insù. Provo un fastidio sulla punta del naso. Chiudo e cerco altre immagini. Questa mi piace: sei con un gruppo di amici in una pizzeria e sei posizionato in un angolo cieco della sala, esattamente come mi siedo io quando sono a tavola, a guardare le vie di fuga dal locale. Lo vedi? Mi hai sempre criticato per questo e adesso fai come me. Sorrido.

Una foto di due giorni fa. Te l'ha fatta, credo, una donna. Si capisce dalla postura che hai, leggermente imbarazzata e schiva. Hai fatto crescere la barba. Nello sguardo hai sempre il peso del mondo ma riesco a vedere una scintilla negli occhi. Come qualcosa che ti anima. Leggo i commenti. Tra questi: *In Finlandia ti troverai benissimo!* – mi si gela il sangue. Stai partendo?

Cerco ancora altre immagini. La tua foto del profilo di un anno fa. L'hai postata quel giorno, l'ultima volta in cui ci siamo parlati. Siamo io e te di spalle, tu hai quattro anni. Camminiamo mano nella mano. Perché l'avevi messa? Ti eri pentito dopo che mi avevi chiesto di non vederci più? O era per mettere un punto, voltare pagina? Leggo i commenti. "Mi piace" di qua, cuori di là. Il commento del tuo capo: *Padre e figlio. Un abbraccio.* Ma che vuol dire? Cioè, lui sa che hai voluto rompere con me? Ti ha consigliato lui? O gli hai proprio detto che ero morto?

Vado sulla rubrica del cellulare, per chiamarti. Resto col dito sospeso – se ti chiamo da Palermo, tu mi dirai: è uno scherzo? Ancora in quella città? Devo chiamarti, ma quando arrivo a Roma. E prima che tu te ne vada in Finlandia, se è vero che partirai. Cristo.

Apro la valigia sul letto. Ci metto dentro l'orsacchiotto, la nostra foto, la cartina di Palermo accartocciata, la pistola scarica. Chiudo. La zip mi scorre lunga la schiena.

Torno sul continente come nel 1995. Ma questa volta con un'urgenza di vederti diversa. C'è il fattore tempo – stai partendo. E c'è il fattore figlio – sei scappato e io voglio riprenderti. Il cuore batte forte, un ritmo che non ho mai sentito. Dallo stomaco alla gola. Non posso sbagliare.

Vado in bagno. Con le mani sciacquo la faccia e i capelli. Come faccio a riprendermi mio figlio? Esiste anche questa volta un metodo, una strategia? E se questa lunga lettera peggiorasse le cose? Se fosse solo un'altra eredità impegnativa con cui ti costringo a fare i conti? Mi ricordo di respirare – il cuore va dallo stomaco alla gola, dallo stomaco alla gola. Mi guardo allo specchio, non sbatto mai gli occhi. Tanto è forte il desiderio di vederti che i contorni del mio viso diventano i tuoi. Ti vedo nel mio riflesso. Gli occhi grigi. La nostra smorfia che però, aspetta, adesso è solo tua: stai tirando gli angoli della bocca all'insù. Ora sei tu che guardi me dallo specchio. Le tue pupille hanno perso la fuliggine, grigio mare sono diventate. Mi fai l'occhiolino – in questo momento il cuore gioca a ping-pong. Apro la bocca per dirti: *Ale*... ma la tua immagine scompare e resta una faccia invecchiata. La mia. Sei ancora qui?

Prendo la valigia. Esco dalla stanza lasciando la porta sbattere dietro di me – ho fretta di tornare a Roma. È chiaro, se voglio riprenderti devo mettermi sulle tue tracce, conoscere le tue abitudini, sapere cosa pensi, come ragioni. Senza appostarmi o pedinarti ma inseguendoti, questo sì, come quando eri piccolo: sparivi e io dovevo imparare a cercarti. Ti rincorro anche in Finlandia se necessario. Fammi spaccare il cuore con i piedi penzoloni sul Tevere dopo che ti ho creduto perso per sempre. Guida te e lascia che scatti delle foto a noi due durante il viaggio. Portami sul tetto a rivedere da lassù il bambino che sei stato. Insegnami a lottare contro il mondo con uno stuzzicadenti. A ululare prima che faccia buio. Parlami del visibile e dell'invisibile nella tua esistenza. Fammi conoscere la tua strada, figlio mio.

Sono per le vie di Palermo. Vado dritto, non rasento i muri, occupo il centro dei marciapiedi, in mezzo ai passanti. Guardo davanti a me senza mai voltarmi. In fondo all'incrocio mi aspetta la macchina di Pietro, pronto a ripartire e a lasciare questa città.

Penso a come farti avere questa lettera-confessione che è lunghissima, me ne rendo conto. So che la leggerai tutta e arriverai alla fine. E il finale è aperto. Contiene un invito.

Vediamoci. Senza dirci nulla. Annusiamoci e basta.

Ti aspetterò ogni giorno al tramonto al bar da Gino. Le casse manderanno *Precious* dei Depeche Mode.

Mi troverai in fondo al bancone. Vedrai l'animale bellissimo dei tempi di Palermo. Occhi di lupo, cuore di cane.

NOTA FINALE

Per scrivere questo romanzo mi sono basata sull'attività di ricerca svolta per la realizzazione del non-fiction film *DIA 1991. Parlare poco Apparire mai*, prodotto da Rai Cinema, Rai Com e 42° Parallelo.

Nel mio lavoro di documentazione ho consultato, tra gli altri, i testi: *L'attentatuni. Storia di sbirri e di mafiosi* di Giovanni Bianconi e Gaetano Savatteri (Baldini&Castoldi, Milano 2017); *L'assedio. Troppi nemici per Giovanni Falcone* di Giovanni Bianconi (Einaudi, Torino 2017); *Ho ucciso Giovanni Falcone. La confessione di Giovanni Brusca* di Saverio Lodato (Baldini&Castoldi, Milano 1999) e *Cacciatore di mafiosi. Le indagini, i pedinamenti, gli arresti di un magistrato in prima linea* di Alfonso Sabella (Mondadori, Milano 2019).

Per le vicende dei personaggi mi sono ispirata alle testimonianze, raccolte personalmente, di agenti della DIA, ma il risultato finale è frutto della mia fantasia e non è riconducibile ad alcun soggetto reale.

La parte riguardante il collaboratore di giustizia Gioacchino La Barbera è basata esclusivamente sui racconti degli investigatori, sull'articolo di Aaron Pettinari "La Barbera: 'A Capaci una strage per piegare lo Stato'", qui consultabile: https://www.antimafiaduemila.com/dossier/processo-capacibis/52550-la-barbera-a-capaci-una-strage-per-piegare-lo-stato, e sulle deposizioni qui disponibili: https://www.youtube.com/watch?v=f3avk567QW8&t=582s; https://www.youtube.com/watch?v=-NSttamXLOY (ultima consultazione: dicembre 2022).

I dialoghi tra il pentito e l'investigatore sono frutto della mia immaginazione.

Il ritrovamento della gattina non è avvenuto nel corso dell'inchiesta oggetto di questo romanzo, ma durante un'altra indagine della DIA. Mi è stata raccontata da uno degli agenti in carica e mi aveva colpito così tanto che non potevo non inserirla all'interno del romanzo.

CRONOLOGIA

20 agosto 1977
Un commando di quattro sicari dei Corleonesi, fra i quali Leoluca Bagarella e Giovanni Brusca, ammazza il colonnello dei Carabinieri Giuseppe Russo.

26 gennaio 1979
Mario Francese, cronista giudiziario del *Giornale di Sicilia*, viene ucciso da Leoluca Bagarella davanti a casa. Con le sue inchieste svelò la guerra tra i mafiosi Corleonesi e quelli Palermitani.

21 luglio 1979
Il capo della squadra mobile di Palermo Boris Giuliano, mentre beve un caffè al bar sotto casa, è ucciso da sette colpi alle spalle da Bagarella. Stava indagando sui canali di traffico internazionale di eroina tra Sicilia e USA.

ottobre 1983 – 16 luglio 1984
Nell'ottobre dell'83 Tommaso Buscetta è catturato a San Paolo del Brasile. Estradato a Roma, il 16 luglio 1984 decide di sottoporsi al suo primo interrogatorio con Giovanni Falcone.

6 agosto 1985

Il vicequestore della Polizia Ninni Cassarà è assassinato. Era uno degli autori del rapporto "Greco Michele +161", che faceva nomi e cognomi dei protagonisti della guerra di mafia. Il rapporto sarà un documento fondamentale per i magistrati che istruiranno il Maxiprocesso.

10 febbraio 1986 – 16 dicembre 1987

Si tiene il Maxiprocesso a Cosa nostra, il più grande procedimento della storia occidentale contro il crimine organizzato. Nel dicembre dell'87, la sentenza che chiude il primo grado del Maxiprocesso: diciannove ergastoli e pene pesanti per omicidi, traffici di droga e crimini.

10 dicembre 1990

Maxiprocesso: la sentenza d'appello ridimensiona molto il verdetto di primo grado con diverse assoluzioni degli imputati condannati.

9 agosto 1991

In Calabria, il giudice della Cassazione Antonino Scopelliti è colpito alla testa da due proiettili mentre sta guidando. Era stato scelto per rappresentare la pubblica accusa all'udienza del 30 gennaio 1992 nel Maxiprocesso a Cosa nostra.

29 ottobre 1991

È istituita la Direzione investigativa antimafia (DIA). La sua costituzione era stata fortemente voluta dal giudice Giovanni Falcone per contrastare la criminalità organizzata attraverso un organismo che riunisse tutte le forze di polizia senza il vincolo delle competenze territoriali.

30 gennaio 1992
I giudici della prima sezione penale della Cassazione confermano le condanne del Maxiprocesso e annullano gran parte delle assoluzioni decise in appello.

23 maggio 1992
Sul tratto che collega Punta Raisi a Palermo, a Capaci, un'esplosione sventra l'autostrada. È una bomba telecomandata a distanza. Muoiono i giudici Giovanni Falcone e Francesca Morvillo e i poliziotti della scorta Rocco Dicillo, Antonio Montinaro, Vito Schifani. Tra gli assassini, tutti uomini del boss di Cosa nostra Totò Riina, ci sono Leoluca Bagarella, Antonino Gioè, Gioacchino La Barbera e Giovanni Brusca.

19 luglio 1992
Un'autobomba in via D'Amelio, a Palermo, uccide brutalmente il giudice Paolo Borsellino e gli agenti della sua scorta Emanuela Loi, Walter Cosina, Vincenzo Li Muli, Claudio Traina e Agostino Catalano.

25 luglio 1992 – 8 luglio 1998
In risposta alle stragi, oltre 150.000 soldati vengono impiegati a turno per contrastare la criminalità organizzata, controllare il territorio e garantire la sicurezza di persone e strutture dello Stato, contro minacce criminali. Si tratta dell'operazione Vespri siciliani.

15 gennaio 1993
A Palermo, il Raggruppamento operativo speciale dei Carabinieri arresta il capo dei capi: Totò Riina.

19-23 marzo 1993
Antonino Gioè e Gioacchino La Barbera vengono arrestati.

28 luglio 1993
Nel carcere di Rebibbia, Antonino Gioè viene trovato impiccato a una grata della sua cella.

24 giugno 1995
Leoluca Bagarella è catturato e arrestato dagli agenti della DIA.

Epilogo
Il processo agli autori e ai mandanti dell'attentato di Capaci è terminato il 18 settembre 2008, con l'ultima sentenza della Corte di Cassazione. Un secondo processo ha coinvolto successivamente altri imputati e si è concluso nell'estate del 2022.

Giovanni Brusca, l'uomo che ha schiacciato il pulsante del telecomando che causò l'esplosione, è stato scarcerato nel 2021 dopo aver scontato venticinque anni di carcere.

Gioacchino La Barbera, ottenuti gli sconti di pena previsti dalla legge sui pentiti, è stato condannato a tredici anni e undici mesi.

Bagarella è stato riconosciuto colpevole con sentenza definitiva e condannato all'ergastolo.

RINGRAZIAMENTI

Ringrazio Pietro Balla, per aver visto, prima di tutti, in me una scrittrice (che dispiacere enorme arrivare tardi con questo romanzo: mi avresti detto, come sempre, che avevi ragione tu).

Il direttore di 42° Parallelo, Mauro Parissone, per avermi fatto incontrare questa storia e avermi stimolato in questi anni a ricercare sempre, nella costruzione dei racconti, l'asimmetria del pensiero. La stanza 42 di questo romanzo è un omaggio al luogo delle nostre creazioni e visioni.

Il direttore della DIA, Maurizio Vallone, per avermi aperto le porte dell'istituzione e l'archivio vivente dei suoi investigatori.

Gli investigatori della DIA per la generosità con cui hanno condiviso con me le loro storie, i loro pensieri, il senso profondo del loro impegno.

Alessandra Mele per avermi cercata, scelta, motivata e poi tranquillizzata nei momenti più difficili di questa scrittura.

Giulia Ichino per la fiducia, la determinazione con cui ha voluto il mio libro in questa collana e la forza straordinaria che riesce a trasmettere.

Tommaso Maiorelli per la cura con cui ha trattato il testo e il supporto prezioso che mi ha fornito per rendere migliore questo romanzo.

Mio padre per avermi insegnato la postura con cui cammino per il mondo.

Il padre di mio figlio per mostrarmi ogni giorno cosa significa far crescere un bambino oggi, un uomo domani.

INDICE

MISTO
Carta | A sostegno della
gestione forestale responsabile
FSC® C023419
FSC
www.fsc.org

Finito di stampare nel mese di febbraio 2023 presso
L.E.G.O. S.p.A. – Stabilimento di Lavis (TN)
Printed in Italy